OEUVRES COMPLÈTES

DE

CASIMIR DELAVIGNE

II

THÉATRE

II

PARIS, IMPRIMÉ PAR PLON FRERES,
36, RUE DE VAUGIRARD.

OEUVRES COMPLÈTES

DE

CASIMIR DELAVIGNE

AVEC UNE NOTICE

PAR M. GERMAIN DELAVIGNE

NOUVELLE EDITION

THÉATRE
II

LA PRINCESSE AURÉLIE, — MARINO FALIERO, — LOUIS XI.

PARIS

DIDIER, LIBRAIRE-ÉDITEUR

35, QUAI DES AUGUSTINS

1846

1845

LA
PRINCESSE AURÉLIE

COMÉDIE EN CINQ ACTES,

REPRÉSENTÉE POUR LA PREMIÈRE FOIS, A PARIS, SUR LE THÉATRE-FRANÇAIS, LE 6 MARS 1828.

PERSONNAGES.

AURÉLIE, princesse de Salerne.
LE COMTE DE SASSANE,
LE DUC D'ALBANO, } régents de la principauté.
LE MARQUIS DE POLLA,
LE COMTE ALPHONSE D'AVELLA.
BÉATRIX, dame d'honneur de la princesse.
LE DOCTEUR POLICASTRO, premier médecin de la cour.
LE MARQUIS DE NOCERA.
LE GRAND JUGE.
LE BARON D'ENNA.
LE DUC DE SORRENTE, capitaine des gardes.
Un Membre de l'Académie de Salerne.
Dames d'honneur, Sénateurs.
Courtisans, Gardes.

(La scène se passe à Salerne.)

Cette comédie a été pour moi le délassement de travaux plus graves; je ne l'ai jamais considérée que comme un badinage, et j'ai cru que des conversations, semées de traits satiriques, où je me jouerais sans aigreur des hommes et des choses, où je donnerais en riant quelques leçons utiles, pourraient, à l'aide d'une intrigue légère, occuper doucement le cœur et divertir des esprits délicats. La plaisanterie trouve peu de place dans un ouvrage fortement noué, et une pièce satirique est nécessairement moins intriguée qu'une autre. Peut-être ma comédie a-t-elle déplu d'abord à quelques personnes par les qualités mêmes qui feront son succès un jour, surtout auprès du lecteur, et qui caractérisent le genre auquel elle appartient.

Je ne me défendrai point : si mon ouvrage renferme des beautés réelles, il vivra malgré les critiques; si le contraire est vrai, je le défendrais en vain, il est juste qu'il meure. On ne m'a fait qu'un seul reproche que je veuille repousser ; je dois des remercîments au critique bienveillant qui a déjà répondu pour moi à cette accusation, mais elle est assez grave pour que je la réfute à mon tour. On a prétendu que j'avais attaqué des hommes à terre. Ces mêmes hommes étaient debout quand j'ai dit :

» Eh bien ! ils tomberont, ces amants de la nuit :
» La force comprimée est celle qui détruit;
» C'est quand il est captif dans un nuage sombre,
   » Que le tonnerre éclate et luit;
» Et la chute est facile à qui marche dans l'ombre. »

En annonçant leur défaite, je ne pensais pas, je l'avoue, que ma prophétie dût sitôt s'accomplir. Je m'occupais alors de *la Princesse Aurélie*, je devais la soumettre à leur censure, je les attaquais donc en face dans toute la plénitude, ou plutôt dans tout l'excès de leur pouvoir, et presque sans espérance d'arriver jusqu'au public.

Je dois de la reconnaissance à tous les acteurs qui ont joué dans ma pièce, et je m'empresse de la leur témoigner. Quant à l'actrice inimitable qui a représenté avec tant de grâce la princesse Aurélie, on a épuisé pour elle toutes les formes de l'éloge. Que lui dire? si ce n'est que je confie à son amitié la destinée d'un ouvrage qu'elle seule peut faire comprendre et goûter aux spectateurs. Ils me devront du moins un plaisir, celui d'admirer dans toute sa perfection un des plus beaux talents qui aient jamais honoré la scène.

Mars 1828.

ACTE PREMIER.

SCENE I.

BÉATRIX, POLICASTRO, entrant par le fond.

BÉATRIX, qui prélude sur une guitare, s'interrompt en apercevant Policastro
Docteur, docteur, un mot!
POLICASTRO.
A moi, belle comtesse?
Mes livres, mes travaux, et jusqu'à Son Altesse,
Pour un seul mot de vous que n'aurais-je quitté?
BÉATRIX.
Qui, vous! brusquer ainsi sa royale santé!
Vous ne l'auriez pas fait.
POLICASTRO.
C'est la vérité pure.
BÉATRIX.
Bon! vérité de cour!
POLICASTRO.
Eh bien! je vous le jure.
BÉATRIX.
Parole de docteur! Allez, on vous connaît :
Je vois un courtisan sous ce docte bonnet.
Vous êtes très-malin...
POLICASTRO.
Ah! quelle calomnie!

Je voudrais que la grâce au savoir fût unie;
Plaire est tout à Salerne, et c'est là l'embarras
Depuis que le vieux prince, en mourant dans mes bras,
Remit à trois régents sa suprême puissance.
La princesse elle-même est sous leur dépendance,
Et ne se mariera qu'à sa majorité,
A moins que des régents l'expresse volonté
N'abdique, en approuvant l'hymen formé par elle,
Un pouvoir qui dès lors tombe avec leur tutelle.
Dans ce conflit de goûts, d'intérêts opposés,
Voulez-vous réussir? Comment faire? Amusez.
Sachez envelopper, selon la convenance,
D'un petit conte aimable une grave ordonnance.
Il faut d'un peu de miel, avec dextérité,
Couvrir les bords du vase où l'on boit la santé :
Le Tasse nous l'a dit, et ces fous de poètes
Nous offrent quelquefois d'excellentes recettes.
Le malade distrait se sent mieux quand il rit;
Et, pour guérir le corps, je m'adresse à l'esprit.

BÉATRIX.

Eh bien! guérissez-moi, car j'ai l'esprit malade;
Oui, cher Policastro, je suis triste, maussade.

POLICASTRO.

Vous dansez!

BÉATRIX.

    Par devoir.

POLICASTRO.

        Vous riez!

BÉATRIX.

            Sans gaieté.
Et j'ai, je le sens bien, le moral affecté.

ACTE I, SCÈNE I.

POLICASTRO.

Si je disais tout haut ce qu'au fond je suppose,
L'amour dans tout ceci serait pour quelque chose.

BÉATRIX.

O science profonde! oui, l'amour.

POLICASTRO.

        Et constant?

BÉATRIX.

Non, j'ai cessé d'aimer.

POLICASTRO.

     Ah! c'est intermittent;
Bon signe!

BÉATRIX.

    Dégagé d'une première entrave,
Mon cœur, mon faible cœur...

POLICASTRO.

      Rechute, c'est plus grave.

BÉATRIX.

Pour sortir d'embarras à vous seul j'ai recours,
Et je meurs de chagrin sans votre prompt secours.

POLICASTRO.

Danger de mort! voyons. Mais notre art d'ordinaire
Attend pour s'éclairer quelque préliminaire;
Vous aimiez! et qui donc?

BÉATRIX.

     Alphonse d'Avella.

POLICASTRO.

C'était un fort bon choix que vous aviez fait là.
Il est beau, jeune, fier, d'une maison illustre,
Et dont la pauvreté ne peut ternir le lustre.
Son nom touche au berceau de la principauté;

Même il eut pour aïeule une aimable beauté...
Et notre roi Tancrède est, selon la chronique,
Pour une branche ou deux dans son arbre héraldique.
Ainsi, par alliance, il remonte aux Normands.

BÉATRIX.

La belle caution pour la foi des serments !
Qu'en dites-vous ?

POLICASTRO.

Bouillant, mais d'un esprit très-ferme,
Il ouvrit un conseil au siége de Palerme,
Qu'un jour, où j'excitais nos soldats d'assez haut,
Nos preux à barbe grise ont suivi dans l'assaut.
C'est un brave.

BÉATRIX.

Officier dans les gardes du prince,
Il soutenait son nom d'un revenu fort mince ;
Car le duc d'Albano, qui depuis fut régent,
Tient à ce cher neveu bien moins qu'à son argent.
Mais la cour l'estimait, d'autant que ses ancêtres
Ont prodigué leurs biens pour défendre leurs maîtres.
Il m'aima ; tout dès lors l'embellit à mes yeux :
Ses soins toujours nouveaux, l'éclat de ses aïeux,
Son mérite, à son âge une gloire si belle...
Et puis, comme il dansait, docteur, la tarentelle !
Dame de la princesse, et voulant son aveu
Pour conclure un hymen dont on jasait un peu,
J'en parle : avec froideur on reçoit ma prière,
Et l'on envoie Alphonse au nord de la frontière.
Le dépit nous dicta les plus tendres adieux :
Nous prîmes à partie et la mer et les cieux ;
Et devant ces témoins d'une longue tendresse,

ACTE I, SCÈNE I.

De ne jamais changer nous fîmes la promesse.
POLICASTRO.
Jamais! c'est long, comtesse, et ce mot à la cour
Nous trompe en politique aussi bien qu'en amour.
BÉATRIX.
Je ne le sais que trop. Cependant sur ces rives,
Mêlant au bruit des mers quelques chansons plaintives,
Aux rochers d'Amalfi, sous ces orangers verts,
Confidents de mes pleurs, de nos chiffres couverts,
De tristes souvenirs j'allais nourrir ma flamme,
Hormis les jours de bal où la cour me réclame;
Et quand l'astre des nuits répandait ses clartés,
Sassane quelquefois errait à mes côtés
POLICASTRO.
Sassane! un des régents! ce politique habile,
Qui s'accommode à tout, d'un esprit si mobile!
Il a donc pris alors un goût qu'il n'avait point :
Je ne le savais pas idolâtre à ce point
De cet astre des nuits, providence éternelle
Du poète rêveur et de l'amant fidèle.
BÉATRIX.
Il me parlait d'Alphonse, et moi, je l'écoutais;
Je ne vis pas le piége, aveugle que j'étais!
Plus hardi par degrés, il parlait de lui-même,
Je l'écoutais encore... Enfin, c'est lui que j'aime.
L'hymen doit avec lui m'unir dans quelques jours,
Et je sens cette fois que j'aime pour toujours.
POLICASTRO.
Pour toujours! Béatrix, voilà comme on se vante!
Bien que pour l'avenir le passé m'épouvante,
Je vous crois sur parole... Et d'où naît votre ennui?

BÉATRIX.

C'est qu'Alphonse à la cour reparaît aujourd'hui ;
Il revient. Cher docteur, mon appui tutélaire,
Bravez le premier feu de sa juste colère...

POLICASTRO.

L'emploi serait piquant, pour moi dont les aveux
Vous ont toujours trouvée insensible à mes vœux.
Car enfin, je vous aime !...

BÉATRIX.

            Et vous êtes aimable ;
Mais la robe d'hermine est par trop respectable.
Pouvez-vous m'en vouloir, docteur, si le hasard
Nous fit naître tous deux, vous trop tôt, moi trop tard?
Et puis, c'est un malheur, mais s'il faut vous le dire
Je n'ai jamais pu voir un médecin sans rire.

POLICASTRO.

Voilà bien sur les fous l'effet de la raison !
Avec vous ses avis sont pourtant de saison :
Je blâme votre choix ; malheur à qui se fie
Aux amours calculés de la diplomatie !
Votre comte, entre nous, je le crois ruiné ;
Car, bien qu'il soit régent, on dit qu'il est gêné.
Il eut mainte ambassade, et savait qu'en affaire
Un cuisinier profond vaut un vieux secrétaire :
Aussi de ses festins la royale splendeur,
Ce mérite obligé de tout ambassadeur,
A fait sa renommée, et dès lors je soupçonne
Qu'il a payé fort cher tout l'esprit qu'on lui donne.
Je sais qu'à tous les yeux vous avez mille appas ;
Mais croyez-vous qu'aux siens votre dot n'en ait pas?
Tenez, s'il est permis que tout bas je m'explique,

Je crains après l'hymen un retour politique :
Il peut, s'indemnisant de ses frais amoureux,
Prélever sur vos biens des impôts onéreux,
Et, quand par un contrat vous lui serez soumise,
Administrer sa femme en province conquise.
BÉATRIX.
Ainsi l'intérêt seul formerait ces liens,
Et l'on ne peut alors m'aimer que pour mes biens !
POLICASTRO.
Vous ai-je dit cela ? Puis-je, quand je vous aime,
Douter de ce pouvoir que je ressens moi-même ?
Blâmant ma folle ardeur, désespéré, confus,
En ai-je moins cherché vos dédains, vos refus,
Le ridicule enfin ? Jugez du sacrifice :
Un ridicule ici fait plus de tort qu'un vice.
Dites, frivole objet, que je m'en veux d'aimer,
Par quels défauts Sassane a-t-il pu vous charmer ?
Est-ce l'ambition qui trouble votre tête ?
Eh bien ! il ne faut pas dédaigner ma conquête :
Vers les honneurs aussi je me fraie un chemin ;
Un rhume quelquefois met l'État dans ma main ;
Le plus noble malade a ses jours de faiblesse :
C'est moi qui règne alors, même sur la princesse.
BÉATRIX.
Ne vous y fiez pas : quoiqu'en minorité,
Elle défend les droits de son autorité.
Assemblage imposant de grâce et de noblesse,
Bonne avec fermeté, naïve avec finesse,
La princesse Aurélie aux honneurs qu'on lui rend
A droit par son esprit bien plus que par son rang.
Elle sait opposer la ruse à l'artifice,

Calculer mûrement ce qu'on croit un caprice,
Tolérer nos défauts afin de s'en servir ;
Sans faiblesse apparente, elle sait à ravir,
Nous cachant ses secrets et devinant les nôtres,
Tourner à son profit les faiblesses des autres.
Enfin je la crois femme à jouer à la fois.
Et sa cour de justice, et ce conseil des Trois
Où siége des régents la sagesse profonde,
Et vous, son médecin, qui jouez tout le monde.

POLICASTRO.

Et moi, je vous réponds que je la sais par cœur.
J'ai pris sur sa jeunesse un ascendant vainqueur ;
Mais c'est sans la flatter : tout le monde l'admire ;
Quand la vérité flatte, il faut pourtant la dire.
Souvent à son avis je me rends sans effort ;
Mais quand elle a raison, puis-je lui donner tort?
Le matin au palais, où mon devoir m'appelle,
Grave ou gai tour à tour, je cause et j'apprends d'elle,
Je lis dans ses regards où penche son désir,
Et, donnant un conseil, je prépare un plaisir ;
Mais c'est pour sa santé : d'après notre maxime,
Le plaisir sans excès est le meilleur régime.
Son goût change parfois, et je sais l'observer.
C'est un art innocent; un jour, à son lever,
L'ardeur de gouverner dans sa tête fermente ;
Je dis : C'est un beau feu qu'il faut qu'on alimente,
Et ce serait pitié, quand nos jours sont comptés,
D'abaisser à des riens ces hautes facultés.
Une affaire l'ennuie, et j'ose lui défendre
D'accabler son esprit du soin qu'elle va prendre.
L'école de Salerne a dit en bon latin :

Qui veut marcher long-temps se repose en chemin.
Cette candeur lui plaît : son ennui se dissipe;
Jusqu'à parler affaire alors je m'émancipe;
Elle en rit, moi de même, et je suis écouté.
Jugez de mon pouvoir à sa majorité,
Si la fortune veut que pour vous je recueille
L'héritage vacant de quelque portefeuille!
O fortune des cours, ce sont là de tes jeux!
Le ciel du ministère est changeant, orageux,
Et dans ces régions au mouvement sujettes,
Pour une étoile fixe on a vu cent planètes.
Ah! que le cercle tourne, et je puis quelque jour,
Poindre, monter, briller, me fixer à mon tour,
Ingrate! et, vous offrant une illustre alliance,
Vous couvrir des rayons de ma toute-puissance!

BÉATRIX.

Un médecin ministre!

POLICASTRO.

Eh bien?

BÉATRIX.

On vous verrait
Signer une ordonnance en rendant un décret!

POLICASTRO.

Mais si l'événement enfin vous persuade,
Vous direz...

BÉATRIX.

Que l'État, docteur, est bien malade.

POLICASTRO.

Et je vous servirais!

BÉATRIX.

Oui, vous êtes si bon!

Alphonse au grand lever viendra dans ce salon;
Restez, il faut l'attendre. Hélas! qu'il m'intéresse!
Non, vous ne savez pas jusqu'où va sa tendresse;
Pour flatter ses douleurs, vous pouvez me blâmer;
C'est un pauvre malade enfin qu'il faut calmer.
Employez ces grands mots, ces phrases, ces formules,
Dont la solennité trompe les moins crédules;
Soyez bien éloquent : parlez comme les jours
Où nous vous écoutons, quand vous ouvrez un cours;
Car ces jours-là, docteur, vous êtes admirable,
Et vos raisonnements ont l'air si raisonnable!

POLICASTRO.

Mais...

BÉATRIX, sortant.

  La princesse attend, je cours à mon devoir.
Parlez, priez, blâmez : vous avez plein pouvoir.

SCENE II.

POLICASTRO.

Elle me raille encor! ma faiblesse m'indigne.
Dieu! pour la faculté quel déshonneur insigne!
Mes élèves aussi souffrent de mes amours;
Un amant professeur manque souvent son cours.
Je vais manquer le mien. N'importe; je m'immole.
Quelqu'un!...

(A un huissier.)

  Partez sur l'heure; aux portes de l'école
Qu'on affiche ces mots dès qu'on les recevra :

(Il écrit.)

« Policastro, docteur, recteur, et cætera...
» Attaqué... » mais de quoi? « d'une grave ophthalmie,

ACTE I, SCÈNE III.

» Remet au premier jour son cours d'anatomie. »
Allez.

(L'huissier sort.)

Voyons ma liste : Ah! ah! le cardinal!
Un rhumatisme aigu qu'il a pris dans un bal.
Peste! un prélat! j'irai... L'économe Fabrice!
Il fait jeûner un peu les pauvres de l'hospice,
Et dans son lit hier, avec componction,
Déguisait en migraine une indigestion;
Mais nos appointements sont de sa compétence,
Je le verrai... Le reste est de peu d'importance :
Des bourgeois, trois captifs revenus de Tunis,
La consultation que je donne gratis...
Ces bonnes actions nous sont très-nécessaires ;
Mais notre humanité passe après nos affaires.
C'est trop juste; ainsi donc, tout pesé mûrement,
J'ai quelque temps de reste. Ah! voici notre amant;
Pauvre comte! On ne peut, dans le siècle où nous sommes,
Se fier en amour qu'aux promesses des hommes.

SCENE III.

POLICASTRO, ALPHONSE.

ALPHONSE, serrant la main du docteur.

Que je revois Salerne avec ravissement!
Quel spectacle enchanteur! quel bruit! quel mouvement!
Quand il fait nuit ici, c'est vraiment bien dommage;
Ces palais, cette mer où se peint leur image,
Tous ces jardins en fleurs, ces voiles, ces drapeaux,
Cette forêt de mâts qui flotte sur les eaux,
C'est superbe! On renaît, docteur, et pour sourire

Il suffit en ces lieux qu'on voie et qu'on respire;
Le pays est divin et l'air est embaumé.

POLICASTRO, à part.

Comme on voit tout en beau quand on se croit aimé!
Il va changer de ton.

ALPHONSE.

La princesse Aurélie,
Charmante à mon départ, est encor plus jolie,
Plus belle, n'est-ce pas?

POLICASTRO.

Oui, cher comte : le temps
N'est pas un ennemi de dix-neuf à vingt ans;
Mais la jeune comtesse est bien aussi.

ALPHONSE.

Laquelle?

POLICASTRO.

Béatrix.

ALPHONSE, froidement.

Ah! c'est vrai. Comment se porte-t-elle?

POLICASTRO.

(A part.)
Au mieux. Il est discret.

ALPHONSE.

Eh bien! donc, malgré vous,
Le prince a succombé, docteur?

POLICASTRO.

Que pouvons-nous
Quand la nature enfin?...

ALPHONSE.

La réponse était sûre :
On guérit, c'est votre art; on meurt, c'est la nature.

ACTE I, SCÈNE III.

Nous avons des régents, et trois; pourquoi pas dix?
Que font-ils? qu'en dit-on?

POLICASTRO.

Que ce sont trois phénix,
Trois aigles, c'est le mot : du centre à la frontière
Ils versent sur l'État des torrents de lumière.
C'est ainsi que la cour en parle hautement;
Mais, quand on parle bas, on s'exprime autrement.

ALPHONSE.

Ah! voyons!...

POLICASTRO.

De votre oncle on a fait un grand homme;
Et le duc d'Albano est sans doute économe,
Mais de ses fonds, à lui. Les comptes du trésor,
Qu'il n'a pas trouvés clairs, sont plus obscurs encor.
Perdu dans ce chaos de chiffres et de nombres,
Il voulut séparer la lumière des ombres.
C'était là son orgueil, et dès son premier pas
Il dit : Que le jour soit; mais le jour ne fut pas.
Changeant, confondant tout et s'embrouillant lui-même,
Il va, roule à tâtons de système en système.
Dans cette épaisse nuit, troublé par ses grands biens,
Il mêle quelquefois nos fonds avec les siens,
Et, par distraction, garde ce qu'il faut rendre;
Mais l'argent se ressemble, et l'on peut s'y méprendre.
C'est votre oncle, après tout...

ALPHONSE.

Qui, lui? le bon parent!
Il n'a jamais voulu me faire qu'un présent,
Sa terre de Pæstum, dont l'entretien l'ennuie;
Un parc, des fleurs, des eaux qui vont les jours de pluie;

Et la fièvre, docteur, qui gâte tout cela.
POLICASTRO.
C'est à moi qu'il devait faire ce présent-là.
ALPHONSE.
Aussi j'ai refusé : mais parlons de Sassane.
POLICASTRO.
De plein vol au conseil sur ses rivaux il plane;
Mais sans voler très-haut, terre à terre, et pourtant
Aux yeux des étrangers c'est un homme important.
Nourrir entre eux et nous la bonne intelligence,
C'est la part qu'il choisit pour son tiers de régence.
Grave dans ses travaux, le soir moins solennel,
Il s'est fait pour le monde un sourire éternel.
Nul soin ne vient rider son front diplomatique.
Sans jamais s'expliquer, parlant pour qu'on s'explique,
Il est fin; mais souvent, dupe d'un moins adroit,
Il arrive trop tard, faute de marcher droit.
Du reste, à ce qu'on dit, grand amateur des belles,
Et par sa vanité, sans défense contre elles,
Il ne se doute pas qu'une femme à seize ans
En sait plus, pour tromper, que nos vieux courtisans.
ALPHONSE.
Et voilà du pouvoir les suprêmes arbitres!
Enfin à cet honneur ils ont bien quelques titres.
Mais qui pouvait s'attendre à voir arriver là
Le mérite inconnu du marquis de Polla?
POLICASTRO.
C'est bien la nullité la plus impertinente
Qui gouverna jamais de Palerme à Tarente!
Battu, je ne sais quand, il se trouva fort mal
Du choc de l'ennemi dans un combat naval.

Il s'enfuit vent en poupe, et du nom de retraite,
En citant les Dix Mille, honora sa défaite,
En exploita la gloire, et, fier de son laurier,
Se fit brusque depuis, pour avoir l'air guerrier.
Il tranche, il dit morbleu! mais sa franchise austère
Adoucit au besoin ce vernis militaire.
Il prétend qu'à la cour il se croit dans un camp,
Et, louangeur outré, vous flatte en vous brusquant.
Qui descend comme moi dans ses terreurs intimes,
Sait qu'il est dégoûté des palmes maritimes;
Et telle est son horreur, qu'on le vit quelquefois
Pâle de souvenir en contant ses exploits.
Un roi guerrier qui meurt dit du mal de la gloire;
Le prince en expirant, blasé sur la victoire,
Dans les mains de Polla mit la guerre, et jamais
Prince n'a mieux prouvé son amour pour la paix.

ALPHONSE.

Mais sa fille, sa fille aimable autant que belle,
Sans leur consentement ne peut disposer d'elle;
Chacun en le donnant perd son autorité;
L'obtenir, impossible!

POLICASTRO.

Ah! c'est la vérité.
Conserver ce qu'on tient est un parti commode,
Et les démissions ne sont pas à la mode.
Mais la princesse un jour rentrera dans ses droits.
Que veut le testament? qu'elle fasse un bon choix;
Le temps seul nous éclaire, et ce n'est pas folie
De réfléchir un an au bonheur de sa vie.

ALPHONSE.

Vous êtes d'un sang-froid à me désespérer!

LA PRINCESSE AURÉLIE.

Le temps !... Eh ! sa raison suffit pour l'éclairer.
Je m'irrite en pensant... et pourquoi ? que m'importe ?
Que dis-je ? ah ! quand on aime...

POLICASTRO.

Aisément on s'emporte ;
Mais n'en rougissez pas ; nous sommes tous deux fous.

ALPHONSE.

Comment ?

POLICASTRO.

Je suis épris du même objet que vous.

ALPHONSE.

Vous aimez la princesse !

POLICASTRO.

Allons donc, quel blasphème !
Qui ? moi ? vous vous moquez.

ALPHONSE.

Mais c'est elle que j'aime.

POLICASTRO, à part.

La princesse !

ALPHONSE.

Écoutez : vous apprendrez par moi
Combien un cœur malade est peu maître de soi,
Et, quand à notre perte un fol amour nous mène,
Jusqu'où peut s'égarer l'extravagance humaine.
Vous comprendrez mes maux : mon Dieu ! qu'il est heureux
Que pour les mieux sentir vous soyez amoureux !

POLICASTRO.

Bien obligé.

ALPHONSE.

Du jour que j'aimais la princesse,
Habile à me tromper, j'ignorai ma faiblesse.

ACTE I, SCÈNE III.

Je vis, je voulus voir dans ce fatal penchant
Pour le sang de mes rois un culte plus touchant,
Plus tendre, et cette ardeur imprudemment nourrie
Redoubla, s'exalta jusqu'à l'idolâtrie.
Quels jours plus beaux alors, mieux remplis que les miens?
Je l'aimais, l'admirais, et dans ses entretiens,
Dans ses éclairs d'esprit dont la flamme est si vive,
Dans le mol abandon de sa grâce naïve,
Dans ses yeux, dans ses traits, je puisais chaque jour
Ce poison dévorant qui m'enivrait d'amour.
Ma tête se perdait : jugez de mon délire,
Je crus que dans les miens ses yeux avaient su lire.
Vingt fois je crus les voir, pleins d'un trouble enchanteur,
Se reposer sur moi, s'attendrir... Ah! docteur,
Quels regards! mon cœur bat quand je me les rappelle,
Et semble me quitter pour s'élancer près d'elle.
Ils égaraient mes sens ; je cédais ; mes efforts
Ne pouvaient dans mon sein contenir mes transports;
Vaincu, j'allais parler... jamais beauté plus fière
Ne vous fit d'un coup d'œil rentrer dans la poussière;
Jamais plus froid sourire à la cour n'a glacé
Sur les lèvres d'un sot un aveu commencé.
Je restais confondu, muet, tremblant de rage;
Mais en la détestant je l'aimais davantage.

POLICASTRO, à part.

A mes instructions je ne comprends plus rien.
(Haut.)
Cependant Béatrix...

ALPHONSE.

     Pour former ce lien,
J'écoutai ma raison, ou plutôt ma colère;

Las d'être dédaigné, je résolus de plaire,
D'inspirer cet amour dont j'étais consumé,
D'aimer qui que ce fût, mais au moins d'être aimé !
Je courus au-devant d'un plus doux esclavage ;
La comtesse était belle et reçut mon hommage.
D'un affront tout récent la tête encore en feu,
Un jour de désespoir je lui fis mon aveu.
Le dirai-je, insensé ! je crus que Son Altesse
D'un dépit mal caché ne serait pas maîtresse.
Erreur ! il fallut plaire, et je m'y condamnai.
Pour me rendre amoureux quel mal je me donnai !
Souvent plus on est morne et plus on intéresse :
Je touchai Béatrix : j'étais d'une tristesse...
Je m'effrayais déjà de mon bonheur prochain ;
Mais je m'y résignais, quand un ordre soudain
En garnison, docteur, m'exile et nous sépare.

POLICASTRO.

Ah ! c'était rigoureux.

ALPHONSE.

Comment ! c'était barbare ;
M'envoyer à Nola ! sans doute pour rêver ;
Car l'ordre de la cour m'enjoignait d'observer :
C'était l'emploi prescrit à mon corps de réserve ;
Mais où l'on ne voit rien, que veut-on qu'on observe ?
Je sentis quelle main brisait de si doux nœuds :
Ah ! vous aviez le droit de mépriser mes feux,
Orgueilleuse beauté, mais quand ce cœur se donne,
Ne pouvant être à vous, doit-il n'être à personne ?
Non : ma faiblesse au moins n'ira pas jusque-là.
J'y pensais, quand un soir je vis dans sa villa
Une veuve encor jeune, aimable et fort jolie,

La baronne d'Elma par son deuil embellie.
Respirant la vengeance, en amant révolté
Dans ce nouveau lien je me précipitai ;
Mais, soigneux de la fuir, je parais son visage
Des traits toujours présents dont j'adorais l'image.
Je prêtais à sa voix ces dangereux accents
Que rêvait mon oreille, et lorsque sur mes sens
Cette erreur avait pris un souverain empire,
J'écrivais... Malheureux! à qui pensais-je écrire?
A ma verve amoureuse alors rien ne coûtait ;
Mon inspiration jusqu'aux vers se montait :
Oui, j'ai jusqu'aux sonnets poussé la frénésie!
Quelle flamme éloquente et quelle poésie!
Allez, si du public un beau jour ils sont lus,
De Laure et de Pétrarque on ne parlera plus.
Mais chaque lettre, hélas! était pour la princesse.
Fureurs, transports, serments, tout... excepté l'adresse.
La baronne lisait : qui m'aurait résisté ?
Je lui parlais d'hymen, j'allais être écouté ;
Tout à coup Son Altesse à la cour me rappelle.

POLICASTRO.

Certes, votre colère était bien naturelle.

ALPHONSE.

Furieux, j'obéis ; je pars, docteur, j'accours.
Quels siècles se traînaient dans ces instants si courts,
Où mes vœux empressés dévoraient la distance!
J'arrive : du néant je passe à l'existence ;
Mais triste, mais ravi, plein de crainte et d'espoir,
Je vais, je viens, je brûle et tremble de la voir.
Ah! je vous le demande, est-on plus misérable?
Trouble toujours croissant, contrainte insupportable,

Mal d'autant plus cruel que j'aime à le souffrir,
Que je sens ma folie, et n'en veux pas guérir!

POLICASTRO.

On se moque de vous, et c'est du despotisme.

ALPHONSE.

Que d'intérêt pourtant dans un tel égoïsme!

POLICASTRO.

Pure coquetterie!

ALPHONSE.

Oui, j'en conviens, j'ai tort.

POLICASTRO.

Le célibat par ordre!

ALPHONSE.

Il est vrai, c'est trop fort!

POLICASTRO.

Bien.

ALPHONSE.

Je prends mon parti.

POLICASTRO.

C'est très-bien.

ALPHONSE.

Son Altesse
Saura que je prétends épouser la comtesse.

POLICASTRO.

Comment?

ALPHONSE.

Non, la baronne... Un scrupule que j'ai,
C'est qu'avec Béatrix je me suis engagé.
Voyez de quels chagrins une faute est suivie :
Peut-être je ferai le malheur de sa vie.

POLICASTRO.

Grande leçon, jeune homme! On plaît à force d'art,

ACTE 1, SCÈNE IV.   25

Et le cœur qu'on séduit est constant... par hasard.
ALPHONSE.
Le sien, si vous saviez à quel excès il m'aime!
POLICASTRO.
Je le sais.
ALPHONSE.
N'est-ce pas? O ciel! c'est elle-même,
Je m'en vais.
POLICASTRO.
Non, restez.
ALPHONSE.
Ne lui parlez de rien.
POLICASTRO.
Mon Dieu! n'ayez pas peur.
ALPHONSE.
Le fâcheux entretien!

SCENE IV.

ALPHONSE, POLICASTRO, BÉATRIX.

BÉATRIX, à part.
Comme il paraît ému! son désespoir me glace.
ALPHONSE, à part.
Elle est loin de prévoir le coup qui la menace.
(Haut.)
Après un an d'exil, madame, il est permis
D'éprouver quelque trouble auprès de ses amis.
BÉATRIX.
Comte, j'en puis juger par celui qui m'agite,
Et c'est presque en tremblant que l'on se félicite.

POLICASTRO.

Quel spectacle touchant, et que je suis heureux
Du plaisir qu'à vous voir vous goûtez tous les deux !

BÉATRIX.

Oui, quelque changement qu'un an d'absence amène...

ALPHONSE.

Bien qu'on semble moins tendre et qu'on écrive à peine...

BÉATRIX.

N'importe, il est bien doux...

ALPHONSE.

Sans doute, on est charmé
De voir ceux qu'on aimait...

BÉATRIX.

Et dont on fut aimé.

(Au docteur.)

Venez à mon secours.

ALPHONSE, au docteur.

Tirez-moi donc d'affaire,
Sans rien brusquer pourtant.

POLICASTRO, bas, à Alphonse.

Allons, je vais le faire.

(Haut.)

Complimentez madame ; à ses pieds un contrat
Fixe le plus galant de nos hommes d'État,
Sassane, et vous avez le charmant avantage
D'apprendre en arrivant son prochain mariage.

ALPHONSE.

Quoi ! vous !... J'en suis ravi, madame, assurément.
(A part.)
Les femmes !

POLICASTRO, à Béatrix.

Il a droit au même compliment :

ACTE I, SCÈNE IV.

La baronne d'Elma vivait dans la tristesse,
Il va la consoler en la faisant comtesse.

BÉATRIX.

Ah! j'en suis... Tout le monde en doit être enchanté.
(A part.)
Et moi qui m'effrayais de sa fidélité!

POLICASTRO.

Vous ne dites plus rien?

ALPHONSE.

J'en aurais trop à dire.

BÉATRIX.

J'aurais trop à me plaindre.

POLICASTRO.

Alors il faut en rire.

BÉATRIX, à Alphonse en souriant.

Voulez-vous?

ALPHONSE, riant aussi.

Volontiers.

POLICASTRO, qui rit aux éclats.

Eh bien! rions tous trois.
Sans se donner le mot, se guérir à la fois!
Voyez quel embarras pouvait être le vôtre,
Si l'un était resté plus fidèle que l'autre.
C'est un coup de fortune, et ceci vous fait voir
Combien l'on a souvent raison sans le savoir.

BÉATRIX, tendant la main à Alphonse.

Comte, je vous pardonne.

ALPHONSE.

O bonté sans égale!

POLICASTRO.

Mais chut! voici la cour.

UN HUISSIER.

Son Altesse royale!

SCENE V.

ALPHONSE, POLICASTRO, BÉATRIX, AURÉLIE, LE GRAND JUGE, LE DUC DE SORRENTE, LE BARON D'ENNA, LE MARQUIS DE NOCERA, UN MEMBRE DE L'ACADÉMIE DE SALERNE, COURTISANS, DAMES D'HONNEUR, ETC.

(Au moment où l'huissier annonce la princesse, elle sort de son appartement; les courtisans entrent par la galerie du fond.)

AURÉLIE.

Bonjour, messieurs. Baron, j'ai fait valoir vos droits :
(A un autre courtisan.)
Le conseil pense à vous. Le duc va mieux, je crois :
Complimentez pour moi notre pauvre malade.
(A un autre.)
Comte, vous l'emportez, vous aurez l'ambassade.
(Au membre de l'Académie.)
Ah! notre Académie a fait un fort bon choix :
Le public comme vous a nommé cette fois.
(Au duc de Sorrente.)
Pour ce vieil officier j'ai lu votre demande :
Ses droits sont peu fondés, mais sa détresse est grande;
Il sera secouru.

LE DUC DE SORRENTE.

Que de bonté!

AURÉLIE.

Marquis,
Votre fête d'hier était d'un goût exquis;

Rien de mieux entendu que ce bal sous l'ombrage.
Tout m'a semblé charmant.
LE MARQUIS.
Pardonnez, si l'orage...
AURÉLIE.
Que voulez-vous! du temps on ne peut disposer.
LE MARQUIS.
Votre Altesse a daigné...
AURÉLIE.
J'ai daigné m'amuser.
Vous avez fait honneur à votre présidence,
Et combattu le luxe avec une éloquence,
Grand juge!...
LE GRAND JUGE.
Mon discours?...
AURÉLIE.
Admirable, accompli;
Au point qu'en parcourant vos jardins d'Éboli,
J'y rêvais... Le beau lieu! ces marbres, ces antiques,
Quels trésors! vous avez des jardins magnifiques.
ALPHONSE, à part.
Pas un seul mot pour moi!
AURÉLIE.
Que dit-on à la cour,
Béatrix? contez-moi les nouvelles du jour.
BÉATRIX.
Des princes d'Amalfi la brillante héritière,
Si vaine de son rang, de son titre si fière :
Votre Altesse va rire; elle épouse, dit-on,
Un homme de néant : quelque mérite, un nom;
Mais on la blâme...

AURÉLIE.

En quoi ? pour quels torts ? Est-ce un crime
D'immoler son orgueil à l'amant qu'on estime ?
Ce choix, que je connais, ne peut faire un ingrat ;
Je l'approuve, et demain je signe le contrat.
Ayons de l'indulgence : honorer ce qu'on aime,
Comtesse, quelquefois c'est s'honorer soi-même.

BÉATRIX.

J'avais tort ; tout est bien, vous approuvez leurs nœuds.

AURÉLIE, à Policastro.

Quel temps, docteur ?

POLICASTRO, qui observe la princesse.

Madame, un temps...

AURÉLIE.

Un temps ?

POLICASTRO.

Douteux.

AURÉLIE.

Mon Dieu ! de mille soins j'ai la tête accablée...
Je voulais sur le golfe... Ah ! je suis désolée !

POLICASTRO.

Un admirable temps pour respirer le frais :
Point de soleil, de pluie ; un temps fait tout exprès.

AURÉLIE.

Je pourrais retarder le conseil de régence ?

POLICASTRO, gravement.

Dussiez-vous m'accuser d'un peu trop d'exigence,
Il le faut.

BÉATRIX.

Oui, vraiment.

AURÉLIE.

Si vous le voulez tous,

ACTE I, SCÈNE VI.

J'y consens. Eh bien donc! messieurs, préparez-vous.
(A Béatrix.)
Il faudra ce matin chercher les barcaroles
Dont le docteur hier nous donna les paroles;
Ma guitare, comtesse, est si bien dans vos mains!
Vous me répéterez vos airs napolitains.
Allez, messieurs ; la mer effraie un peu les femmes :
Je saurai gré pourtant à celles de vos dames
Qui, sur la foi des vents prêtes à tout oser,
Au naufrage avec moi voudront bien s'exposer.
(Toute la cour sort par le fond)
ALPHONSE, à part.
Rien, rien! que de froideur! Ah! je suis au martyre!
AURÉLIE, à Alphonse, avec sévérité.
Comte, j'aurai plus tard quelques mots à vous dire.
(A Béatrix.)
Venez, et vous, docteur, passons dans les jardins.
(Tout le monde sort.)

SCÈNE VI.

ALPHONSE.

Comme on me traite! ô ciel! que d'orgueil! quels dédains!
Mon cœur en a saigné; mais du moins cette injure
Est un remède amer qui guérit ma blessure.
Enfin je n'aime plus : ce serait lâcheté
Que d'adorer encor cette altière beauté.
Revenons à l'objet dont mon âme est éprise,
Au seul objet que j'aime : oui, vos nœuds, je les brise ;
Mais je vous le dirai, mais en quittant ce lieu
Ce sera ma vengeance et mon dernier adieu.

Adieu donc pour jamais, fière et froide Aurélie!
A de plus grand que soi vouloir plaire est folie :
N'aimons que nos égaux! Pour qui pense autrement,
L'amitié n'est qu'un piége, et l'amour un tourment.

FIN DU PREMIER ACTE.

ACTE DEUXIÈME.

SCENE I.

BÉATRIX, AURÉLIE.

AURÉLIE, à quelques personnes de sa suite.
Le départ dans une heure ; à mes ordres fidèles,
Faites au pied du môle attendre les nacelles.
(A Béatrix.)
Le docteur vous suivait en vous parlant tout bas :
Que disait-il ?

BÉATRIX.
Oh ! rien.

AURÉLIE.
Ne le saurai-je pas ?
Eh bien ! il vous disait ?...

BÉATRIX.
Un mot du comte Alphonse ;
Il le plaint.

AURÉLIE, en prenant la guitare, qu'elle cherche à accorder.
A cela quelle est votre réponse ?

BÉATRIX.
Que je le plains aussi. N'est-il pas malheureux
D'avoir pu mériter cet accueil rigoureux ?

AURÉLIE, lui donnant la guitare.
J'y renonce, tenez.

BÉATRIX.
Je suis bien moins habile ;
Mais si madame veut, je puis...
AURÉLIE.
C'est inutile.
Malheureux, vous croyez ?
BÉATRIX.
Ah ! le comte ?
AURÉLIE.
Et qui donc ?
BÉATRIX.
Désespéré, madame, et digne de pardon.
Oui, quels que soient ses torts, je le crois excusable,
Et je viens demander la grâce du coupable,
En toute humilité, voyez, à deux genoux...
AURÉLIE.
Enfantillage ; allons, comtesse, levez-vous.
Il vous inspire donc un intérêt bien tendre ?
BÉATRIX.
Lui ? la seule amitié m'oblige à le défendre ;
Et j'atteste à madame.
AURÉLIE.
Eh non ! j'ai plaisanté.
Ouvrez ce portefeuille.
BÉATRIX.
A tant d'activité
On succombe.
AURÉLIE.
Est-ce fait ?
BÉATRIX.
Je tiens la clef fatale ;

ACTE II, SCÈNE I.

Il s'ouvre en gémissant et l'ennui s'en exhale.
Ma main sonde le gouffre. O Dieu! que de placets
Qui d'un regard auguste attendent leur succès!
S'il faut répondre à tout pour gouverner l'empire,
On doit être tenté de répondre sans lire.

AURÉLIE.

On le fait quelquefois; mais je crois qu'on a tort.
Mes yeux sont fatigués : lisez-moi ce rapport;
J'écoute.

BÉATRIX.

   Une dépêche, elle a plus d'une page...
Oh! madame! des vers! Est-ce que c'est l'usage?

AURÉLIE.

Une dépêche en vers!

BÉATRIX.

    Non pas, mais un sonnet
Oublié par hasard sous le premier feuillet;
Le lirai-je?

AURÉLIE.

 Voyons.

BÉATRIX, lisant.

Vers composés à Nola, sur le tombeau d'Auguste.

« Modèle d'amitié pour un sujet perfide,
» Sans pitié pour l'amour, ton cœur, qui pardonna
 » Le crime avéré de Cinna,
 » Punit les torts secrets d'Ovide. »

AURÉLIE.

 Je veux voir l'écriture.
(Elle lit.)
« Amant d'une princesse, il trahit un devoir;
» Une si douce erreur est-elle si coupable?
 » Sans y prétendre on est aimable,
 » Et l'on aime sans le vouloir. »

3.

BÉATRIX.

C'est bien vrai.

AURÉLIE.

« Loin, bien loin du beau ciel dont l'azur nous éclaire,
» Il meurt, mais il avait su plaire,
» Et l'amour dut le regretter :

» Sur ce froid monument, où mon exil m'enchaîne,
» Je consens à subir sa peine,
» Mais je voudrais la mériter. »

BÉATRIX.

Je connais... Voyons la signature.
Souffrez...

AURÉLIE, vivement, repliant le papier.

Laissons cela, nous ferons beaucoup mieux ;
Et je dois m'occuper d'objets plus sérieux.
Ne dessinez-vous pas ?

BÉATRIX.

Oui, Pæstum ; je commence...

(Elle s'établit sur la table qui est de l'autre côté du théâtre, et regarde son dessin.)

Les trois temples debout dans un désert immense ;
La mer où le soleil darde ses derniers traits,
Et sous leurs grands chapeaux trois brigands calabrais.

AURÉLIE, signant un placet.

C'est juste, et j'y consens.

BÉATRIX, en dessinant.

Si j'étais Son Altesse,
Je rendrais un édit dont la teneur expresse
Serait que les brigands obtiendront plus d'égards.

AURÉLIE.

Vu ?...

BÉATRIX.

Vu que leur costume est utile aux beaux-arts.

ACTE II, SCÈNE II.

AURÉLIE.

De ce considérant j'admire la prudence,
Et je veux vous admettre au conseil de régence.

BÉATRIX.

Moi? la discussion n'en irait pas plus mal.

AURÉLIE.

Si l'on délibérait sur les apprêts d'un bal.

BÉATRIX.

J'ai fait des grands progrès, madame, en politique.

AURÉLIE.

Le comte de Sassane, il est vrai, vous l'explique.

BÉATRIX.

Son Altesse saurait..?

AURÉLIE.

Tout, et vous conviendrez
Que les secrets d'État seraient aventurés.

BÉATRIX. Elle se lève et vient s'appuyer sur le dos du fauteuil de la princesse

Pourquoi donc?

AURÉLIE.

Vous voyez qu'on devine les vôtres.

BÉATRIX.

On peut dire les siens, et garder ceux des autres.

AURÉLIE.

Il faut garder les siens ; car, en fait de secrets,
Une indiscrétion fait beaucoup d'indiscrets.

SCENE II.

BÉATRIX, AURÉLIE, UN HUISSIER DU PALAIS

L'HUISSIER.

Le comte d'Avella demande une audience.

BÉATRIX.

Madame l'admettra sans doute en sa présence?

AURÉLIE, à l'huissier.

Vous allez l'introduire.

BÉATRIX.

Ah! j'espère...

AURÉLIE.

Écoutez :
Sur toute autre disgrâce appelez mes bontés.
On doit punir un tort comme on paie un service;
La bonté dans les rois passe après la justice.
Allez.

BÉATRIX, à part.

Quel ton sévère! Il n'est pas bien en cour.

(Elle sort.)

SCENE III.

ALPHONSE, AURÉLIE.

ALPHONSE.

Votre Altesse...

AURÉLIE.

J'ai dû presser votre retour,
Comte; on se plaint de vous ; je m'afflige et m'irrite
Qu'un homme dont mon père estimait le mérite,
D'un dévouement connu, d'un nom si respecté,
Ait donné quelque prise à la malignité.

ALPHONSE.

J'étais trop malheureux pour redouter l'envie;
Et c'est moi qu'on outrage! on veut noircir ma vie!
Moi, vous trahir! comment? de quoi m'accuse-t-on?

AURÉLIE.
Ce n'est pas tout à fait de haute trahison,
Je ne l'aurais pas cru; mais d'un défaut de zèle.
ALPHONSE.
Votre Altesse n'a pas de sujet plus fidèle,
Plus ardent, plus zélé.
AURÉLIE.
     Je l'ai cru jusqu'ici,
Mais j'ai lieu de penser qu'il n'en est plus ainsi.
Ce dévouement vous lasse; un sentiment contraire
Des devoirs qu'il impose est venu vous distraire.
Quels sont-ils? et pourquoi faut-il vous en parler?
Mais à qui les oublie on doit les rappeler.
Hâter les armements que le conseil prépare,
Surveiller les travaux de nos forts qu'on répare,
En établir les plans, exercer le soldat,
Placer des corps d'élite aux confins de l'État,
Tels étaient ces devoirs.
ALPHONSE.
     Madame, je vous jure
Que je les ai remplis.
AURÉLIE.
     Cependant on assure
Que votre cœur, troublé de soins moins importants,
Pour vous en occuper vous laissait peu de temps.
ALPHONSE.
De quels soins parle-t-on?
AURÉLIE.
     Je ne veux rien connaître;
Des penchants de son âme on n'est pas toujours maître,
Et ce sont des secrets que j'aurais ignorés,

S'ils n'avaient compromis des intérêts sacrés.

ALPHONSE.

Permettez qu'à vos yeux ce cœur...

AURÉLIE, sévèrement.

Monsieur le comte,
C'est de vos travaux seuls qu'il faut me rendre compte.

(Elle s'assied.)

ALPHONSE.

J'obéis. Nos soldats, divisés en trois corps,
De Nola sur trois points protégent les abords,
Aux défilés des monts j'en ai placé l'élite...

AURÉLIE.

Ah! près d'une villa qu'une baronne habite.
Le régent de la guerre un jour me la nomma...
La baronne... aidez-moi.

ALPHONSE.

La baronne d'Elma.

AURÉLIE.

D'Elma! c'est cela même.

ALPHONSE.

Il ajoutait peut-être
Qu'auprès d'elle assidu...

AURÉLIE.

C'est ce qui devait être.

ALPHONSE.

Madame!...

AURÉLIE.

Nos soldats, comme vous le disiez?...

ALPHONSE.

Ont réparé les forts qui m'étaient confiés;
Et de Saint-Angelo l'antique citadelle,
Par un nouveau rempart...

ACTE II, SCÈNE III.

AURÉLIE
    Cette baronne... est belle?

ALPHONSE.
Elle a quelque beauté. Convenait-on du moins,
Madame, en m'accusant de lui rendre des soins,
Que jamais...

AURÉLIE.
  Nos soldats?

ALPHONSE.
                J'eus l'honneur de vous dire
Qu'à mon poste fidèle...

AURÉLIE.
                Oui; mais écrire, écrire,
Toujours peindre un amour qu'on ne peut renfermer,
Ou voir l'objet qu'au reste on est libre d'aimer,
Le mal n'est pas moins grand : chaque heure ainsi remplie
Est un larcin qu'on fait au devoir qu'on oublie.

ALPHONSE.
Soigneux de diriger les travaux pas à pas...

AURÉLIE.
Mais il est des travaux dont vous ne parlez pas;
A vos lauriers, dit-on, la gloire est indiscrète,
Vous ajoutez encor les palmes du poète?

ALPHONSE.
Pardonnez...

AURÉLIE.
     C'est donc vrai? le prodige est réel?
Quoi! poète et guerrier! c'est être universel.
Je doute cependant que cette renommée
Puisse augmenter pour vous le respect de l'armée;
Mais qu'on se perde ou non dans tous les bons esprits,

L'amour d'une baronne est bien d'un autre prix,
Quand d'ailleurs sur vos vers, qu'elle-même publie,
On la juge en tous lieux une femme accomplie.

ALPHONSE.

On a tort.

AURÉLIE.

Et pourquoi?

ALPHONSE.

Des souvenirs plus chers
Pour une autre, madame, avaient dicté ces vers.

AURÉLIE.

Une autre! ah! Béatrix; elle est vraiment aimable;
Mon père à votre hymen ne fut pas favorable;
Vous l'aimiez : dans le temps je sais qu'on en parla ;
C'est elle que vos vers célébraient à Nola?

ALPHONSE, vivement.

Non, madame, c'était...

AURÉLIE, avec fierté.

Qui donc?

ALPHONSE, avec embarras.

En poésie,
On prend un personnage..., un nom de fantaisie.
On embellit alors cet objet idéal
D'un charme si puissant qu'il nous devient fatal.
Le poète en aimant croit aimer son ouvrage :
Mais non, trompé lui-même, il a tracé l'image
Que de son triste cœur le temps n'a pu bannir,
Et sa création n'était qu'un souvenir.

AURÉLIE.

Un souvenir! vraiment? si l'image est fidèle,
D'une beauté si rare où trouver le modèle?

ALPHONSE.

Sur le trône sans doute.

AURÉLIE.

Alors quel souverain
Peut se croire assez grand pour prétendre à sa main?

ALPHONSE.

Les rois, oui, les rois seuls ont le droit d'y prétendre;
Mais l'admirer du moins quand on a pu l'entendre,
Ne l'oublier jamais quand on a pu la voir,
Ah! c'est le droit de tous, et c'est presque un devoir.
Ce culte de respect et de reconnaissance,
Que l'on rend aux vertus bien plus qu'à la naissance,
Un peuple vous le doit; mais s'il est des sujets
Admis par Votre Altesse à jouir de plus près
Du charme qui s'attache à sa présence auguste,
Leur respect plus ardent n'en devient que plus juste.
Un an, tel fut mon sort; funeste souvenir!
De quels objets depuis il vint m'entretenir!
Lui seul il m'égarait; il causa ma folie.
N'est-on pas malgré soi poète en Italie?
Lui seul, il me rendait ces jardins, ce séjour,
Ce tumulte enivrant des fêtes de la cour;
Ces bals où la grandeur noblement familière
Semblait pour régner mieux s'oublier la première;
Le spectacle touchant des pleurs qu'elle essuyait;
Ce golfe où, sur les flots, lorsque le jour fuyait,
Votre Altesse chantait les airs de sa patrie,
Où les accents plus doux de sa voix attendrie,
Dans ce calme du soir, ce silence des vents,
Au milieu des parfums dont s'enivraient nos sens...

AURÉLIE, émue.

La saison fut charmante; oui, je me le rappelle.

ALPHONSE.

Et l'on accuserait la froideur de mon zèle
Quand un seul souvenir remplissait mes esprits!
Qu'on en blâme l'excès, on le peut, j'y souscris;
Qu'on en fasse à vos yeux un crime impardonnable;
Mais si du dévouement l'excès même est coupable,
Jamais devant son juge avec moins de remords
Sujet plus criminel n'a reconnu ses torts.

AURÉLIE.

Eh bien donc!... ces remparts... oui, cette forteresse...
Vous disiez?

ALPHONSE.

J'eus l'honneur de dire à Votre Altesse,
Qu'avant de me résoudre à former un lien
Où tout est convenance, où le cœur n'est pour rien...

AURÉLIE.

Vous me disiez cela?

ALPHONSE.

Souffrez que je le dise;
Il faut qu'à m'engager votre aveu m'autorise.

AURÉLIE.

Comte, vous l'obtiendrez.

ALPHONSE.

Mais...

AURÉLIE.

Je crois, entre nous,
Que l'État, la noblesse, attendaient mieux de vous.
Votre pays sur vous peut avoir d'autres vues.

ALPHONSE.

Oh! ce sont des raisons que je n'ai pas prévues.

Plutôt que de blesser de si chers intérêts,
Je puis à cet hymen renoncer sans regrets.

AURÉLIE.

On doit à son pays son temps et ses services ;
Mais il n'exige pas de pareils sacrifices.

ALPHONSE, avec chaleur.

Madame, à son pays on doit tout immoler !
Non ; je n'immole rien : pourquoi vous le céler ?
Hélas ! il faut aimer pour faire un sacrifice ;
Mais plus fier, plus heureux, quel qu'en fût le supplice,
Je l'offrirais encore au devoir tout-puissant
Qui dispose à son gré de mon cœur, de mon sang,
A vos nobles aïeux, à votre auguste père,
A vous surtout, madame, à vous que je révère,
A vous qu'avec transport je...

AURÉLIE, se levant.

Vous aimez vos rois :
Cet amour m'est connu ; j'y compte, et je vous crois.
Dans de tels sentiments persévérez sans cesse ;
Je vois qu'on m'a trompée, et j'en gémis.

ALPHONSE.

Princesse !

AURÉLIE.

Tout juger de trop bas ou tout voir de trop haut,
Des sujets et des rois c'est là le grand défaut :
Grâce aux détails nombreux, aux nouvelles lumières,
Que j'ai reçus de vous sur l'état des frontières,
Je juge vos travaux, je conçois mieux vos plans,
Et rends justice entière à vos soins vigilants.
Restez auprès de moi, la cour vous est si chère !
C'est un défaut pourtant dans un homme de guerre :

Je l'excuse. Adieu, comte... Ah! j'avais oublié :
Il faudra des régents cultiver l'amitié.
Que votre oncle vous voie et qu'il vous félicite...
A notre promenade aussi je vous invite,
Si ce délassement a pour vous quelque attrait :
Mais n'y venez qu'autant que cela vous plairait.
En serez-vous?

ALPHONSE.

Madame!

AURÉLIE.

Adieu donc.

SCÈNE IV.

ALPHONSE.

C'est un ange.
De fierté, de douceur, adorable mélange!
Que son regard royal a de charme et d'éclat!
Et puis quelle aptitude aux affaires d'État!
Discuter sur un fait purement militaire!
Cet esprit, à lui seul, vaut tout un ministère.
C'est par amour du bien que j'en suis amoureux;
Sous son gouvernement que nous serons heureux!...
Je bravais son pouvoir; je voulais m'y soustraire,
Tenir à mes projets : j'ai fait tout le contraire.
J'ai tort, mille fois tort; ma raison me le dit;
Mais quoi! mon traître cœur tout bas s'en applaudit,
S'humilie avec joie, et, vaincu par ses charmes,
Trouve un plaisir d'esclave à lui rendre les armes.
C'en est fait!

SCÈNE V.

LE DUC D'ALBANO, ALPHONSE.

UN HUISSIER, annonçant.

Sa Grandeur le régent du trésor !

ALPHONSE.

Mon oncle ! un plan nouveau le préoccupe encor :
Il paraît tourmenté d'un calcul de finance.

ALBANO, sans avoir vu Alphonse.

Je ne pourrai jamais établir la balance :
C'est toujours mon écueil ; les emprunts sont charmants,
Hormis les intérêts et les remboursements.
Pour assainir Pæstum c'est ma ressource unique ;
Mais quel projet ! projet d'utilité publique,
Projet dont le pays se trouvera très-bien.

ALPHONSE.

Et puis vous aurez là, mon oncle, un fort beau bien.

ALBANO.

Qui ! vous ici, monsieur ?

ALPHONSE.

Moi-même.

ALBANO.

Eh ! mais, de grâce,
Par quel ordre ?

ALPHONSE.

D'abord que mon oncle m'embrasse.

ALBANO.

Répondez, s'il vous plaît.

ALPHONSE.

A quoi bon ce courroux ?

Par l'ordre des régents : eh quoi! l'ignoriez-vous?

ALBANO.

Monsieur, quand on gouverne, on sait tout : mais ma tête
Roulait un grand dessein qu'au passage on arrête.
Me prendre à l'improviste, et venir se heurter
Contre un calcul naissant que j'allais enfanter!

ALPHONSE.

Je reconnais mes torts.

ALBANO.

C'est trop heureux. J'augure
Que vous faites en cour une triste figure.
On vous a mal reçu?

ALPHONSE.

Moi! mon oncle; un accueil
Qui d'un régent lui-même eût satisfait l'orgueil!
Une grâce achevée! une bonté touchante!...

ALBANO, avec tendresse.

Ah! cher comte, tant mieux : votre bonheur m'enchante.

ALPHONSE.

Des éloges sans nombre! et je dois ajouter
Qu'on invite mon oncle à me féliciter.

ALBANO, lui serrant la main.

Du meilleur de mon cœur; ce cher neveu! Mon frère
M'engagea si souvent à te servir de père!...

ALPHONSE.

Et vous m'en servirez; car, ma foi! c'est urgent :
Dieu! qu'on est orphelin quand on n'a pas d'argent!

ALBANO.

Quoi! des fonds de l'État crois-tu que je dispose?

ALPHONSE.

Non : mais, à votre aspect (vous comprendrez la chose),

ACTE II, SCÈNE V.

Les vapeurs du trésor me montant au cerveau,
J'inventais en finance un procédé nouveau.

ALBANO.

Toi !

ALPHONSE.

Je suis sans fortune, et créais sur la vôtre
Un système d'emprunt...

ALBANO.

Qui me plaît moins qu'un autre.

ALPHONSE.

Qui vous plaira, mon oncle ; et c'est avec raison
Que j'ai compté sur vous pour monter ma maison.

ALBANO.

Par intérêt public, restez célibataire,
Vous avez des neveux qui vous sortent de terre ;
Et pour peu qu'un seul jour on ait administré,
On connaît ses cousins au trentième degré.

ALPHONSE.

Un de vos trois palais me serait très-commode ;
Veuillez me le céder.

ALBANO.

Ce n'est pas ma méthode.
Dans celui du sénat tu seras grandement.

ALPHONSE.

Mais ce palais, mon oncle, est au gouvernement.

ALBANO.

Et le gouvernement, c'est moi : donc, mon système
Est qu'un gouvernement loge un neveu qu'il aime.

ALPHONSE.

Pour vivre avec mon nom il faut des revenus,
Et les miens jusqu'ici ne me sont pas connus

ALBANO

Je me mettrai pour toi l'esprit à la torture ;
Je te promets...

ALPHONSE.

Vos fonds ?

ALBANO.

Non, quelque sinécure.

ALPHONSE.

A moi ?

ALBANO.

Comme ton rang m'oblige au décorum,
Je veux en ta faveur créer un muséum,
Une direction d'antiquités étrusques,
De médailles.

ALPHONSE.

Pour moi ?

ALBANO.

Sans raison tu t'offusques
Te voilà directeur, ou bien conservateur
D'un établissement dont je suis fondateur.

ALPHONSE.

Cherchez pour cet emploi quelque brave antiquaire.

ALBANO.

J'en connais : j'aurai soin qu'un bibliothécaire,
Qui ne conserve rien, pour une indemnité
Gagne le traitement qui te sera compté.

ALPHONSE.

Par le gouvernement !

ALBANO.

Va donc au fond des choses :
C'est une abstraction, mon cher, que tu m'opposes

Et ton oncle lui seul paiera ce traitement,
Mais sur ses revenus comme gouvernement.
Veux-tu qu'en publiciste avec toi je m'explique?
C'est de l'économie...

ALPHONSE.

Allons donc!

ALBANO.

Politique.

ALPHONSE.

Eh bien! ce que par là vous me prouvez le plus,
C'est que l'abus des mots mène à beaucoup d'abus.
Pour moi, quand de mes fonds l'état n'est pas prospère,
J'ai recours sans scrupule à mon oncle, à mon père;
Mais être à charge à tous, et, fort de votre appui,
Prélever un impôt sur le travail d'autrui!
Non : je renonce au faste, et sens que la noblesse
Tient à la dignité bien plus qu'à la richesse.

ALBANO.

Ah! vous me refusez : soit.

UN HUISSIER.

Leurs Grandeurs!

ALBANO.

Allez :
Mes collègues et moi, nous voici rassemblés;
Laissez-moi recueillir mes sens et ma mémoire,
Pour vaquer aux travaux d'un conseil provisoire.

SCÈNE VI.

LE MARQUIS DE POLLA, LE COMTE DE SASSANE, LE DUC D'ALBANO, TROIS HUISSIERS avec des portefeuilles.

ALBANO.
Messieurs, je méditais quelque chose de grand ;
Je vous en ferai part.

POLLA.
    Tenez, moi, je suis franc :
Sassane, et vous, cher duc, pardon si je vous blesse,
Mais vous travaillez trop, vous travaillez sans cesse ;
Vous vous sacrifiez.

SASSANE, au duc d'Albano.
    Pour vous c'est dangereux.
Un esprit créateur est un don malheureux.

ALBANO.
Je m'immole, c'est vrai ; mais j'ai droit de le dire,
Votre exemple m'y force.

SASSANE, lui serrant la main.
    Union que j'admire !

POLLA.
Sans jamais se fâcher c'est un rare bonheur
Que de se dire ainsi ce qu'on a sur le cœur.

SASSANE. Il fait signe aux huissiers de se retirer.
Asseyons-nous, messieurs. La circonstance est telle
Que sur l'État, le trône, ainsi que la tutelle,
Dont les trois intérêts semblent se compliquer,
J'ai des réflexions à vous communiquer.
Par nos grands aperçus, notre sagesse active,

ACTE II, SCENE VI.

Nous sommes du pouvoir l'âme administrative;
(Montrant Polla.)
Soit qu'un esprit sans borne en sa capacité
Combatte sur la carte ou prépare un traité,
(Se tournant vers Albano.)
Soit que, par des impôts, un soin prudent tempère
L'essor commercial devenu trop prospère,
Soit qu'une politique ignorée au dehors
Ébranle l'Italie en cachant ses ressorts.
Mais ce pouvoir, messieurs, que chacun nous envie,
Et dont le poids peut-être abrége notre vie,
Si d'un commun accord nous l'avons demandé,
Si nous l'avons reçu, si nous l'avons gardé,
Si, par un dévouement qui tous trois nous honore,
Nous sentons le besoin de le garder encore,
Pourquoi? dans quel motif et pour quel résultat?
Le plus noble de tous, l'intérêt de l'État.
Nous gouvernons donc bien?

ALBANO.

La question m'étonne.

SASSANE.

Et pour nous remplacer nous ne voyons personne
En esprits du même ordre, il faut en convenir,
Le présent est stérile, ainsi que l'avenir.

ALBANO.

J'avouerai qu'au pouvoir je ne resterais guère,
Si le marquis cessait d'administrer la guerre.

POLLA.

Et les finances donc, morbleu! j'ose assurer
Que personne après vous ne pourra s'en tirer.

ALBANO.

Je m'en flatte.

SASSANE.

Pour moi, ma grandeur me fatigue;
Que le siècle en talents n'est-il donc plus prodigue!
Sûr d'être remplacé, libre de soins...

ALBANO.

Erreur!
Vous retirer! qui? vous!

POLLA.

Ma foi! j'entre en fureur.
Égoïsme tout pur qu'une telle manie,
Et ce n'est pas pour soi que l'on a du génie.

SASSANE.

Ce dégoût des honneurs par moi manifesté
Vous semble pour l'empire une calamité :
Je le combattrai donc ; mais si je dois conclure
Que la chose publique irait à l'aventure,
Que tout serait abus, confusion, chaos,
Pour peu qu'un seul de nous rentrât dans le repos,
Veuve de tous les trois, que devient la patrie?

ALBANO.

Et pourquoi donc prévoir ce malheur, je vous prie?
Mon cher collègue, au fait!

POLLA.

C'est vrai, plus de détours;
J'ai puisé dans les camps l'horreur des longs discours,
Et si je vous en veux, si vous êtes coupable,
C'est que vous me rendez l'éloquence agréable.

SASSANE.

Ce malheur est prochain : à sa majorité,
La princesse de droit reprend l'autorité,
Règne, et sur les débris d'un pouvoir qu'elle brise

ACTE II, SCÈNE VI.

Place un prince inconnu de Toscane, de Pise,
De Ferrare ou de Lucque; enfin je vous apprends
Que le duc de Modène est déjà sur les rangs.

ALBANO.

Gagnons l'ambassadeur!

POLLA.

Mais, pour Dieu! point de guerre

SASSANE.

Le fer qui tranche tout n'est qu'un moyen vulgaire :
Alexandre-le-Grand me plaît sous un rapport;
Mais comme diplomate il s'est fait bien du tort.
Ne tranchons pas le nœud : qu'une manœuvre habile
Le forme à notre gré pour nous le rendre utile.
La princesse, messieurs, nous estime tous trois,
Nous aime : unissons-nous pour diriger son choix,
Non sur un étranger qui, fier du diadème,
Se mettrait dans l'esprit de gouverner lui-même :
Il faudrait dans sa cour choisir un souverain,
Un roi digne de l'être, un roi de notre main,
Noble comme... nous trois.

POLLA.

D'accord.

ALBANO.

C'est sans réplique.

Grand administrateur...

SASSANE.

Ou profond politique.

POLLA.

Ou capitaine habile.

SASSANE.

Et qui nous conservât;

Car avant tout, messieurs, l'intérêt de l'État !

POLLA.

Eh bien ! je vais au fait : à quoi bon le mystère !
Il est temps de parler en loyal militaire.
Je vois qu'aucun de nous ne veut penser à lui :
Pourquoi ? Qu'un de nous règne, et son royal appui
Préserve ses rivaux d'une double disgrâce ;
Vous restez, nous restons, et tout reste à sa place.

SASSANE.

Alors, cherchons à plaire ; et pour moi je promets
Qu'au choix de Son Altesse en tout je me soumets.

ALBANO.

Faisons-nous par nos soins des droits à la couronne,
Sans nous nuire entre nous, et sans nuire à personne.

POLLA.

M'en préserve le ciel ! Pourtant, sans intriguer,
Tous trois contre Modène il faudra nous liguer.

SASSANE.

La vérité suffit en pareille matière,
Et je veux au conseil la dire tout entière.
Appuyez-moi.

ALBANO.

    C'est bien.

SASSANE, à Albano.

        Mais votre cher neveu
Est un témoin gênant.

POLLA.

        Je l'embarque, morbleu !
Je veux humilier la puissance ottomane :
Et voici quatre mois que la flotte est en panne.
Qu'elle parte : au conseil appuyez mon projet.

ACTE II, SCÈNE VI.

SASSANE.

Vous y pouvez compter.

ALBANO.

Moi, sur un autre objet
J'y réclame à mon tour votre utile assistance.

SASSANE.

(Ils se lèvent.)

Vous l'aurez. Ainsi donc tout est réglé d'avance.

POLLA.

Arrêtez : nous savons ce que vaut un serment,
Jurons donc d'accomplir ce saint engagement,
En conservant chacun dans ses prérogatives,
Titres, pouvoirs, emplois, dignités respectives

ALBANO.

Et traitements, messieurs!

SASSANE.

En un mot, jurons tous
De forcer nos neveux à redire après nous
Que trois rivaux d'amour...

POLLA.

De gloire...

ALBANO.

De fortune...

SASSANE.

En disputant le trône ont fait cause commune,
Pour se le partager, sans regret, sans débat,
Et dans un but sacré :

TOUS TROIS, étendant la main pour jurer

L'intérêt de l'État.

(Ils sortent.)

FIN DU DEUXIÈME ACTE.

ACTE TROISIÈME.

SCENE I.

SASSANE.

Rompre avec la comtesse est un mal nécessaire.
Jeune, on croit qu'en amour le grand art est de plaire ;
Plus tard on s'aperçoit que rompre sans éclat,
Par calcul ou fatigue, est le point délicat.
Tromper un vieux ministre, amener par la ruse
Un ennemi vainqueur à la paix qu'il refuse,
Demande moins de soins qu'il n'en faut pour traiter
Avec l'orgueil déçu d'un cœur qu'on veut quitter.
J'y parviendrai pourtant, j'en ai quelque habitude ;
Tandis qu'à plaire ailleurs je mettrai mon étude.
Mes rivaux, bonnes gens, que je redoute peu,
Mais qu'il faut ménager pour avoir leur aveu !
Roi, je verrai par suite... Oui, dans notre sagesse,
Nous verrons à quel point nous lie une promesse,
Et si ce grand mobile, à qui tout doit céder,
L'intérêt de l'État, permet de les garder.
Mais voici la comtesse ; au risque d'un orage,
Je veux entre elle et moi mettre un léger nuage.

SCENE II.

BÉATRIX, SASSANE.

BÉATRIX.
Ah! quel événement!
SASSANE.
Qu'avez-vous?
BÉATRIX.
Je promets
Que j'ai fait à la mer mes adieux pour jamais.
SASSANE.
Parlez.
BÉATRIX.
Un ouragan, des vagues, le tonnerre!
La belle horreur à voir, quand on la voit de terre!
SASSANE.
Comptez-moi vos malheurs.
BÉATRIX.
Dans ce commun danger,
Un tiers de la régence a failli naufrager.
Car pour narguer les vents, le tonnerre et Neptune,
Notre barque portait César et sa fortune :
Plus galant que jamais, le marquis de Polla,
Le gouvernail en main, avec nous s'enrôla.
Son titre d'amiral et son air d'importance
Me rassuraient d'abord sur ma faible existence.
Je chantais... comme on chante alors qu'on tremble un peu.
Soudain la mer s'élève et le ciel est en feu.
Le marquis, l'air troublé, riait de mon martyre,

Mais de ce rire éteint qui ne vous fait pas rire,
Quand un grand flot survint, qui de front nous choqua;
Notre amiral pâlit, et la voix me manqua.
La barque est en suspens, l'air siffle, le mât crie.
Alphonse au gouvernail se jette avec furie,
Repousse le régent qui, sans voix, sans coup d'œil,
Effaré, nous menait tout droit sur un écueil,
Et, si ce bras sauveur n'eût changé la manœuvre,
Dans les flots avec nous achevait son chef-d'œuvre.
A qui donc se fier, alors qu'un amiral
N'entend pas la marine et gouverne aussi mal?

SASSANE.

Et Son Altesse?

BÉATRIX.

Oh! rien : une toilette à faire.
Ce soin, que le voyage a rendu nécessaire,
Dans sa maison du golfe, ici près, la retient.
Mais qu'avait le marquis? comprend-on d'où lui vient
Cette galanterie à nos jours si fatale?

SASSANE, à part.

Le sot! il eût noyé Son Altesse Royale,
Pour lui faire sa cour!

BÉATRIX.

J'en ris dans ce moment;
Mais à vous, loin du port, je pensais tristement :
Oui, comte, à chaque flot dont j'étais menacée,
Votre désespoir seul occupait ma pensée.
Il ne me verra plus! qu'il va me regretter!
Disais-je, et que de pleurs ce jour va lui coûter!...
M'auriez-vous survécu, Sassane?

SASSANE.
Moi! comtesse! O Dieu!...
BÉATRIX.
Non? Quoi! vraiment? Voilà de la tendresse!
Et l'on dit qu'à la cour on ne sait pas aimer!...
Que sur vos sentiments j'eus tort de m'alarmer!
SASSANE, d'un air piqué.
Un tel aveu me blesse et jusqu'au fond de l'âme.
BÉATRIX.
Mais je n'en doute plus.
SASSANE.
Pourquoi donc pas, madame?
Certes, vous le pouvez.
BÉATRIX.
Ce courroux est charmant;
Et pour me rassurer il vaut mieux qu'un serment.
SASSANE, à part.
Elle a paré le coup.
BÉATRIX.
Dieu! que je suis ravie!
Quand on a cru la perdre, on aime tant la vie!
SASSANE.
Et la vôtre est si douce! A l'abri des chagrins,
Tous vos jours sont à vous; ils sont purs et sereins.
Les miens... O vain éclat! faux biens! grandeurs fragiles!
Les miens sont condamnés au malheur d'être utiles,
Du souffle de l'envie agités dans leur cours,
En proie aux soins amers, aux tourmentes des cours.
Quels destins! ah! comtesse! et ce cœur sans courage
Veut vous associer à leur triste esclavage;

ACTE III, SCÈNE II.

Et je crois rendre heureuse, et je prétends chérir
Celle à qui, pour présent, ma main vient les offrir...
Ah! puissé-je employer la force qui me reste
A détourner de vous cet avenir funeste,
A vaincre le désir dont je suis combattu!
Je le veux, je le dois, j'en aurai la vertu!

BÉATRIX.

Ce combat généreux m'attendrit jusqu'aux larmes,
Et jamais votre amour n'eut pour moi tant de charmes!

SASSANE, à part.

Comment donc la fâcher?

BÉATRIX.

Je sens mieux, près de vous,
Ce qu'au fort du danger le comte osa pour nous.

SASSANE.

(A part.)   (Haut.)
Ah! voilà le moyen!... Même avant ce service,
On sait qu'en l'admirant vous lui rendiez justice.

BÉATRIX.

Comment?

SASSANE.

Il est trop vrai ; je l'avais soupçonné ;
Et de votre froideur je m'étais étonné.
Non, depuis quelque temps vous n'êtes plus la même.

BÉATRIX.

Moi!

SASSANE, vivement.

Ne m'expliquez point cette réserve extrême ;
Je la comprends, j'eus tort, et c'est trop présumer
Que de prétendre au cœur qu'un autre a su charmer.
Je ne m'arrête pas au vain motif qu'on donne

A ce retour soudain qui n'abuse personne.
On sait qui s'employa pour le solliciter;
Il revient, il vous sauve, il devait l'emporter.
Il l'emporte en effet : pourquoi vous en défendre?
Vous me faites justice et je dois me la rendre.
BÉATRIX.
Vous, jaloux! se peut-il? vous m'aimez à ce point!
SASSANE, à part.
Rien ne me réussit; mais ne faiblissons point.
(Haut.)
Jaloux! oui, je le suis; je l'étais!... Sans se plaindre
On s'obstine à douter, on souffre à se contraindre.
Le soupçon qu'on veut fuir vous ronge à tous moments;
On se brise le cœur pour cacher ses tourments.
Mais on se lasse enfin d'un si cruel mystère!
BÉATRIX.
Non, jamais comme vous on n'aima sur la terre!
Quel bonheur!
SASSANE, à part.
C'est vraiment de la fatalité;
(Haut, avec violence.)
Mais je la fâcherai. Je ne suis pas quitté :
Je brise le premier des nœuds dont on se joue;
Je romps tous mes serments et je les désavoue :
Mais vous l'avez voulu; mais j'ai trop supporté
Tant de coquetterie et de légèreté;
Qu'un autre soit aimé, j'y consens; que m'importe?
Perfide!... Mais, pardon, je sens que je m'emporte,
Que ce reproche est dur, que j'ai pu prononcer
Quelques mots trop amers pour ne vous pas blesser;
Que ce honteux oubli de toute bienséance
Vient d'attirer sur moi votre juste vengeance,

ACTE III, SCÈNE II.

Que votre dignité vous en fait un devoir,
Et qu'après ce transport je ne dois plus vous voir.

BÉATRIX.

C'est l'amour à son comble! il me touche, il me flatte:
Et si je résistais, je serais trop ingrate.
Je dois par notre hymen couronner cet amour.
Je cède, et c'est à vous d'en fixer l'heureux jour.

SASSANE.

(A part.)   (Froidement.)
Impossible!... Je sors : je cherchais la princesse...

BÉATRIX, gaiement.

Et pas moi, n'est-ce pas?

SASSANE.

Dites à Son Altesse,
Si vous le trouvez bon...

BÉATRIX.

Que vous êtes jaloux,
Et que pour vous guérir il faut m'unir à vous!

SASSANE.

Pas un mot de cela, comtesse, je vous prie!

BÉATRIX.

On rirait... Bien vous prend de m'avoir attendrie.
Je dirai : Sa Grandeur, madame, a tout quitté
Pour s'informer ici d'une auguste santé.
C'est bien?

SASSANE.

Je vous rends grâce; on ne peut pas mieux dire.
(A part.)
Pour rompre quand on plaît, le meilleur est d'écrire.

SCENE III.

BÉATRIX.

C'est qu'il est très-jaloux!... Avec un peu de soin,
Si l'on était coquette, on le mènerait loin;
On ne l'est pas; oh! non! Et pourtant quelle gloire,
Traîner une Excellence à son char de victoire!
S'amuser des tourments d'un ministre amoureux,
C'est venger son pays... Non, vous serez heureux,
Monseigneur; on vous plaint, on pardonne au coupable.
Ah! tant que nous l'aimons, qu'un jaloux est aimable!

SCÈNE IV.

POLICASTRO, AURÉLIE, BÉATRIX.

AURÉLIE, au docteur qui la conduit.

Quoi! tous les trois, docteur, et vous me l'assurez?

POLICASTRO.

J'ai su ce grand complot d'un des trois conjurés.

BÉATRIX, courant au-devant de la princesse.

On conspire, madame?

AURÉLIE.

Ah! vous voilà, peureuse!

POLICASTRO, arrêtant la princesse qui fait quelques pas vers Béatrix.

Toute commotion pourrait être fâcheuse;
Doucement! Quel effroi tout à coup j'éprouvai,
Madame, quand chez moi le comte est arrivé,
Me pressant de partir, éperdu, hors d'haleine;

Tremblant pour Votre Altesse, et pâle... il faisait peine,
Dans un état...

AURÉLIE, vivement.

Il souffre, et vous l'avez quitté !
Mais courez donc !...

POLICASTRO.

Il est en parfaite santé.

AURÉLIE.

Le singulier effet d'une terreur profonde !
Quand on a craint pour soi, l'on craint pour tout le monde !
N'est-ce pas, Béatrix, on est faible ?

BÉATRIX.

Oui, vraiment.

(Au docteur, en riant.)

Mais, puisque la pâleur est un signe alarmant,
Comment va le marquis ?

AURÉLIE.

Votre gaîté m'étonne.
A quelque chose au moins je veux qu'elle soit bonne ;
Allez, et montrez-vous : que cet air satisfait
Répare un peu le mal que vos récits ont fait.
Consolez nos sujets, et dans la galerie
Rassurez cette foule inquiète, attendrie.
Leur visage, où j'ai lu l'événement du jour,
Est encor tout défait et presque en deuil de cour.

BÉATRIX.

J'y vais.

AURÉLIE, à Béatrix qui reste.

Eh bien !

BÉATRIX.

Madame a quelque chose à dire ?

AURÉLIE.

Oui.

BÉATRIX.

Des secrets d'État?

AURÉLIE, avec douceur.

Laissez-nous.

SCENE V.

POLICASTRO, AURÉLIE.

AURÉLIE.

Je respire !
Être seule, être heureuse, et n'agir qu'à son goût,
Ces trois points exceptés, quand on règne on peut tout.

POLICASTRO.

Royale liberté !

AURÉLIE.

Nous sommes tête à tête :
Parlons des prétendants dont j'ai fait la conquête.
De qui le savez-vous ?

POLICASTRO.

D'un loyal chevalier ;
Aux usages des cours trop franc pour se plier,
Le marquis se repose en mes faibles lumières.
Se défiant un peu de ses grâces guerrières,
Sur mon appui, madame, il fonde quelque espoir ;
Car à votre docteur il suppose un pouvoir,
Que ce docteur n'a pas.

AURÉLIE.

Allons ! c'est modestie :
Vous savez le contraire, et je suis avertie

ACTE III, SCÈNE V.

Qu'on dit chez bien des gens que vous me gouvernez.

POLICASTRO.

Qui? moi! bonté du ciel!

AURÉLIE.

Vous vous en étonnez?
Au fond, c'est un peu vrai. Parlez.

POLICASTRO.

Je vous révèle
Cette insurrection d'une espèce nouvelle,
Qui n'irait à rien moins qu'à faire un souverain,
Même trois, si l'un d'eux obtenait votre main.
Car chacun sacrifie une courte régence
A l'espoir plus réel d'en garder la puissance.

AURÉLIE, à part.

Dieu! que l'occasion serait belle à saisir!
Libre... mais quel moyen?... Mon cœur bat de plaisir.

POLICASTRO.

Votre Altesse sourit du projet d'alliance?

AURÉLIE, de même.

Je peux... oui, c'est cela!

POLICASTRO.

J'imaginais d'avance
Que le triple serment et l'hymen concerté
Feraient sur votre front naître l'hilarité.
Jamais hommes d'État, si le complot circule,
Ne seront affublés d'un plus beau ridicule.
Aussi le comte Alphonse, avec qui j'ai causé...

AURÉLIE.

Le comte!

POLICASTRO.

Ainsi que vous il s'en est amusé,

Et ma dit : Si jamais votre noble maîtresse
D'un sujet, cher docteur, couronne la tendresse,
Je ne présume pas que, pour faire un heureux,
Un tel excès d'honneur tombe sur un d'entre eux.

AURÉLIE.

Le comte a dit cela! Ma surprise est extrême;
Il connaît mieux alors mes projets que moi-même.
(A part.)
Pas un, pas même lui ne saura mon secret.
(Au docteur, à voix basse.)
Policastro!

POLICASTRO.

Madame?

AURÉLIE.

Il faut être discret.

POLICASTRO.

De ce devoir sacré je fus toujours esclave.

AURÉLIE, elle s'assied.

Approchez, parlons bas; la circonstance est grave.
Décidons de mon sort : sur qui fixer mon choix?

POLICASTRO.

Sur qui? Madame veut...

AURÉLIE.

Couronner un des trois;
C'est décidé; lequel?

POLICASTRO.

Des trois régents?

AURÉLIE.

Sans doute.

POLICASTRO, à part.

Dieu! comment deviner?...

ACTE III, SCÈNE V.

AURÉLIE.

Lequel? je vous écoute.

POLICASTRO.

(A part.)

Je n'hésiterai pas... C'est fort embarrassant.

(Haut.)

Mon avis est d'abord qu'en y réfléchissant,
Car il faut réfléchir avant de rien conclure,
Sassane...

AURÉLIE.

Y pensez-vous?

POLICASTRO.

Moi, je pense à l'exclure.

AURÉLIE.

Lui! qui pour vingt beautés s'est fait peindre, dit-on?

POLICASTRO.

En habit de ministre avec son grand cordon.

AURÉLIE.

Et dans ma galerie à s'admirer s'apprête,
Mon sceptre d'or en main, et ma couronne en tête;
Non! mes graves aïeux, je crois, n'y tiendraient pas;
Ce serait trop plaisant.

POLICASTRO.

Ils riraient aux éclats;
Et depuis neuf cents ans qu'ils ont perdu la vie,
Un tel roi pourrait seul leur en donner l'envie.
Détrôné!

AURÉLIE

Point de grâce!

POLICASTRO.

A perpétuité,
Lui, les rois de sa race et leur postérité.

AURÉLIE, après une pause.

Quant au duc d'Albano...

POLICASTRO.

J'y pensais.

AURÉLIE.

Homme utile.

POLICASTRO.

Indispensable.

AURÉLIE.

Esprit en ressources fertile.

POLICASTRO.

Il invente en finance, et ce n'est pas commun.

AURÉLIE.

Qui créa cent projets.

POLICASTRO.

S'il n'en avait fait qu'un,
On dirait : Le hasard !... mais...

AURÉLIE.

Fût-ce une manie,
Elle est noble.

POLICASTRO.

C'est vrai ; grands moyens ! beau génie !

AURÉLIE.

Mais de tous les humains c'est le plus ennuyeux !

POLICASTRO.

Le grand homme, il est vrai, reçut ce don des cieux ;
Il l'était par nature, et les mathématiques
L'ont achevé... Chagrins, vapeurs mélancoliques,
Dégoût de tous les biens, abattement moral,
Voilà ce que l'ennui provoque en général.
Dérobons-lui vos jours dont le soin me regarde :

ACTE III, SCÈNE V.

On peut mourir d'ennui, si l'on n'y prend pas garde.
AURÉLIE.
N'y songeons plus, docteur; vos avis sont des lois.
POLICASTRO.
C'en est donc fait encor d'une race de rois?
AURÉLIE.
Oui, détrônons le duc.
POLICASTRO.
    Seconde dynastie,
Morte avant que de naître, éteinte, anéantie!
AURÉLIE.
Eh bien!
POLICASTRO.
  Eh bien, madame, entre les candidats,
J'ose le répéter, je n'hésiterais pas.
On n'a pas deux avis : le mien reste le même;
Un d'eux m'avait semblé digne du rang suprême,
Je ne voyais que lui, c'est lui seul que je vois :
Enfin, c'est au marquis que je donne ma voix.
AURÉLIE.
Son grand nom, ses exploits, tout me porte à vous croire.
POLICASTRO.
A votre avénement il vous faut de la gloire.
Dans les vers composés pour un avénement,
Le myrte et le laurier font un effet charmant.
AURÉLIE.
J'en conviens : des lauriers l'éclat toujours magique
Change en amour pour nous la vanité publique.
POLICASTRO.
Ajoutons à cela trois mots de liberté,
Et voilà pour six mois tout un peuple en gaieté...

Puis on gouverne après comme on veut, c'est l'usage.
AURÉLIE.
Et comme on peut, docteur. Mais avec quel courage
Vous m'avez, en ami, dit votre sentiment,
Sans consulter le mien et sans déguisement!
Je ne vous promets rien; c'est au roi votre maître
A vous récompenser, s'il vient à tout connaître.
(Elle se lève.)
POLICASTRO.
Quand je parlai pour lui, ce fut sans intérêt;
Je n'avais pas songé même qu'il le saurait...
Dois-je l'en informer?
AURÉLIE.
Docteur, c'est votre affaire;
Tout ce qui n'est pas fait peut ne se jamais faire.
Ainsi rien en mon nom; parlez de votre part,
Mais après le conseil.
(Elle sonne.) (A un huissier.)
Au palais, sans retard,
Convoquez Leurs Grandeurs.
POLICASTRO.
Je ne saurais vous taire
Que du conseil privé j'ai vu le secrétaire.
Du trajet maritime il s'est trouvé si mal,
Que son zèle échoûrait contre un procès-verbal.
(Avec intention.)
Mais un homme discret remplaçant le malade...
AURÉLIE.
Je trouverai quelqu'un. Quant à votre ambassade,
Attendez le moment; pas un mot jusque-là.
POLICASTRO.
Je vous obéirai.

ACTE III, SCÈNE VI.

UN HUISSIER, annonçant.

Le comte d'Avella!

AURÉLIE, à Policastro.

Songez que le marquis, s'il a quelque prudence,
Doit à ses deux rivaux cacher la confidence.

POLICASTRO, qui sort.

Le marquis! Dieu! quel rêve! à dater de ce jour,
Saluons de plus bas le soleil de la cour.

SCENE VI.

AURÉLIE, ALPHONSE.

AURÉLIE, sur le devant de la scène.

Ah! le comte a parlé! Qu'un moment on s'oublie,
Ils se ressemblent tous; réparons ma folie.
Otons-lui tout espoir. Mais le voici.

ALPHONSE.

Pardon!
Je crains d'être importun, et je m'éloigne...

AURÉLIE.

Oh! non.
Je m'occupais de vous.

ALPHONSE.

(A part.)

Est-il vrai? Qu'elle est belle!

AURÉLIE.

C'était là ma pensée; elle est bien naturelle :
Je vous dois tant!

ALPHONSE.

Mon sang n'a point coulé pour vous;
Je cours et je vous sauve : un bonheur aussi doux,

Dont j'aurais de mes jours payé la jouissance,
Peut-il donner des droits à la reconnaissance?

AURÉLIE.

Vous témoigner la mienne est un besoin pour moi :
Comte, publiez-la, je vous en fais la loi.
N'éprouverez-vous pas quelque charme à redire
Ce qu'aujourd'hui pour vous ce sentiment m'inspire?

ALPHONSE.

Il suffit à mon cœur de l'avoir inspiré.

AURÉLIE.

Est-ce un bonheur parfait qu'un bonheur ignoré?
Le soin de notre gloire autant que ma justice
Veut qu'un prix éclatant honore un tel service.

ALPHONSE.

N'en ai-je pas reçu l'inestimable prix?
Je crois voir ce concours de sujets attendris,
Ce tumulte, ces pleurs que vous faisiez répandre.
J'étais là, dans la foule, écoutant sans entendre;
Distrait au sein du bruit sans m'en pouvoir lasser,
A force de sentir j'oubliais de penser,
Et fier de leurs transports, ému de leur tendresse,
Heureux, je m'enivrais de la publique ivresse.
A l'aspect de ces traits plus beaux de leur bonté,
Où tous les yeux ardents de ce peuple enchanté,
Fixés comme les miens, venaient dans leur délire
Pour tant de pleurs versés se payer d'un sourire;
A votre nom chéri tant de fois proclamé,
Je sentais seulement qu'il est doux d'être aimé,
Et qu'il est un bonheur ignoré de l'envie
Dont un rapide instant vaut seul toute une vie.

ACTE III, SCÈNE VI.

AURÉLIE.
(A part.)
Flatteur!... Ah! l'indiscret! s'il n'avait pas parlé!
(Haut.)
Au conseil des régents par mon ordre appelé,
Du secrétaire absent vous remplirez l'office.
Comte, puis-je de vous attendre ce service?

ALPHONSE.
C'est un honneur, madame.

AURÉLIE.
    Et vous le méritez.

ALPHONSE.
Heureux si je le prouve!

AURÉLIE.
    Entre les qualités
Qu'exige au plus haut point ce grave ministère,
La principale, au reste, est de savoir se taire.
C'est aisé, n'est-ce pas?

ALPHONSE.
    Madame, je le croi.

AURÉLIE.
D'ailleurs il ne faut voir dans ce nouvel emploi
Qu'un pas vers les honneurs, un rang, une puissance,
Qui doivent de bien loin passer votre espérance.

ALPHONSE.
Ciel!

AURÉLIE.
 Répondez d'abord et parlez franchement;
N'avez-vous dans le cœur aucun engagement?

ALPHONSE.
Aucun, madame, aucun; déjà je viens d'écrire...

AURÉLIE.
Si vous n'étiez pas libre, il faudrait me le dire...
ALPHONSE.
Je le suis.
AURÉLIE.
Car 'avoue avec sincérité
Que j'ai de grands projets sur votre liberté.
ALPHONSE.
Qu'entends-je? elle est à vous : à vos pieds je l'enchaîne.
AURÉLIE.
Peut-être à m'obéir auriez-vous quelque peine?
ALPHONSE.
O Dieu! non : je le jure.
AURÉLIE, en souriant.
Eh quoi! sans rien savoir?
Attendez.
ALPHONSE.
Oui, j'attends : qui l'aurait pu prévoir?
Suis-je digne? Est-il vrai? Dieu! faut-il que je croie...
AURÉLIE.
Écoutez.
ALPHONSE.
Oui, j'écoute : ah! la crainte, la joie,
Ce bonheur douloureux dont je suis oppressé,
Il m'étouffe, il éclate, il me rend insensé;
Mon cœur n'y suffit plus.
AURÉLIE.
Arrêtez.
ALPHONSE.
Je m'arrête;
J'écoute, je me tais.

ACTE III, SCÈNE VI.

AURÉLIE, à part.

C'est sûr, avec sa tête
Il perdrait tout d'un mot. Allons, c'est pour son bien;
Mais qu'il faut de courage et qu'il m'en coûte!

ALPHONSE.

Eh bien?

AURÉLIE.

Je veux...

ALPHONSE.

Ma raison cède à l'espoir qui l'exalte.
Ah! de grâce, achevez.

AURÉLIE.

Vous envoyer à Malte.

ALPHONSE.

A Malte!

AURÉLIE.

Vous savez que cette île aujourd'hui
Est contre l'Orient notre plus ferme appui.
Sur le choix de ses chefs mon influence est grande.
Si l'un de mes sujets que son nom recommande,
Qu'illustrent leurs exploits, dans leurs rangs est admis!
A son ambition que d'honneurs sont promis!
Quels services alors ne peut-il pas me rendre!
Vous comprenez?

ALPHONSE.

Mais non; je ne saurais comprendre.

AURÉLIE.

Votre noviciat dans cet ordre guerrier
Sera très-court.

ALPHONSE.

Comment!

AURÉLIE.

Sans doute : chevalier...

ALPHONSE.

Moi!

AURÉLIE.

Bientôt commandeur.

ALPHONSE.

Moi, madame!

AURÉLIE.

Et peut-être
Grand maître un jour.

ALPHONSE.

Pardon!

AURÉLIE.

Oui, vous serez grand maître.

ALPHONSE.

Permettez : avant tout il faut faire des vœux.

AURÉLIE.

Aussi vous en ferez : si j'en crois vos aveux,
Libre de tout lien, vous pouvez tout promettre.

ALPHONSE, à part.

De ma confusion j'ai peine à me remettre.

AURÉLIE.

Voyez quels nobles champs à vos exploits ouverts!
Du joug de l'infidèle affranchir nos deux mers,
Ne brûlant sous la croix que d'une chaste ivresse,
Avoir pour maître Dieu, la gloire pour maîtresse,
Rival des Lascaris, des Villiers, des Gozon,
A tant de noms fameux unir un plus grand nom :
Un tel vœu, le passé m'en donne l'assurance,
Quand il est fait par vous, est accompli d'avance.

ACTE III, SCÈNE VI.

ALPHONSE.

Mais ce vœu, c'est celui de ne jamais aimer;
Ne fût-ce qu'un projet, qui l'oserait former?
N'eût-on à conserver, dans son indifférence,
Que cette liberté qui laisse l'espérance,
Qui donne un charme à tout, permet de tout rêver,
Se peut-il qu'à jamais on veuille s'en priver?
Qui? moi! par un serment funeste, irrévocable,
Du seul bonheur permis faire un bonheur coupable!
Et dois-je m'y résoudre? et le puis-je? et comment
Jurer de l'avenir?... je doute du présent.
Il est trop vrai, madame; on s'aveugle soi-même,
On croit qu'on n'aime pas, et cependant...

AURÉLIE.

On aime?
Vous m'aviez dit, pardon de vous le rappeler,
Qu'à son pays, je crois, on peut tout immoler...
Mais non; n'y songeons plus : ce serment qui vous coûte
Ferait deux malheureux... On vous aime sans doute.
Au reste j'ai parlé; c'était là mon projet.
Je le ferai connaître; oui, comte, on vous permet
D'en instruire aujourd'hui notre cour qui l'ignore;
Il prouvera du moins combien je vous honore.
Si j'en avais quelque autre...

ALPHONSE.

Ah! qu'il reste inconnu!
De toute ambition me voilà revenu!

AURÉLIE.

C'est ce que nous verrons.

ALPHONSE, à part, en faisant un pas pour sortir.

Après un si doux songe,

Quel réveil!
(Il fait quelques pas pour sortir.)
AURÉLIE, à part.

J'ai pitié du trouble où je le plonge.
Je sens que malgré moi mon dépit désarmé...
Comte!
(Alphonse revient.)

Non, rien; plus tard.
ALPHONSE. Il s'éloigne.
(A part.)
Je n'étais pas aimé!
(Il sort.)

SCENE VII.

AURÉLIE.

Ah! quand on est princesse, il faut donc se défendre
D'écouter quelquefois ce qu'on brûle d'entendre!
Mais on doit tout prévoir quand on veut tout oser.
Sur sa discrétion je puis me reposer,
Ou s'il parle il me sert. Achevons mon ouvrage;
Tout marche : le docteur portera son message;
Le conseil va s'ouvrir... Mais quel soudain effroi
Au moment du combat vient s'emparer de moi?
Comptons nos ennemis : un, deux, trois adversaires :
Et je suis seule. Allons, point de terreurs vulgaires!
Plus le péril fut grand, plus grand est le vainqueur,
Et s'il trouble un cœur faible, il anime un grand cœur.
Il m'exalte, il m'inspire, et seule je défie
Les finances, la guerre et la diplomatie.
Nous verrons qui de nous, messieurs, l'emportera;
Vous offrez la bataille : eh bien! on combattra.

ACTE III, SCÈNE VII.

Vos pareils sont enclins à gouverner leurs maîtres :
(Aux tableaux de famille qui l'entourent.)
Cela s'est vu souvent... N'est-ce pas, mes ancêtres?
Un favori sur vous eut souvent du pouvoir.
En ai-je un, par hasard?... Je n'en veux rien savoir.
J'aspire à vous venger. Surpris de mon audace,
Je crois voir vos portraits, fiers auteurs de ma race,
La visière baissée et le glaive à la main,
S'élancer des lambris pour m'ouvrir le chemin.
Vous donnez le signal et j'entre dans la lice.
Que de mes ennemis le plus hardi pâlisse!
Je n'ai qu'un peu de ruse, et cependant je crois
Que cette arme suffit pour conquérir mes droits,
Et qu'avec son secours, bien mieux qu'avec vos lances,
Une Altesse en champ-clos vaincra trois Excellences!

FIN DU TROISIÈME ACTE.

ACTE QUATRIÈME.

Le Conseil est commencé.

SCENE I.

ALPHONSE à droite de la princesse, devant une table : il tient la plume
POLLA, SASSANE, AURÉLIE, ALBANO.

AURÉLIE.
Non ; c'est en vous, messieurs, que le pouvoir réside ;
Je donne mon avis, mais le vôtre décide.
ALBANO.
Vos avis sont des lois.
POLLA.
Comment leur résister ?
SASSANE.
Notre pouvoir se borne à tout exécuter.
AURÉLIE.
Je déciderai donc. Le duc a la parole.
ALBANO. Il se lève.
« Nous, Régent du trésor...
AURÉLIE.
Passons le protocole,
Expliquez le projet.
POLLA, à qui le duc d'Albano fait un signe, bas à Sassane.
Vous l'appuierez.

SASSANE.
                    D'accord.
POLLA. Il tient plusieurs papiers qu'il passe à ses collègues à mesure qu'il en parle.
» Vu que de tous les maux le plus grand est la mort,
» Et qu'on doit, quand on règne, autant qu'il est possible,
» Préserver ses sujets d'un fléau si terrible ;
» Vu la pétition de trois cents habitants
» Que la fièvre à Pæstum affligea de tout temps ;
» Vu les quatre rapports du conseil sanitaire,
» Signés : Policastro, docteur du ministère ;
» Considérant de plus que l'État obéré
» Pour assainir Pæstum est par trop arriéré ;
» Proposons un emprunt sur trois Juifs de Palerme,
» Sauf à régler du prêt et la forme et le terme. »
Qu'on ne m'objecte pas un trésor endetté :
Les dettes du trésor font sa prospérité.
Le crédit comble tout ; et s'il est hors de doute
Que prouver son crédit c'est l'augmenter, j'ajoute
Qu'emprunter à propos est le point important ;
Car le crédit qu'on a se prouve en empruntant.
                    SASSANE.
Duc, c'est vu de très-haut.
                    POLLA.
                    Projet philanthropique !
                    ALBANO.
Un peu d'humanité sied bien en politique
                    ALPHONSE, à part.
Quand elle vous rapporte.
                    AURÉLIE.
                    On doit avec ardeur
Embrasser le projet émis par Sa Grandeur.

ACTE IV, SCÈNE I.

Sauver des malheureux, rendre à des bras utiles
Ces incultes marais qui deviendront fertiles,
Bien : mais de ces travaux, si le terrain produit,
Quelques riches seigneurs auront seuls tout le fruit;
J'écarte donc l'emprunt. Ces travaux nécessaires
Se feront, mais aux frais des grands propriétaires.
Vous accordez ainsi, par un même décret,
Et l'intérêt de tous, et leur propre intérêt.

ALPHONSE, à part.

Mon oncle est pris.

ALBANO.

Souffrez qu'ici je représente...

SASSANE.

Ah! du raisonnement la force est imposante!

ALBANO, piqué.

Quant à moi, noble comte, il me paraît moins fort.

SASSANE.

Mon honorable ami, vous pourriez avoir tort :
C'est juste.

POLLA.

Assurément.

ALBANO.

Juste, mais arbitraire.

SASSANE.

Et quand cela serait, pourquoi ne le pas faire?

POLLA.

Oui, pourquoi? L'arbitraire est en gouvernement
Ce que la discipline est sur un bâtiment;
Il en faut.

ALBANO.

Non, messieurs.

SASSANE.

Si fait.

ALBANO, s'animant.

Et la patrie!

SASSANE, de même.

Mais le trône!

ALBANO.

Et le peuple!

AURÉLIE.

Ah! messieurs, je vous prie...
Messieurs!... Un point me frappe et va tout accorder :
Sa Grandeur aujourd'hui doit encor posséder
Du côté de Pæstum un immense domaine.
A l'avis général ce seul mot la ramène;
Et le décret dès lors est sans doute adopté
Par sa philanthropie et son humanité?

ALBANO.

Je conviens...

AURÉLIE.

J'y comptais.

SASSANE, à la princesse.

Admirable, madame!

AURÉLIE, à Alphonse.

Secrétaire, écrivez : personne ne réclame.

ALBANO, à part.

Mon projet me ruine.

AURÉLIE, à Albano.

Il me sera bien doux
De voir ce décret-là contresigné par vous.

ALBANO, à part.

Chacun d'eux m'a trahi; mais si je règne, il saute.

ACTE IV, SCÈNE 1.

ALPHONSE, à part.

Malheur aux employés qu'il va trouver en faute!

AURÉLIE.

La parole au marquis.

POLLA, se levant.

Je vais m'y préparer.

SASSANE, bas à Polla.

Du jeune secrétaire il faut nous délivrer.

POLLA, à Sassane.

Soutenez-moi.

SASSANE, bas à Polla.

Parlez.

POLLA.

Mes maximes publiques
Sont d'incliner toujours aux moyens pacifiques :
Et mon soin, du moment qu'un traité s'est rompu,
Fut de pacifier autant que je l'ai pu ;
Car tout guerrier, s'il a quelque philosophie,
N'est jamais plus heureux que lorsqu'il pacifie.
Aussi ces précédents donneront quelque poids
Aux belliqueux avis que j'émets cette fois.
Je me lasse des droits que le Croissant exerce.
Votre empire opulent, qui craint pour son commerce,
Est grevé d'un tribut de vingt mille ducats
Payé par sa marine aux Turcs qui n'en ont pas.
Réveillons-nous enfin! Trop long-temps débonnaires,
Jusqu'au fond de leurs ports rejetons leurs corsaires.
Un mot de Votre Altesse, et la flotte qui part
De la croix dans Tunis arbore l'étendard!
Mais comme il faut un chef à nos forces de terre,
Qui joigne à la vaillance un grand nom militaire,

Le comte d'Avella, sur l'autre continent,
Est seul digne, à mes yeux, de ce poste éminent.

SASSANE.

D'un tel commandement plus l'honneur est insigne,
Plus il est mérité par le chef qu'on désigne.

ALPHONSE, se levant.

De cet honneur, madame, ah! ne me privez pas!
Contre vos ennemis disposez de mon bras.
Ordonnez que sur eux je venge votre injure,
Et je cours les chercher, j'y vole, et je vous jure
De vaincre, ou sous leurs coups d'expirer sans pâlir :
Et ce vœu-là du moins, je pourrai l'accomplir!

AURÉLIE, sévèrement.

Pour soutenir mes droits votre ardeur est trop vive :
Vous n'avez point ici voix délibérative;
Comte, rasseyez-vous.

ALPHONSE, à part.
   Que de sévérité!
Et pour moi seul!

AURÉLIE.
   Ce choix sans doute est mérité :
Mais c'est peu d'un grand nom, d'une illustre vaillance;
Ménager les soldats est la grande science,
Et rarement, messieurs, une jeune valeur,
Qui prodigue son sang, est avare du leur.
Plaçons donc à leur tête un courage tranquille,
Qui sente le néant de la gloire inutile;
En qui le long amas des triomphes guerriers
Ait un peu refroidi l'ardeur pour les lauriers.
A des périls certains, nombreux, incalculables,
Opposons des talents qui leur soient comparables.

ACTE IV, SCÈNE I.

Un héros les possède, il les rassemble tous;
(Au marquis.)
Je le vois, je le nomme, et ce héros, c'est vous!
POLLA.
Moi!
AURÉLIE.
Vous, marquis, courez où l'État vous appelle :
Dans vos regards déjà la victoire étincelle.
C'est à vous qu'appartient un triomphe si beau,
Ou l'immortel honneur d'un si noble tombeau!
POLLA.
Mais, madame...
ALBANO, enchanté.
A ce choix, le seul qu'on devait faire,
L'invincible marquis ne saurait se soustraire.
POLLA.
Le comte cependant...
ALBANO.
Oh! non pas : mon neveu
Exciterait l'envie et mettrait tout en feu.
ALPHONSE.
Mon oncle, par pitié...
ALBANO.
Monsieur le secrétaire,
Réprimez, s'il vous plaît, cette ardeur militaire.
AURÉLIE, avec plus de sévérité.
Dois-je vous le redire?
ALPHONSE.
O ciel!
SASSANE, à part.
En général,
Je vois avec plaisir qu'on le traite assez mal.

POLLA, à Sassane.

Cher comte, parlez donc.

SASSANE.

Que voulez-vous qu'on dise?
Vous-même vous avez proposé l'entreprise :
Vous en aurez la gloire.

ALBANO, à part.

Il est dupe à son tour.

POLLA, à part.

Comptez donc sur leur voix; mais si je règne un jour!...

AURÉLIE.

Nous revenons, messieurs, au projet d'alliance
(Montrant Sassane.)
Dont le comte parlait en ouvrant la séance.
Le prince de Modène a demandé ma main :
Qu'il apprenne par vous que son espoir est vain.
Un peuple à gouverner me suffit, et je n'ose
Me charger du fardeau qu'un double sceptre impose.
Je l'avoûrai pourtant, de ma minorité
La dépendance est longue et pèse à ma fierté.
Prendre un époux, du moins, c'est n'avoir plus qu'un maître;
Mais, pour le bien choisir, il faut le mieux connaître.
Par des talents prouvés aux honneurs parvenu,
Un de mes sujets seul peut m'être bien connu,
Et, dès long-temps admis aux secrets de l'empire,
Peut inspirer à tous l'estime qu'il m'inspire.
Un d'eux seul doit régner.

ALBANO.

Qu'entends-je!

POLLA.

Il se pourrait!

ACTE IV, SCENE I.

SASSANE, à part.

A-t-elle deviné?

ALPHONSE.

Ces mots sont mon arrêt.

AURÉLIE.

Il régnera bientôt, et dans cette journée,
Au plus digne, messieurs, ma main sera donnée.
Cet hymen, que vos soins différaient prudemment,
Veut être consacré par votre assentiment :
Sans doute il le sera. Ma justice royale
Pèsera tous les droits dans sa balance égale;
Et l'on dira : Ce trône où son sujet parvint,
L'équité le donna, le mérite l'obtint.
Ma volonté ce soir une fois approuvée,
Ma cour la connaîtra. La séance est levée.
(Elle s'approche d'Albano et lui dit à voix basse :)
Ministre vertueux et désintéressé,
Votre zèle pour nous sera récompensé.
(En lui faisant signe de sortir.)
Silence!

ALBANO, qui s'éloigne.

Il serait vrai!

AURÉLIE, bas à Polla.

Guerrier vaillant et sage,
Vous saurez à quel point j'aime le vrai courage.
(Même signe.)
Silence!

POLLA, en sortant.

Quel espoir!

AURÉLIE, bas à Sassane.

Politique profond,
De vos destins futurs le passé vous répond.

Nous voulions vous le dire : oui, comte, et pour le faire,
De ces témoins gênants il fallait nous défaire.
Nous nous verrons ce soir, et nous pourrons loin d'eux
Sur de grands intérêts nous éclairer tous deux.
(Haut.)
Ayez soin de vous rendre à cette conférence.

SASSANE.

(Haut.)   (A part.)
Oui, madame. O bonheur! mais j'y comptais!

AURÉLIE, mystérieusement.

Silence!

SCENE II.

AURÉLIE, ALPHONSE.

AURÉLIE.

Pourquoi vous éloigner?

ALPHONSE.

Qu'attendez-vous de moi,
Hors ma démission de mon nouvel emploi?
Quand on sent qu'on déplaît, il faut qu'on se retire.
Je le fais, je m'éloigne, et j'échappe au martyre
De prouver sans espoir à des yeux prévenus
Un zèle malheureux qui n'est qu'un tort de plus.
(Lui présentant un papier.)
Cette démission renferme mon excuse.

AURÉLIE.

Toujours celle qu'on offre est celle qu'on refuse.
(Elle déchire le papier.)
Je ne l'accepte pas.

ALPHONSE.

Ah! de grâce, arrêtez!

ACTE IV, SCÈNE II.

Mes efforts n'ont pas su répondre à vos bontés.
Pour tant d'emplois divers je sens mon impuissance :
Militaire d'abord, marin par circonstance,
Secrétaire au conseil, à Malte commandeur...
Madame, au nom du ciel, que suis-je?

AURÉLIE.

Ambassadeur.

ALPHONSE.

Maintenant?

AURÉLIE.

Sans délai, je vous charge de dire...

ALPHONSE. Il s'approche de la table.

Veuillez dicter, madame, et je m'en vais écrire :
Je serai sûr alors qu'aucun mot indiscret
D'un reproche nouveau ne me rendra l'objet.

AURÉLIE, l'arrêtant au moment où il prend la plume.

Non; cette défiance est aussi trop modeste.
(A part.)
Parlez : ce qu'on dit passe et ce qu'on écrit reste.
(Haut.)
Je ne puis voir votre oncle...

ALPHONSE.

Eh quoi!

AURÉLIE.

Vous sentez bien
Quels soupçons ferait naître un semblable entretien.
Dites-lui, mais tout bas, mais à lui seul au monde,
Que j'ai pour ses talents une estime profonde.

ALPHONSE.

Madame, expliquez-vous!

AURÉLIE.

Il n'en est pas besoin;

Et de tout expliquer je vous laisse le soin.

ALPHONSE.

Dieu! mon oncle!

AURÉLIE.

Un seul mot a beaucoup d'éloquence,
Pour qui sait en tirer toute la conséquence.

ALPHONSE.

Il l'emporte! et c'est moi, moi, que vous choisissez!.

AURÉLIE.

Vous, son neveu, son fils, vous, qui le chérissez!

ALPHONSE.

Mais...

AURÉLIE.

Cette mission vous va mieux qu'à personne.

ALPHONSE.

Madame!

AURÉLIE.

Je le veux.

ALPHONSE.

Permettez...

AURÉLIE.

Je l'ordonne.

(Elle sort.)

SCENE III.

ALBANO, ALPHONSE.

ALPHONSE.

Tous les coups à la fois m'accablent aujourd'hui :
Mon oncle! Et l'on me force... et j'irais... Dieu! c'est lui!

ACTE IV, SCÈNE III.

ALBANO.

La princesse te quitte : eh bien ! mon cher Alphonse,
Quel est l'heureux mortel pour qui son choix prononce?
Je viens savoir le sens d'un mot qu'elle m'a dit;
Te l'a-t-elle expliqué? tu parais interdit;
Alphonse, mon neveu.

ALPHONSE.

J'en aurai le courage.

ALBANO.

De quoi? je n'en veux pas connaître davantage :
C'est sûr : tout est perdu ; je suis...

ALPHONSE.

Vous êtes roi.

ALBANO.

O ciel !

ALPHONSE.

On me l'a dit.

ALBANO.

Qui?

ALPHONSE.

Son Altesse.

ALBANO.

Moi !

ALPHONSE.

En termes positifs, du moins j'ai su comprendre;
On me donne à l'instant l'ordre de vous l'apprendre.

ALBANO.

Comment t'a-t-on parlé?

ALPHONSE.

Vos rares qualités...
Vos grands talents... l'estime... enfin vous l'emportez.

ALBANO.

Répète, mon ami.

ALPHONSE.

Votre Grandeur l'emporte.

ALBANO.

Encor, mon cher, encor!

ALPHONSE.

Vous savez tout.

ALBANO.

N'importe,
Roi! je suis roi! Ce mot, qu'on aime à s'adresser,
Est de ceux qu'on entend vingt fois sans se lasser.

ALPHONSE, hors de lui.

Fut-on jamais chargé de mission semblable!

ALBANO.

Jamais. C'est doux pour toi; pour moi c'est admirable.
Elle aurait pu choisir un jeune homme : eh bien! non.
Admire comme moi cet effort de raison!

ALPHONSE.

Il me confond, mon oncle.

ALBANO.

Il m'a surpris moi-même,
Moi qui trouve ce choix d'une justice extrême.
Va, ton zèle me touche, et je suis enchanté
De la part que tu prends à ma félicité!
Je cours chez Son Altesse, où ma reconnaissance...

ALPHONSE, l'arrêtant.

Vous ne la verrez pas.

ALBANO.

Pourquoi?

ACTE IV, SCÈNE IV.

ALPHONSE.

                Sa défiance
Craint que cet entretien n'éveille les soupçons.

ALBANO.

Mes rivaux! leur aveu!... C'est juste : obéissons.
Mais demain je suis roi ; tout va changer de face.
J'élève, je détruis, je place, je déplace ;
J'organise en un mot. Hors ma famille et moi,
Nul ne peut obtenir ou donner un emploi.
Du sort de mes rivaux à la fin je dispose ;
Qu'ils tombent. Au conseil, qu'à moi seul je compose,
Sans eux tout est porté, discuté, décrété :
Qui vote seul est sûr de la majorité !
T'imaginerais-tu que ces esprits vulgaires
Allaient jusqu'à se croire à l'État nécessaires?...
Mais adieu ; désormais tes destins sont fixés :
Sois heureux.

ALPHONSE.

Je le suis.

ALBANO.

         Tu ne l'es pas assez.

ALPHONSE.

Je fais ce que je peux.

ALBANO.

              Mais sois donc dans l'ivresse,
Mon neveu, te voilà neveu de Son Altesse.

                      (Il sort.)

SCÈNE IV.

ALPHONSE.

Non, l'enfer n'a jamais conçu pareil tourment !

Moi, de l'ivresse! moi! Mais je suis son amant :
Je suis votre rival, aveugle que vous êtes!
Comprenez donc enfin le mal que vous me faites,
Mon dépit, ma fureur... Eh! non... vous m'ordonnez
D'applaudir aux transports dont vous m'assassinez!...
A qui parlé-je? où suis-je?... Ah! mon âme abattue
Ne peut rien opposer à ce choix qui me tue!
(Après une pause.)
Pourquoi? qu'ai-je à prévoir, à craindre, à ménager?
Je me révolte enfin et je veux me venger :
Vengeons-nous; et comment? écrivons! et que dire?
Quand sur moi ma raison a perdu tout empire;
Quand trahi par mon cœur, dans le trouble où je suis,
L'aimer et la maudire est tout ce que je puis!
(Il tombe dans un fauteuil.)

SCENE V.

BÉATRIX, ALPHONSE.

BÉATRIX, une lettre à la main.

De l'hymen qu'il rejette il ne fut jamais digne;
Sassane! rompre ainsi! ce procédé m'indigne.
Et quelle lettre encor! de motifs aussi vains,
De prétextes si faux colorer ses dédains!
(Apercevant Alphonse.)
Ah! cher comte, c'est vous! Dieu! qu'un ami sincère
Quand on n'est pas heureux nous devient nécessaire!
ALPHONSE, la regardant sans l'entendre.
A l'amour qu'on méprise on peut ravir l'espoir,
Mais un tel traitement se peut-il concevoir?

ACTE IV, SCÈNE V.

BÉATRIX.
N'est-ce pas? s'abaisser à ce lâche artifice!

ALPHONSE.
Pousser à cet excès la ruse et le caprice!

BÉATRIX.
Dieu! que vous êtes bon! Vraiment, il n'est que lui
Pour entrer à ce point dans le chagrin d'autrui!
Mais par qui saviez-vous?...

ALPHONSE.
    Eh quoi?

BÉATRIX.
       Qu'on m'abandonne.

ALPHONSE.
Vous! mais la trahison n'a plus rien qui m'étonne;
Je ne vois plus qu'orgueil, intérêt, fausseté,
Et des mœurs de la cour je suis épouvanté.

BÉATRIX.
Seriez-vous donc trahi?

ALPHONSE.
    Moi! trahi! moi, comtesse,
Comme vous, plus que vous, avec tant de finesse,
De calcul, de froideur, qu'un pareil abandon
Est sans exemple, horrible, indigne de pardon,
Qu'il me rendrait cruel, et que je prends en haine
Et la ville et la cour, et la nature humaine.
Contre qui nous outrage il faut nous réunir.

BÉATRIX.
Oui!

ALPHONSE.
  Pour les désoler.

BÉATRIX.
    C'est vrai.

ALPHONSE.
Pour les punir.
BÉATRIX.
Vous avez bien raison.
ALPHONSE.
Je le veux, je le jure;
Remettez-moi le soin de venger votre injure.
BÉATRIX.
Me venger!
ALPHONSE.
Je le puis : consentez.
BÉATRIX
Mais comment?
Quel est votre projet?
ALPHONSE.
Consentez seulement.
BÉATRIX.
D'abord...
ALPHONSE.
Vous m'approuvez; oui, j'ai votre promesse,
Et je cours à l'instant...

SCÈNE VI.

BÉATRIX, ALPHONSE, AURÉLIE.

AURÉLIE.
Béatrix!
BÉATRIX.
La princesse!
ALPHONSE.
Ne vous effrayez point : c'est moi qui vais parler;

Je me fais un plaisir de lui tout révéler.

AURÉLIE, à Béatrix.

Eh bien donc, qu'avez-vous?

ALPHONSE, à part.

Que son aspect m'irrite!

BÉATRIX.

Je... j'étais... pardonnez au trouble qui m'agite.

ALPHONSE.

Souffrez que la comtesse emprunte ici ma voix;
A parler en son nom peut-être j'ai des droits :
Si vous le permettez...

AURÉLIE.

Que voulez-vous m'apprendre?

ALPHONSE.

L'amour depuis long-temps, et l'amour le plus tendre,
Nous enchaîna tous deux par des serments sacrés.

BÉATRIX, bas.

Comte!

ALPHONSE.

(Bas.) (Haut.)
Laissez-moi dire... On nous a séparés;
De changer dans l'absence on nous croyait capables,
Mais peut-on désunir deux amants véritables?

BÉATRIX, bas.

Quoi!

ALPHONSE.

(Bas.) (Haut.)
Laissez-moi parler... Non, toujours plus constants,
Nos feux ont triomphé de l'absence et du temps.
Que deux cœurs éprouvés par tant de sacrifices
Soient au pied de l'autel unis sous vos auspices.

Vous ne sauriez former un nœud mieux assorti,
Plus doux, plus heureux...

BÉATRIX.

Mais...

ALPHONSE.

(Haut, à Béatrix.)

Vous avez consenti.
Votre main fut à moi, je la réclame encore
De vous, de Son Altesse; et ce bien que j'implore,
Qu'un autre a mal connu, qu'il n'a pas mérité,
Doit être enfin le prix de ma fidélité.

(A Aurélie.)

Madame, accordez-moi la faveur que j'espère,
Et l'obtenir de vous me la rendra plus chère.

AURÉLIE, à Béatrix.

Vous donnez votre aveu?

BÉATRIX.

Mon sort est dans vos mains:
J'attends pour obéir vos ordres souverains.

AURÉLIE.

Mes ordres! quel respect!

BÉATRIX.

Je saurai m'y soumettre.

AURÉLIE.

Le comte, en me quittant, ira vous les transmettre.

(Béatrix sort.)

SCENE VII.

AURÉLIE, ALPHONSE.

AURÉLIE.

Vous l'aimez?

ACTE IV, SCÈNE VII.

ALPHONSE.

Oui, madame, oui, je l'aime, et je vois
Qu'il ne nous est donné d'aimer bien qu'une fois.
Un premier sentiment, quoi qu'on dise et qu'on fasse,
Gravé dans notre cœur, jamais ne s'en efface.
Trop ému de ma joie, en rentrant dans les nœuds
De celle à qui d'abord j'avais offert mes vœux,
Je peins mal mes transports; mais comblez notre envie,
Madame, et vous ferez le bonheur de ma vie.

AURÉLIE.

Vous l'aimez?

ALPHONSE.

Et... pourquoi... ne l'aimerais-je pas?
Une autre peut encor réunir plus d'appas,
Un charme plus puissant et plus irrésistible;
Mais la comtesse est belle, elle est bonne et sensible,
M'écoute sans dédain, et n'a pas refusé
L'hommage qu'à sa place une autre eût méprisé.

AURÉLIE.

Je ne combattrai point un projet qui m'étonne;
Vous recherchez sa main?... Eh bien! je vous la donne.
Mais avant que ces nœuds soient par moi consacrés,
Écoutez ma demande, et vous y répondrez.
Digne de vos aïeux, dont l'antique vaillance
Vous rapproche du trône autant que la naissance,
Ainsi que de leur rang, vous avez hérité
De leur noble franchise et de leur loyauté.
Au nom de Béatrix, dont le sort m'intéresse,
C'est à leur descendant, à vous, que je m'adresse :
Alphonse d'Avella, l'aimez-vous ?

ALPHONSE.

Mais... je croi...
Je sens... Ah! quel empire avez-vous pris sur moi?
Non! je ne l'aime pas! je n'aime rien, madame!
Ou plutôt, puisqu'enfin il faut ouvrir mon âme,
Ma folie est au comble, et j'aime une beauté
Que j'inventais sans croire à sa réalité;
Qui, mobile à l'excès, indulgente ou sévère,
Charme, irrite à la fois, enchante et désespère.
J'aime un objet qu'en vain je voudrais définir;
J'aime ce que jamais je ne dois obtenir;
J'aime qui me dédaigne, et se fait une joie
Des fureurs, des tourments où mon âme est en proie;
J'aime ce que je hais, ce que je dois haïr,
Vous! vous-même, et je doute en osant me trahir,
Quand je cède à vos pieds au transport qui m'entraîne,
Si je ressens pour vous plus d'amour que de haine.

AURÉLIE.

Qu'avez-vous déclaré? Vous, comte, à mes genoux!

ALPHONSE.

Je me perds, je le sais, mais j'y reste; il m'est doux,
C'est un plaisir amer qui va jusqu'à l'ivresse,
D'oser vous répéter l'aveu de ma tendresse,
De vous dire, en dépit du respect, du devoir,
Qu'étouffer cet amour passe votre pouvoir.
Demandez-moi plutôt, vous serez obéie,
D'anéantir mes sens et mon cœur et ma vie;
Oui, ce cœur, mieux vaudrait cent fois l'anéantir
Que de le condamner à ne plus rien sentir.

AURÉLIE.

Alphonse, levez-vous.

ACTE IV, SCÈNE VII.

ALPHONSE, en se relevant.

Alphonse! ô ciel! Alphonse!...
Ah! madame! ce nom que votre voix prononce,
Votre cœur le dément; mais le charme est détruit.
Je repousse l'appât qui long-temps m'a séduit...
Qu'ai-je dit? Je me trouble, et crains votre présence.
Je fuis, soyez heureuse; une prompte vengeance
Punira l'insensé qui vient de vous braver,
Et la mort est partout pour qui veut la trouver.

AURÉLIE.

Comte!

ALPHONSE, revenant.

Vous me plaindrez; sans doute on vous adore!
Mais avec cette ardeur, ce feu qui me dévore,
Ce dévouement de l'âme, avec cet abandon
De mes vœux, de mon sort, de toute ma raison,
Jamais! D'un peuple entier fût-on idolâtrée,
Deux fois à cet excès on n'est pas adorée.

AURÉLIE.

Avant la fin du jour ne quittez point ces lieux.

ALPHONSE.

Où votre hymen m'apprête un spectacle odieux!
Et vous m'imposeriez ce dernier sacrifice!
Non, c'en est trop, je pars et finis mon supplice.

AURÉLIE.

(A part.)   (A Alphonse)
Comment le retenir? Osez-vous résister?

ALPHONSE.

Contre un ordre barbare on doit se révolter.

AURÉLIE.

Un sujet le peut-il?

ALPHONSE.

Ah! j'ai cessé de l'être,
Je me suis affranchi : je redeviens mon maître.

AURÉLIE.

Écoutez-moi du moins.

ALPHONSE, qui s'éloigne.

Vos dangereux accents
Auraient pour m'arrêter des charmes trop puissants.

AURÉLIE.

Songez qu'à demeurer j'ai droit de vous contraindre.

ALPHONSE.

Vous?

AURÉLIE.

Craignez...

ALPHONSE.

Je vous perds, je n'ai plus rien à craindre.
Adieu, madame, adieu!

(Il s'élance pour sortir.)

AURÉLIE, appelant.

Duc de Sorrente, à moi!

(Le duc entre avec des gardes.)

Assurez-vous du comte : obéissez.

ALPHONSE.

Eh quoi!
Vous!... je suis confondu.

AURÉLIE, au duc.

Faites ce que j'ordonne.
Le comte est prisonnier : veillez sur sa personne,
Observez tous ses pas; je le veux, j'ai parlé;
Il suffit.

ALPHONSE.

Je comprends que je sois exilé;

ACTE IV, SCÈNE VII.

Mais prisonnier d'État! non, cet acte arbitraire
N'est pas digne de vous.
(Il sort avec les gardes.)

AURÉLIE, souriant.

Et pourtant comment faire?
Voyez à quels excès on porte un souverain!
Mais s'il tient à partir, il le pourra demain.

FIN DU QUATRIÈME ACTE.

ACTE CINQUIÈME.

SCENE I.

Un trône élevé de quelques degrés est préparé sur un des côtés de la scène. Les courtisans forment des groupes ou se promènent avec agitation.

LE MARQUIS DE NOCERA, POLICASTRO, LE BARON D'ENNA, LE GRAND JUGE, COURTISANS.

LE MARQUIS, à Policastro.

Dites-nous s'il est vrai que leur pouvoir expire ?
On ne voit pas pour rien un régent de l'empire
Trois fois en un seul jour.

LE BARON.

     Et l'on n'a pas pour rien
Avec sa souveraine un si long entretien.

LE GRAND JUGE.

Non, vous êtes instruit : n'en faites plus mystère :
Nous sommes tous discrets.

POLICASTRO.

     Messieurs, je dois me taire.

LE MARQUIS.

Le comte est arrêté.

LE BARON.

    C'est presque un coup d'État.
Mais puisqu'il conspirait.

POLICASTRO.

   Lui !

LE BARON.
C'est son attentat
Qu'on jugeait au conseil.
POLICASTRO.
Erreur!
LE BARON.
Dans la séance,
Son oncle en l'apprenant a perdu connaissance.
LE MARQUIS.
Vraiment?
LE BARON.
Et dans ses bras le comte s'est jeté;
Tout le conseil pleurait!
POLICASTRO.
Mais...
LE BARON.
Mon autorité
Est un homme influent; et les détails qu'il donne,
Il les tient d'un ami, qui voit une personne
Qui savait par quelqu'un... C'est clair comme le jour!
POLICASTRO, à part.
Fiez-vous maintenant aux nouvelles de cour!
(Haut.)
Sa faute, croyez-moi, n'a rien de politique.
Je suis chargé par lui de cette humble supplique
Auprès de Son Altesse; et tout peut s'arranger.
LE MARQUIS, à voix basse.
Mais le gouvernement, on dit qu'il va changer.
POLICASTRO.
Nous l'ignorons, messieurs.
LE MARQUIS.
Moi, je crains.

ACTE V, SCÈNE II.

LE BARON.

Moi, j'espère :
J'attends toujours du bien d'un nouveau ministère.
(A Policastro.)
On prétend qu'aux emplois vous êtes appelé?

POLICASTRO, qui se défend à demi.

Pourquoi?

LE MARQUIS.

Quand le sénat sera renouvelé.

POLICASTRO.

C'est faux.

LE GRAND JUGE.

Qu'on doit frapper sur la magistrature?

POLICASTRO.

Frapper! oh! non : quel mot! Il se peut qu'on épure,
Et c'est bien différent. Mais, messieurs, par pitié...
Il faut que je remplisse un devoir d'amitié...
Cette lettre... Souffrez...

LE MARQUIS, en se retirant.

Vous viendrez à ma fête :
Nous causerons.

LE BARON, de même.

Demain, nous dînons tête à tête.

LE GRAND JUGE, de même.

A mon concert, docteur, je vous attends ce soir.
(Ils sortent avec les courtisans.)

SCÈNE II.

POLICASTRO, LE MARQUIS DE POLLA.

POLICASTRO.

Ce que c'est qu'un reflet du souverain pouvoir!...

Mais voici le marquis ; sur son front sans couronne
D'un monarque en espoir la majesté rayonne.
(A Polla, qui sort des appartements d'Aurélie.)
La princesse a, je crois, confirmé mon rapport ?

POLLA.

Sans me parler de rien ; mais nous sommes d'accord.
En dépit des témoins, les regards, le sourire,
Me disaient hautement ce qu'on n'osait pas dire.
(Regardant autour de lui.)
Tout est prêt ?

POLICASTRO.

     Vous voyez cet appareil pompeux
Et ce fauteuil royal.

POLLA.

   Un seul !

POLICASTRO.

       Et demain deux.
Nous verrons Votre Altesse...

POLLA, se retournant.

   Hein ?

POLICASTRO.

       J'ai dit Votre Altesse,
Mais pardon...

POLLA.

   Non, docteur, de vous rien ne me blesse.
(S'appuyant sur l'épaule de Policastro.)
Parlez encor, mon cher, sur le ton familier ;
C'est un dernier moment où je peux m'oublier.
Vous êtes bien heureux, vous autres ; votre sphère
Aux lois de l'étiquette est du moins étrangère.

POLICASTRO.

Tout n'est pas du bonheur dans votre auguste rang;

ACTE V, SCÈNE II.

POLLA.

A la longue on s'y fait; mais un malheur plus grand,
C'est de dire à des gens gonflés de leur mérite,
Et par qui cependant tout ici périclite,
A des gens qu'on aimait malgré leur nullité :
« Votre pouvoir passait votre capacité,
» Allez-vous-en!... » Voilà le malheur véritable;
Mais, pour bien gouverner, il faut être équitable :
Ils s'en iront; c'est triste.

POLICASTRO.

Événement fatal,
Qui fera, monseigneur, un plaisir général.

POLLA, avec hauteur.

Il m'importe fort peu qu'on m'approuve ou me blâme;
Un soldat couronné dit ce qu'il a dans l'âme.

POLICASTRO.

Noble orgueil! loin de vous les détours imposteurs!
Le talent sur le trône est l'effroi des flatteurs.

POLLA.

Je vous nomme baron.

POLICASTRO.

Et j'accepte d'avance.

(A part.)

Ce titre fera bien au bas d'une ordonnance.

POLLA.

Soyez toujours sincère et franc comme aujourd'hui,
Et votre souverain vous promet son appui.

(Il sort.)

SCENE III.

POLICASTRO.

La majesté me gagne, et je commande à peine
A l'orgueil qui... Pourtant cette lettre me gêne.
La disgrâce est parfois un mal contagieux;
Mais Alphonse est aimable, et pour tromper nos yeux,
Si par hasard...oh! non!.. qui sait?..non!.. c'est possible,
Et pour être princesse, on n'est pas insensible.
Obligeons tout le monde, et courons de ce pas...

SCENE IV.

AURÉLIE, POLICASTRO.

POLICASTRO.

Madame!

AURÉLIE.

Auprès de moi ne vous rendiez-vous pas?
Docteur, j'attends quelqu'un.

POLICASTRO.

Permettez que j'arrête
Vos regards bienveillants sur cette humble requête.

AURÉLIE.

De qui?

POLICASTRO, avec intention.

D'un prisonnier sans appui que le mien.

AURÉLIE, qui s'arrête au moment d'ouvrir la lettre, à part.

Il ne l'aurait pas fait s'il ne soupçonnait rien.
(Haut.)
Vous êtes bien hardi !

POLICASTRO.

Qui ? moi !

AURÉLIE.

Bien téméraire !

POLICASTRO.

Moi !

AURÉLIE.

C'est un parti pris, un jeu de me déplaire.

POLICASTRO.

Qu'ai-je fait ?

AURÉLIE.

De vous seul j'ai toléré long-temps
Les dures vérités que chaque jour j'entends ;
Mais c'en est trop : du comte embrasser la défense !

POLICASTRO.

Croyez que j'ignorais...

AURÉLIE.

Excuser son offense !

POLICASTRO.

Je vous proteste...

AURÉLIE.

Ainsi, quel qu'en soit le danger,
Votre esprit inflexible est là pour m'assiéger
De conseils importuns, de graves remontrances ;
Pour m'imposer ses lois, ses goûts, ses préférences ?

POLICASTRO.

Dieu ! jamais...

AURÉLIE.

Ce matin, sur mon choix consulté,
Vous poussez la raison jusqu'à l'austérité.
Jugeant tout, bravant, frondeur inexorable
De tout ce que l'empire a de plus vénérable.

POLICASTRO.

C'est fait de moi !

AURÉLIE.

Ce soir, au mépris de mes droits,
Contre un de mes arrêts vous élevez la voix.
Sujet audacieux, à la fin je me lasse
De voir que devant vous rien n'ait pu trouver grâce.
La cour ne convient pas à cet orgueil altier,
A cette âme d'airain qui ne sait pas plier.
C'est ainsi qu'on se perd; sortez !

UN HUISSIER, annonçant.

Son Excellence
Le comte de Sassane.

AURÉLIE, devant Sassane, qui vient d'entrer.

Évitez ma présence ;
Reportez ce placet à qui vous l'a remis :
Dans ses projets d'ailleurs je vous crois compromis.

POLICASTRO.

Je jure...

AURÉLIE.

Allez le joindre, et revenez apprendre
Comme on traite à vos yeux qui vous osez défendre.

POLICASTRO, à part.

Le cœur me manque... O ciel ! me serais-je attendu
Qu'un jour un trait d'audace à la cour m'eût perdu !

(Il sort.)

SCENE V.

SASSANE, AURÉLIE.

SASSANE.

Votre Altesse est émue?

AURÉLIE.

Eh! puis-je ne pas l'être?
J'ai droit de m'étonner, de m'indigner, peut-être,
Qu'on excuse le comte et qu'il trouve un appui.

SASSANE.
(A part.)

Sans doute on avait tort. Je ne craignais que lui.

AURÉLIE.

Dans peu vous saurez tout. Parlez : votre message
M'a-t-il de Leurs Grandeurs assuré le suffrage?
L'acte par qui vos soins me rend ma liberté
Est-il prêt?

SASSANE.

J'entrevois quelque difficulté.

AURÉLIE, vivement.

Comment?

SASSANE, à part.

Ne nous livrons qu'avec des garanties.

AURÉLIE, avec froideur.

Je comprends leurs raisons, que j'avais pressenties.
(Sévèrement.)
J'y cède, et j'attendrai; plus tard je dois régner.

SASSANE.

L'acte est fait.

AURÉLIE.
Eh bien donc!
SASSANE.
Ils ne voudraient signer...
J'en ai le cœur froissé, je souffre à vous le dire,
Mais je me suis rendu, las de les contredire :
Ils ne voudraient signer... C'est bien peu généreux ;
Égoïsme tout pur, et j'en rougis pour eux !
AURÉLIE.
Enfin!
SASSANE.
Ils ne voudraient donner leur signature
Qu'à des conditions dont mon respect murmure.
AURÉLIE, avec douceur.
Oui, l'obstacle, je crois, n'est pas venu de vous.
SASSANE.
Madame!
AURÉLIE.
Que veut-on ?
SASSANE.
Le nom de votre époux
Doit être au premier rang parmi les noms célèbres.
AURÉLIE.
Celui de vos aïeux se perd dans les ténèbres.
SASSANE.
Hors le nom d'Avella, qu'on ne doit plus citer,
Aucun autre sur lui ne pourrait l'emporter.
AURÉLIE.
C'est accordé : passons.
SASSANE.
En outre, l'on désire

ACTE V, SCÈNE V.

Que le nouveau monarque ait servi cet empire,
Soit dans l'armée...

AURÉLIE.

Eh! mais... songez-vous?

SASSANE.

J'ai cédé
A cause du marquis.

AURÉLIE.

C'est adroit; accordé.

SASSANE.

Ou bien...

AURÉLIE.

Parlez sans crainte.

SASSANE.

Ou bien dans les finances,

AURÉLIE.

Ah! le duc pense à lui!

SASSANE.

Vraiment les convenances
Auraient dû l'arrêter; mais non : j'en étais sûr;
Comme je vous l'ai dit, égoïsme tout pur!

AURÉLIE.

Dans ces arrangements une chose m'étonne ;
C'est qu'on n'ait oublié qu'une seule personne.

SASSANE.

Laquelle?

AURÉLIE.

Je m'entends : finances convient mal ;
Administration est un mot général,
Qui vaut mieux.

SASSANE.

Qu'on peut mettre.

AURÉLIE.
Un mot qui signifie
Ce qu'on veut : le trésor... et la diplomatie.

SASSANE, vivement.

C'est juste!... J'ai tout dit.

AURÉLIE.

Et j'ai tout accepté.
Que leur aveu par vous nous soit donc présenté,
S'ils veulent à ce prix le donner l'un et l'autre.
Nous croyons superflu de vous parler du vôtre.

SASSANE, transporté.

Ah! je rends grâce...

AURÉLIE.

Eh! non! chacun agit pour soi...
Égoïsme tout pur : comme eux je pense à moi.

SASSANE.

Vous me comblez!...

AURÉLIE.

On vient, et l'on peut nous entendre.

SCÈNE VI.

SASSANE, AURÉLIE, POLICASTRO, ALPHONSE,

GARDES, qui entrent dans la galerie du fond.

AURÉLIE, à Alphonse.

Du nouveau souverain votre sort va dépendre.

ALPHONSE.

Libre à lui de m'absoudre ou de me condamner ;
Madame, désormais rien ne peut m'étonner.

AURÉLIE, sortant.

Attendez son arrêt.

SASSANE, à part.

J'aurai quelque indulgence :
Un jour d'avénement est un jour de clémence.

(Il sort.)

SCENE VII.

ALPHONSE, POLICASTRO.

(Ils se regardent un moment sans parler.)

ALPHONSE.

Qu'en dites-vous, docteur?

POLICASTRO.

Muet, déconcerté,
Je suis comme étourdi du coup qu'on m'a porté.
Je ne me sens pas bien.

ALPHONSE.

Je perdais tout pour elle,
Je ne m'en plaignais pas; mais qu'on traite en rebelle,
Qu'on chasse de la cour, sans égard, sans pitié,
Celui dont j'exposai l'héroïque amitié,
Ah! docteur!

POLICASTRO, se ranimant.

C'est ma faute. Après tout que m'importe?

ALPHONSE, lui serrant la main.

Noble cœur!

POLICASTRO.

J'aurai dit quelque vérité forte,
Sans m'en apercevoir.

ALPHONSE.
L'ami qui me vengea
Lui devient odieux!

POLICASTRO.
Elle règne, et déjà
L'aspect d'un homme libre importune sa vue.

ALPHONSE.
Hélas! je l'aimais trop : je l'avais mal connue.

POLICASTRO, avec mystère.
Dieu! quel règne effrayant semble se préparer!

ALPHONSE.
Oui; ce n'est pas sur nous, docteur, qu'il faut pleurer,
C'est sur l'État : les lois, la liberté bannie,
Tous les droits méconnus!

POLICASTRO.
Enfin la tyrannie!
Si d'échapper tous deux nous avons le bonheur,
Car j'en doute, fuyons, en conservant l'honneur...

ALPHONSE.
Cette injuste beauté...

POLICASTRO.
Cette cour mensongère.

ALPHONSE.
Cherchons, pour y mourir, quelque rive étrangère!

POLICASTRO.
Pour y vivre.

ALPHONSE.
Où l'on trouve une ombre d'équité.

POLICASTRO.
Sans doute; où le pouvoir aime la vérité.
Nous irons loin, très-loin; mais je dis, je proclame,

ACTE V, SCÈNE VIII.

(À voix basse.)

Ici j'ose en partant crier... que c'est infâme,
Que c'est une injustice, un despotisme affreux...
Chut! on vient : taisons-nous!

SCENE VIII.

ALPHONSE, POLICASTRO, AURÉLIE, BÉATRIX, SASSANE, ALBANO, POLLA, LE BARON D'ENNA, LE GRAND JUGE, LE MARQUIS DE NOCERA, LE DUC DE SORRENTE; SÉNATEURS, DAMES D'HONNEUR, COURTISANS, GARDES.

(Aurélie monte sur le trône; Alphonse et Policastro sont à l'une des extrémités du théâtre, et personne ne leur parle.)

POLICASTRO, à Alphonse.

Comme on nous fuit tous deux!
Quels hommes!

ALPHONSE.

Que d'attraits! ma douleur s'en augmente :
Dites-moi si jamais elle fut plus charmante?

SASSANE.

Tuteurs de Son Altesse et régents de l'État,
Devant la majesté du trône et du sénat,
Les chefs de la justice et les grands dignitaires,
Par trois démissions libres et volontaires,
Nous déposons tous trois à l'unanimité
Le fardeau qu'à regret nous avions accepté.
Cet acte, revêtu de la forme prescrite,
Transmet à Son Altesse un pouvoir sans limite,
Et le droit absolu d'élire un souverain,

En donnant à son gré la couronne et sa main.
(Il remet l'acte à la princesse.)
Nous jurons au monarque entière obéissance.

AURÉLIE.

Nobles qui m'entourez, promettez-vous d'avance,
Faites-vous le serment de fléchir sous sa loi?

TOUS LES PERSONNAGES, excepté Alphonse

Oui, nous le jurons tous.

AURÉLIE, se retournant vers Alphonse.

Comte, vous êtes roi.

ALPHONSE.

Se peut-il?

BÉATRIX.

Lui!

LES TROIS RÉGENTS.

Le comte!

POLICASTRO.

O bonheur!

ALPHONSE, s'élançant au pied du trône.

La surprise!..
La joie! est-il possible!

POLLA, à Aurélie.

Excusez ma franchise;
Mais veuillez consulter l'acte signé par nous.

AURÉLIE.

Je le connais.

ALPHONSE.

O ciel!

AURÉLIE.

Que me demandez-vous?
(A Sassane.)
Pouvez-vous contester l'éclat de sa naissance?

ACTE V, SCÈNE VIII.

(A Polla.)
N'a-t il pas dans les camps signalé sa vaillance?
Marquis, votre suffrage est ici d'un grand poids.
Qui plus que vous tantôt m'a vanté ses exploits?
Le docteur a soigné sa dernière blessure.

POLICASTRO.

Presque mortelle! ô Dieu! c'est ma plus belle cure.
(Avec effusion.)
J'ai donc sauvé mon roi!

AURÉLIE, aux régents.

Messieurs, le souvenir
D'un dévouement si beau vivra dans l'avenir.
Et je veux qu'après vous nos annales fidèles
Aux ministres futurs vous citent pour modèles.

SASSANE, à Aurélie.

Madame, en vous quittant j'avais tout découvert;
Forcé de vous tromper, messieurs, j'en ai souffert,
Mais d'un si noble choix l'excuse est sans réplique.
(A Béatrix.)
Comtesse, vous voyez dans quel but politique.
A la feinte avec vous contraint de recourir...

BÉATRIX.

Je n'ai pas, monseigneur, de trône à vous offrir.

ALPHONSE, tombant aux pieds de la princesse.

J'en reçois un de vous; mais vous savez, madame,
Si l'éclat des grandeurs avait séduit mon âme.

AURÉLIE.

Alphonse, levez-vous. Prince, je vous remets
Un sceptre que vous seul porterez désormais.
Prenez : c'est sans regret que je vous l'abandonne;
Mais laissez-moi vous dire à quel prix je le donne.
Vous allez commander à des sujets nombreux;

Ne régnez pas pour vous, prince, régnez pour eux.
Cherchez la vérité, fût-elle impitoyable,
Ou faites-vous aimer pour vous la rendre aimable.
Aux lois, reines de tous, soumettez le pouvoir;
Soyez grand, s'il se peut; juste, c'est un devoir.
Soyez bon : la grandeur y gagne quelque chose.
Régnez donc, et des soins que l'État vous impose,
Quand le bonheur public n'exigera plus rien,
S'il vous reste un moment, vous penserez au mien.

FIN DU CINQUIÈME ET DERNIER ACTE.

EXAMEN CRITIQUE
DE LA PRINCESSE AURÉLIE

PAR M. DUVIQUET.

De tous les ouvrages dramatiques de M. Casimir Delavigne, *la Princesse Aurélie* est celui qui a obtenu le moins de représentations; ce qui ne veut pas dire qu'il ait eu à la représentation moins de succès que les autres, mais seulement que le succès a été moins soutenu, moins retentissant de vogue, moins brillant d'affluence, qu'il a trouvé moins de défenseurs dans ce grand nombre d'écrivains qui se constituent du jour au jour les distributeurs de la renommée littéraire et de la gloire théâtrale. Si le mérite d'une comédie dépendait des jugements portés sur sa première représentation, de la foule plus ou moins nombreuse qui se presse aux représentations suivantes; si le temps et la réflexion ne faisaient pas justice de ces arrêts précipités et enlevés à la légèreté rapide d'une composition de quelques heures, ainsi qu'à l'influence inévitable des souvenirs de la veille, il y aurait plus d'un siècle et demi que *le Misanthrope* et *Britannicus* seraient bannis de la scène française. Il suffirait de rappeler ce qui n'aura pas échappé dans son temps au sieur de Visé, que le chef-d'œuvre de Racine ne fut, dans sa nouveauté, représenté que trois fois, et que celui de Molière ne se soutint qu'à l'aide du bâton dont Sganarelle corrige avec délices les reproches de son impertinente moitié.

Qu'arrive-t-il? Le temps marche emportant avec lui les critiques éphémères. Ce qui est bon est bon et reste bon. Les imperfections, les fautes graves elles-mêmes passent par le crible du vieux Saturne, ou, comme la lie d'un vin généreux, tombent au fond du vase ; ce qui survit, ce qui surnage, n'en paraît que plus pur, plus naturel et plus énergique. Telle est la condition de toutes les choses d'ici-bas. Dans le domaine de la matière comme dans celui de l'intelligence, il n'existe rien d'absolument parfait, rien sans mélange. On a reproché, non sans quelque raison, à *Tartufe*, l'invraisemblance fondamentale d'une donation que la présence de deux héritiers directs frappe de nullité ; au *Misanthrope*, le vide, ou, si l'on veut, la faiblesse de l'action ; à *Cinna*, la mobilité du caractère principal et le démenti que donne à l'exaltation de sa rage primitive *l'adorable furie* ; à la tragédie de *Phèdre*, le sacrifice fait à un seul personnage de tous les personnages de la pièce ; à *Andromaque*, un intérêt double et divergent. Que n'a-t-on pas dit et de la marche languissante d'*Esther*, et de la note fortement entachée de jésuitisme, communiquée au nom du grand-prêtre Joad à la vieille Athalie ? Toutes ces critiques peuvent être fondées ; pour le moment, je ne le sais ni ne m'en soucie. S'il me prenait jamais fantaisie de les réfuter, peut-être la tâche serait moins glorieuse que facile ; mais enfin, ces critiques existent ; elles ont cours ; elles ont occupé des esprits éclairés, mais prévenus, qui n'ont cessé de combattre, au profit de réputations naissantes, contre des réputations affermies par l'admiration de vingt siècles. Hé bien ! admettez la légitimité de ces critiques ; donnez le bon droit à ces censeurs *désintéressés* de nos immortelles productions ; faites plus large encore, si vous l'osez, la part des défauts ! ne voyez-vous pas que deux scènes de Molière, deux scènes de *Phèdre*, le récit de *Cinna*, le monologue d'Auguste, rachètent avec une usure judaïque toutes ces faiblesses sur la concession desquelles je me réserverais au besoin le droit de revenir, pour raison de lésion énorme ?

Qu'est-ce à dire ? moi, admirateur passionné des maîtres de la scène française, je mets *la Princesse Aurélie* dans la même classe, je l'élève à la même hauteur que les chefs-d'œuvre dramatiques des deux derniers siècles ! Ce n'est point là mon raisonnement ; mais je connais bon nombre de jeunes logiciens qui seraient de force à me le prêter : je vais nettement expliquer ma pensée.

Comparer n'est pas égaler. Des objets multiples, quoique d'un mérite différent, soutiennent le parallèle, et ne supposent pas néanmoins l'égalité. Quand l'inégalité est trop forte, quand il s'agit, par exemple, de la *Phèdre* de Racine et de la *Phèdre* de Pradon, l'idée seule d'un rapprochement entre les deux pièces est une niaiserie. Mais si, à quelque distance qu'il en soit placé, l'ouvrage dramatique que l'on met à côté de plusieurs autres se recommande par l'élégante correction du style, par l'harmonie poétique du vers, par une intrigue à la fois forte dans sa trame et délicate par la finesse des fils dont elle est tissue; si les caractères en sont variés et supérieurement soutenus; si les incidents dont elle est semée ne laissent entrevoir qu'à l'œil exercé du connaisseur un dénouement frappant de surprise et de soudaineté, n'y aurait-il pas, surtout à notre époque, injustice et dureté à lui refuser le droit dont ont joui les plus illustres prédécesseurs du poète moderne, d'en appeler de la représentation à la lecture, et de réclamer comme eux, à défaut de la sentence impartiale du théâtre, l'arrêt définitif de la lampe et du cabinet?

C'est là en effet que doit se ramener toute la question. La lecture sera-t-elle plus favorable à *la Princesse Aurélie* que ne l'a été la représentation? L'affirmative ne me paraît pas douteuse.

La donnée, ou pour parler français (clause de rigueur quand on rend compte d'un ouvrage de M. Casimir Delavigne), l'idée principale est spirituelle et piquante. Tromper un vieux tuteur qui veut épouser sans amour la fortune d'une jeune et belle pupille, chose vulgaire et facile! Toutes les Agnès, les Mariannes, les Rosines, ont ouvert la voie à ces artifices comiques, et en ont enseigné les chemins; il n'y a plus rien à faire sur nos théâtres pour de nouveaux Arnolphes, de nouveaux Harpagons, de nouveaux Bartholos. Mais qu'une jeune princesse qui ne donnera sa main qu'avec une couronne, qu'Aurélie, placée sous la vigilance rivale et jalouse de trois tuteurs ambitieux, dont chacun aspire à arriver, par la possession de la souveraine, à la possession de la souveraineté; que cette femme, qui n'a d'autre expérience que celle d'un amour secret qu'elle dissimule avec soin, et le sentiment d'une indépendance qu'elle ne sacrifiera qu'à l'objet aimé; que cette femme, dis-je, vienne à bout de tromper tour à tour, et de tromper les uns par les autres, trois hommes, madrés politiques, trois hommes consommés dans les manéges de la diplomatie, et exercés dans toutes les pratiques d'un gouvernement italien : voilà certes une conception tellement originale, que, sans l'art avec lequel elle est exécutée, elle serait justement taxée d'invraisemblance et reléguée dans la classe de ces romans en dialogues qui, depuis quelques années, ont tristement remplacé sur notre beau théâtre la peinture des mœurs, ou le développement des caractères historiques.

Eh bien ! cette charmante mystification n'est pas au fond ce qui amuse le plus dans l'ouvrage : il en est une autre que je préfère, et j'ai trouvé plusieurs bonnes têtes de mon avis : c'est celle qui a l'air de prendre pour victime le beau, l'intrépide, le jeune comte d'Avella, l'amant impétueux de la princesse, dont il est adoré, et qui semble, pendant toute la pièce, l'objet privilégié de ses rigueurs et de ses injustices. Rien n'est plus plaisant que la situation désespérante de ce pauvre d'Avella, qui a été banni, que l'on rappelle pour lui demander un compte sévère de son administration, et dont enfin, par un acte inouï de clémence souveraine, on veut bien faire un chevalier de Malte, avec la perspective assurée (car il faut tout dire) de la grande-maîtrise de l'ordre. D'Avella chevalier de Malte ! Comme le vœu d'un célibat perpétuel ferait bien les affaires de l'amant et surtout celles de la maîtresse ! Cependant on peut exprimer en très-beaux vers le contraire de ce que l'on pense et de ce que l'on désire. Je ne résiste pas au plaisir de citer ce court chef-d'œuvre de duplicité féminine :

> Voyez quels nobles champs à vos exploits ouverts !
> Du joug de l'infidèle affranchir nos deux mers;
> Ne brûlant sous la croix que d'une chaste ivresse,
> Avoir pour maître Dieu, la gloire pour maîtresse,
> Rival des Lascaris, des Villiers, des Gozon,
> A tant de noms fameux unir un plus grand nom ;
> Un tel vœu, le passé m'en donne l'assurance,
> Quand il est fait par vous, est accompli d'avance.

Toutes les actions, tous les discours de la princesse tendent, on le devine sans peine, à éloigner le soupçon de son amour et l'idée de l'élévation prochaine du comte d'Avella. Les trois ministres, dont le consentement unanime est indispensable pour autoriser le mariage d'Aurélie, amadoués par elle, et flattés, chacun à part, d'un plein succès, accordent une adhésion qui, d'après l'infaillibilité de leurs calculs, ne peut tourner qu'à leur avantage personnel. Le conseil est assemblé; Aurélie monte sur son trône; elle est entourée de tous les ministres, de tous les grands de l'Etat. Alponse d'Avella, relégué dans un coin où personne ne s'aperçoit de sa présence, regarde avec une douloureuse résignation la solennité qui va lui enlever pour jamais la femme qu'il aurait épousée sous la bure, avec laquelle il aurait vécu fortuné dans une chaumière. Nobles qui m'entourez, dit Aurélie ;

> Nobles qui m'entourez, promettez-vous d'avance,
> Faites-vous le serment de fléchir sous sa loi?
> — Oui, nous le jurons tous. — Comte, vous êtes roi!

C'est, jusque-là, le dénouement de *Sémiramis*, avec une forme semblable et à peu près les mêmes expressions. La différence est celle qui sépare une union très-légitime, très-raisonnable, d'une alliance incestueuse et dénaturée. Aussi, au lieu du bruit du tonnerre, de la lueur des éclairs, de toute cette pompe céleste ou diabolique qui, dans la tragédie de Voltaire, vient apporter un obstacle dirimant à un mariage impossible, on n'entend, dans la comédie de M. Casimir Delavigne, que les acclamations unanimes d'une cour qui applaudit à un nœud aussi bien assorti, et à peine peut-on distinguer, dans ce concert de félicitations bruyantes, les murmures étouffés des trois vieux ministres. Ces messieurs voient bien qu'en renonçant au trône, il leur faudra, pour comble de misère, résigner encore leurs trois beaux, leurs trois utiles portefeuilles.

Dans une comédie dont la scène se passe à Salerne, un médecin est un personnage obligé. Policastro, médecin de la cour, est à son poste; il égaie, par la généralité de sa complaisance obséquieuse, ce qu'il y a de grave dans le sujet; on rit de la naïveté de son érudition et de ses fanfaronnades médicales, comme du désappointement des trois ministres.

Avec le trône et la main de la princesse, Alphonse reçoit en cadeau de noces les conseils suivants, que l'on ne peut trop répéter. Les vers ne sont pas de la même fabrique que ceux du traducteur de l'*Ecole de Salerne*.

> Alphonse, levez-vous. Prince, je vous remets
> Un sceptre que vous seul porterez désormais.
> Prenez : c'est sans regret que je vous l'abandonne ;
> Mais laissez-moi vous dire à quel prix je le donne.
> Vous allez commander à des sujets nombreux ;
> Ne régnez pas pour vous, prince, régnez pour eux.
> Cherchez la vérité, fût-elle impitoyable,
> Ou faites-vous aimer pour vous la rendre aimable.
> Aux lois, reines de tous, soumettez le pouvoir ;
> Soyez grand, s'il se peut; juste, c'est un devoir.
> Soyez bon : la grandeur y gagne quelque chose.
> Régnez donc ; et des soins que l'État vous impose,
> Quand le bonheur public n'exigera plus rien,
> S'il vous reste un moment, vous penserez au mien.

On lira avec un vif plaisir, souvent avec un sentiment vrai d'admiration, *la Princesse Aurélie*. Quand le Théâtre-Français, qui s'occupe, dit-on, de sa régénération, aura atteint son but, je veux dire, quand il sera revenu au bon sens, au naturel et à la poésie, il remettra *la Princesse Aurélie*; et le public, préparé par la lecture, se portera en foule à la représentation d'un ouvrage d'autant plus agréable pour lui qu'il en aura été plus long-temps et plus injustement privé.

MARINO FALIERO,

TRAGÉDIE EN CINQ ACTES,

REPRÉSENTÉE POUR LA PREMIÈRE FOIS, A PARIS, SUR LE THÉATRE
DE LA PORTE SAINT-MARTIN, LE 30 MAI 1829.

PERSONNAGES.

MARINO FALIERO, doge.
LIONI, patricien, un des Dix.
FERNANDO, neveu du doge.
STÉNO, jeune patricien, un des Quarante.
ISRAEL BERTUCCIO, chef de l'Arsenal.
BERTRAM, sculpteur.
BENETINDE, chef des Dix.
PIETRO, gondolier.
STROZZI, condottiere.
VEREZZA, affidé du conseil des Dix.
VICENZO, officier du palais ducal.
ÉLÉNA, femme du doge.
Les Dix, la Junte.
Les Seigneurs de la nuit.
Gondoliers, Condottieri.
Gardes, Personnages parés et masqués.

(La scène est à Venise, en 1355.)

On a expliqué diversement les motifs qui m'ont déterminé à transporter cet ouvrage de la Comédie-Française au théâtre de la Porte-Saint-Martin. Il en est qui me sont personnels et dont je crois inutile d'entretenir le public : je ne traiterai ici qu'une question générale.

J'ai conçu l'espérance d'ouvrir une voie nouvelle, où les auteurs qui suivront mon exemple pourront désormais marcher avec plus de hardiesse et de liberté, où des acteurs, dont le talent n'avait pas l'occasion de se produire, pourront s'exercer dans un genre plus élevé. Le public a semblé comprendre les conséquences que devait avoir, dans l'intérêt de tous, cette tentative, et j'en attribue le succès à ses dispositions bienveillantes.

Deux systèmes partagent la littérature. Dans lequel des deux cet ouvrage a-t-il été composé ? c'est ce que je ne déciderai pas, et ce qui d'ailleurs me paraît être de peu d'importance. La raison la plus vulgaire veut aujourd'hui de la tolérance en tout ; pourquoi nos plaisirs seraient-ils seuls exclus de cette loi commune ? L'histoire contemporaine a été fertile en leçons ; le public y a puisé de nouveaux besoins : on doit beaucoup oser, si l'on veut les satisfaire. L'audace ne me manquera point pour remplir autant qu'il est en moi cette tâche difficile. Plein de respect pour les maîtres qui ont illustré notre scène par tant de chefs-d'œuvre, je regarde comme un dépôt sacré cette langue belle et flexible qu'ils nous ont léguée. Dans le reste, tous ont innové ; tous, selon les mœurs, les besoins et le mouvement de leur siècle, ont suivi des routes différentes qui les conduisaient au même but. C'est en quelque sorte les imiter encore que de chercher à ne pas leur ressembler, et peut-être la plus grande preuve, l'hommage le mieux senti de notre admiration pour de tels hommes est ce desespoir même de faire aussi bien qui nous force à faire autrement.

J'ai toujours livré mes ouvrages au public sans les défendre : je n'ai pas pris parti contre mes juges. J'aurais mauvaise grâce à le faire aujourd'hui où une bienveillance presque générale est venue adoucir pour moi ce que la critique pouvait avoir de sévère. Je ne combattrai qu'une seule assertion. On a dit que mon ouvrage était une traduction de la tragédie de lord Byron. Ce reproche est injuste. J'ai dû me rencontrer avec lui dans quelques scènes données par l'histoire; mais la marche de l'action, les ressorts qui la conduisent et la soutiennent, le développement des caractères et des passions qui la modifient et l'animent, tout est différent. Si je n'ai pas hésité à m'approprier plusieurs des inspirations d'un poète que j'admire autant que personne, plus souvent aussi je me suis mis en opposition avec lui pour rester moi-même. Ai-je eu tort ou raison ? Que le lecteur compare et prononce.

ACTE PREMIER.

L'appartement du doge.

SCENE I.

ÉLÉNA. Elle est assise et brode une écharpe.

Une écharpe de deuil, sans chiffre, sans devise!
Hélas! triste présent! mais je l'avais promise,
Je devais l'achever... Vaincu par ses remords,
Du moins après ma faute, il a quitté nos bords;
Il recevra ce prix de l'exil qu'il s'impose.
(Elle se lève et s'approche de la fenêtre.)
Le beau jour! que la mer où mon œil se repose,
Que le ciel radieux brillent d'un éclat pur,
Et que Venise est belle entre leur double azur!
Lui seul ne verra plus nos lagunes chéries :
Il n'est qu'une Venise! on n'a pas deux patries!...
Je pleure... oui, Fernando, sur mon crime et le tien.
Pourquoi pleurer? j'ai tort : les pleurs n'effacent rien.
Mon bon, mon noble époux aime à me voir sourire;
Eh bien! soyons heureuse, il le faut...
(Elle s'assied et ouvre un livre.)
　　　　　　　　　　　　　　　　　Je veux lire....
Le Dante, mon poète! essayons... Je ne puis.
Nous le lisions tous deux : je n'ai pas lu depuis.

(Elle reprend le livre qu'elle avait fermé.)
Ses beaux vers calmeront le trouble qui m'agite.

« C'est par moi qu'on descend au séjour des douleurs ;
» C'est par moi qu'on descend dans la cité des pleurs ;
» C'est par moi qu'on descend chez la race proscrite.

» Le bras du Dieu vengeur posa mes fondements ;
» La seule éternité précéda ma naissance,
» Et comme elle à jamais je dois survivre au temps :
» Entrez, maudits ! plus d'espérance ! »

Quel avenir, ô ciel, veux-tu me révéler ?
Je tremble : est-ce pour moi que ces vers font parler
La porte de l'abîme où Dieu dans sa colère
Plonge l'amant coupable et l'épouse adultère ?
Où suis-je, et qu'ai-je vu ? Fernando !

SCENE II.

ÉLÉNA, FERNANDO.

FERNANDO.

Demeurez !
Le doge suit mes pas ; c'est lui que vous fuirez.
Près de vous, Éléna, son neveu doit l'attendre.

ÉLÉNA.

Vous ne me direz rien que je ne puisse entendre,
Fernando, je demeure.

FERNANDO.

Eh quoi ! vous détournez
Vos yeux, qu'à me revoir j'ai trop tôt condamnés !
Qu'ils me laissent le soin d'abréger leur supplice.

ACTE I, SCÈNE II.

Quelques jours, et je pars, et je me fais justice;
Faut-il vous le jurer?

ÉLÉNA.

Ce serait vainement :
Lorsqu'on doit le trahir, que m'importe un serment?

FERNANDO.

Quel prix d'un an d'absence où j'ai langui loin d'elle!

ÉLÉNA.

Cette absence d'un an devait être éternelle;
Mais j'ai donné l'exemple, et ce n'est plus de moi
Qu'un autre peut apprendre à respecter sa foi.

FERNANDO.

Ne vous accusez pas, quand je suis seul parjure.

ÉLÉNA.

Quelque reproche amer qui rouvre ma blessure,
Pourquoi me l'épargner? Le plus cruel de tous
N'est-il pas votre aspect, et me l'épargnez-vous?
Où fuir? comment me vaincre? où trouver du courage
Pour comprimer mon cœur, étouffer son langage,
Pour me taire en voyant s'asseoir entre nous deux
L'oncle par vous trahi, l'époux... Mais je le veux;
Je veux forcer mes traits à braver sa présence,
A sourire, à tromper, à feindre l'innocence :
Ils mentiront en vain : si ma voix, si mon front,
Si mes yeux sont muets, ces marbres parleront.

FERNANDO.

Ah! craignez seulement de vous trahir vous-même.
Vos remords sont les miens près d'un vieillard qui m'aime.
Je me contrains pour lui, que la douleur tuerait,
Pour vous, que son trépas au tombeau conduirait.
Mais tout à l'heure encor quelle angoisse mortelle

Me causait de ses bras l'étreinte paternelle!
Tout mon sang s'arrêtait, quand sa main a pressé
Ce cœur qui le chérit et l'a tant offensé!
Ses pleurs brûlaient mon front qui rougissait de honte.
ÉLÉNA.
Et le tourment qu'il souffre, à plaisir il l'affronte,
Il le cherche, et pourquoi?
FERNANDO.
Pour suspendre un moment,
En changeant de douleurs, un plus affreux tourment.
Ce n'est pas mon amour, n'en prenez point d'ombrage,
Restez, ce n'est pas lui qui dompta mon courage.
J'en aurais triomphé! mais c'est ce désespoir
Que n'ont pu, dans l'exil, sentir ni concevoir
Tous ces heureux bannis de qui l'humeur légère
A fait des étrangers sur la rive étrangère;
C'est ce dégoût d'un sol que voudraient fuir nos pas;
C'est ce vague besoin des lieux où l'on n'est pas,
Ce souvenir qui tue; oui, cette fièvre lente,
Qui fait rêver le ciel de la patrie absente;
C'est ce mal du pays dont rien ne peut guérir,
Dont tous les jours on meurt sans jamais en mourir.
Venise!...
ÉLÉNA.
Hélas!
FERNANDO.
O bien qu'aucun bien ne peut rendre!
O patrie! ô doux nom, que l'exil fait comprendre,
Que murmurait ma voix, qu'étouffaient mes sanglots,
Quand Venise en fuyant disparut sous les flots!
Pardonnez, Éléna; peut-on vivre loin d'elle?

Si l'on a vu les feux dont son golfe étincelle,
Connu ses bords charmants, respiré son air doux,
Le ciel sur d'autres bords n'est plus le ciel pour nous.
Que la froide Allemagne et que ses noirs orages
Tristement sur ma tête abaissaient leurs nuages!
Que son pâle soleil irritait mes ennuis!
Ses beaux jours sont moins beaux que nos plus sombres nuits.
Je disais, tourmenté d'une pensée unique :
Soufflez encor pour moi, vents de l'Adriatique!
J'ai cédé, j'ai senti frémir dans mes cheveux
Leur brise qu'à ces mers redemandaient mes vœux.
Dieu! quel air frais et pur inondait ma poitrine!
Je riais, je pleurais, je voyais Palestrine,
Saint-Marc, que j'appelais, s'approcher à ma voix,
Et tous mes sens émus s'enivraient à la fois
De la splendeur du jour, des murmures de l'onde,
Des trésors étalés dans ce bazar du monde,
Des jeux, des bruits du port, des chants du gondolier!...
Ah! des fers dans ces murs qu'on ne peut oublier!
Un cachot, si l'on veut, sous leurs plombs redoutables,
Plutôt qu'un trône ailleurs, un tombeau dans nos sables,
Un tombeau qui, parfois témoin de vos douleurs,
Soit foulé par vos pieds et baigné de vos pleurs!

ÉLÉNA.

Que les vôtres déjà n'arrosent-ils ma cendre!
Mais... ce ne fut pas moi, je me plais à l'apprendre,
Qui ramenai vos pas vers votre sol natal.
Il n'est plus, cet amour qui me fut si fatal.
Quand sa chaîne est coupable, un noble cœur la brise;
N'est-ce pas, Fernando? Je voudrais fuir Venise,
Dont les bords désormais sont votre unique amour,

Et pour vous y laisser m'en bannir à mon tour.

FERNANDO.

Vous, Éléna?

ÉLÉNA.

Qu'importe où couleraient mes larmes?
A ne plus les cacher je trouverais des charmes.
Oui, mon supplice, à moi, fut de les dévorer,
Lorsque, la mort dans l'âme, il fallait me parer,
Laisser là mes douleurs, en effacer l'empreinte,
Pour animer un bal de ma gaieté contrainte :
Heureuse, en leur parlant, d'échapper aux témoins,
Dans ces nuits de délire, où je pouvais du moins
Au profit de mes pleurs tourner un fol usage,
Et sous un masque enfin reposer mon visage.

FERNANDO.

Je ne plaignais que moi!

ÉLÉNA.

Mon malheur fut plus grand :
J'ai tenu sur mon sein mon époux expirant;
Tremblante à son chevet, de remords poursuivie,
Je ranimais en vain les restes de sa vie;
Je croyais, quand sur lui mes yeux voyaient peser
Un sommeil convulsif qui semblait m'accuser,
Qu'un avis du cercueil, qu'un rêve, que Dieu même
Lui dénonçait mon crime à son heure suprême;
Et que de fois alors je pris pour mon arrêt
Les accents étouffés que sa voix murmurait!
Comment peindre le doute où flottaient mes pensées,
Quand ma main, en passant sur ses lèvres glacées,
Interrogeait leur souffle, et que, dans mon effroi,
Tout, jusqu'à son repos, était sa mort pour moi?

ACTE I, SCÈNE II.

Je fus coupable, ô Dieu! mais tu m'as bien punie :
La nuit où dans l'horreur d'une ardente insomnie,
Il se leva, sur moi pencha ses cheveux blancs,
Et pâle me bénit de ses bras défaillants,
Il me parla de vous!

FERNANDO.

De moi!

ÉLÉNA.

Nuit vengeresse!
Nuit horrible! et pourtant j'ai tenu ma promesse.
Jusqu'au pied des autels j'ai gardé mon secret.
L'offrande qu'à nos saints ma terreur consacrait,
Je la portais dans l'ombre au fond des basiliques ;
Je priais, j'implorais de muettes reliques,
Et sans bruit, sous les nefs je fuyais, en passant
Devant le tribunal d'où le pardon descend.

FERNANDO.

Mais le ciel accueillit votre ardente prière.

ÉLÉNA.

Celle des grands, du peuple et de Venise entière,
La mienne aussi peut-être ; et vous, vous qu'aujourd'hui
Je trouve à mes chagrins moins sensible que lui,
Celle qui vous toucha quand vous m'avez quittée,
Pour l'oublier sitôt, l'avez-vous écoutée ?

FERNANDO.

Si je l'entends encor, c'est la dernière fois :
Je pars. L'Adriatique a revu les Génois ;
Venise me rappelle, et sait que leur audace
A quelques beaux trépas va bientôt laisser place.
Vos vœux seront remplis, je reviens pour mourir.

ÉLÉNA.

Pour mourir!

FERNANDO.

Mais ce sang que le fer va tarir,
Avant de se répandre où Venise l'envoie,
A battu dans mon sein d'espérance et de joie.
Il palpite d'amour! A quoi bon retenir
Ce tendre et dernier cri que la mort doit punir?
Je vous trompais; c'est vous, ce n'est pas la patrie,
Vous, qui rendez la force à cette âme flétrie;
Vous, vous que je cherchais sous ce climat si doux,
Sur ce rivage heureux qui ne m'est rien sans vous!
C'est votre souvenir qui charme et qui dévore;
C'est ce mal dont je meurs, et je voulais encore
Parler de ma souffrance aux lieux où vous souffrez,
Respirer un seul jour l'air que vous respirez,
Parcourir le Lido, m'asseoir à cette place
Où les mers de nos pas ont effacé la trace,
Voir ces murs pleins de vous, ce balcon d'où mes yeux
En vous les renvoyant recevaient vos adieux...

ÉLÉNA.

Par pitié!...

FERNANDO.

Cette fois l'absence est éternelle :
On revient de l'exil, mais la tombe est fidèle.
Je pars... Je mourrai donc, sûr que mon souvenir
De mes tourments jamais ne vint l'entretenir.
Ce prix qui m'était dû, qu'en vain je lui rappelle,
Cette écharpe, jamais... Dieu! qu'ai-je vu? C'est elle!
La voilà! je la tiens... Ah! tu pensais à moi!
Elle est humide encor, et ces pleurs, je les croi.

ACTE I, SCÈNE III.

Tu me trompais aussi; nos vœux étaient les mêmes :
Allons! je puis mourir : tu m'as pleuré, tu m'aimes!

ÉLÉNA, qui veut reprendre l'écharpe.

Fernando!

FERNANDO.

Ton présent ne me doit plus quitter;
C'est mon bien, c'est ma vie! et pourquoi me l'ôter?
Je le garderai peu; ce deuil est un présage;
Mais d'un autre que moi tu recevras ce gage,
Mais couvert de mon sang, pour toujours séparé
De ce cœur, comme lui, sanglant et déchiré,
Qui, touché des remords où son amour te livre,
Pour cesser de t'aimer aura cessé de vivre.

ÉLÉNA.

On vient!

FERNANDO, cachant l'écharpe dans son sein.

Veillez sur vous un jour, un seul moment,
Par pitié pour tous trois.

ÉLÉNA.

Il le faut; mais comment
Contempler sans pâlir ces traits que je révère?

FERNANDO.

Quel nuage obscurcit leur majesté sévère?

SCENE III.

ÉLÉNA, FERNANDO, FALIERO.

FALIERO, absorbé dans sa rêverie.

Tous mes droits envahis! mon pouvoir méprisé!
Que n'ai-je pas souffert, que n'ont-ils point osé?

Mais après tant d'affronts dévorés sans murmure,
Cette dernière insulte a comblé la mesure.

ÉLÉNA.

Qu'entends-je?

FERNANDO.

Que dit-il?

FALIERO, les apercevant.

Chère Éléna, pardon!
Fernando, mes enfants, dans quel triste abandon
Je languirais sans vous!... Tu nous restes, j'espère?

FERNANDO.

Mais Votre Altesse oublie...

FALIERO.

Appelle-moi ton père,
Ton ami.

FERNANDO.

Que l'État dispose de mon bras;
Qui peut prévoir mon sort?

FALIERO.

Qui? moi. Tu reviendras.
La mort, plus qu'on ne pense, épargne le courage.
Regarde-moi! j'ai vu plus d'un jour de carnage;
Sous le fanal de Gêne et les murs des Pisans,
Plus d'un jour de victoire, et j'ai quatre-vingts ans.
Tu reviendras. Ce sceptre envié du vulgaire
Moissonne, Fernando, plus de rois que la guerre.

FERNANDO.

Écartez vos ennuis!

FALIERO.

Pour en guérir, j'attends
Ce terme de ma vie, attendu trop long-temps.

Tu portes sans te plaindre une part de ma chaîne,
Pauvre Éléna! Je crus mon heure plus prochaine,
Lorsqu'à mon vieil ami je demandai ta main.
C'est un jour à passer, me disais-je, et demain
Je lui laisse mon nom, de l'opulence, un titre;
Mais un pouvoir plus grand de nos vœux est l'arbitre.
La faute en est à lui!

ÉLÉNA.

Qu'il prolonge vos jours,
Comme il les a sauvés!

FALIERO.

Sans toi, sans ton secours,
Je succombais naguère, et t'aurais affranchie.
Comme elle se courbait sous ma tête blanchie!
(A Fernando.)
Ah! si tu l'avais vue! ange compatissant,
Pour rajeunir le mien elle eût donné son sang!

FERNANDO.

Nous l'aurions fait tout deux.

ÉLÉNA.

Nous le devions.

FALIERO.

Je pense
Qu'avant peu mes enfants auront leur récompense.
Qu'il vous soit cher, ce don, bien qu'il vienne un peu tard.
Vivez, soyez heureux, et pensez au vieillard.

ÉLÉNA.

Hélas! que dites-vous?

FALIERO.

Éléna, je t'afflige...
Pour bannir cette idée, allons, sors, je l'exige.

Je veux à Fernando confier mon chagrin;
Mais toi, tu le connais. L'aspect d'un ciel serein
A pour des yeux en pleurs un charme qui console.

ÉLÉNA.

Souffrez...

FALIERO.

Crains la fatigue, et sors dans ma gondole.
Contre l'ardeur du jour prends un masque léger,
Qui, sans lasser ton front, puisse le protéger.
Va, ma fille.

ÉLÉNA.

O bonté!

(Elle sort.)

SCÈNE IV.

FALIERO, FERNANDO.

FALIERO.

C'est elle qu'on outrage!

FERNANDO.

Éléna!

FALIERO.

Moi; c'est moi.

FERNANDO.

Vous!

FALIERO.

Écoute et partage
Un fardeau qu'à moi seul je ne puis supporter.
C'est mon nom, c'est le nôtre à qui vient d'insulter
Un de ceux dont nos lois sur les bancs des Quarante

Font siéger à vingt ans la jeunesse ignorante.
Lois sages!

FERNANDO.

Qu'a-t-il fait?

FALIERO.

Le dirai-je? Irrité
D'un reproche public, mais par lui mérité,
L'insolent sur mon trône eut l'audace d'écrire...
Je les ai lus comme elle, et tous ont pu les lire,
Ces mots... mon souvenir ne m'en rappelle rien ;
Mais ces mots flétrissaient mon honneur et le sien.

FERNANDO.

Le lâche, quel est-il?

FALIERO.

Cherche dans la jeunesse
Qui profane le mieux dix siècles de noblesse,
Qui fait rougir le plus les aïeux dont il sort?
Tête folle, être nul, qu'un caprice du sort
Fit libre, mais en vain, car son âme est servile ;
Courageux, on le dit; courageux entre mille,
Dont un duel heureux marque le premier pas ;
Du courage! à Venise, eh! qui donc n'en a pas?
Un Sténo!

FERNANDO.

Lui, Sténo!

FALIERO.

Bien que brisé par l'âge,
Je n'aurais pas, crois-moi, laissé vieillir l'outrage.
Près de Saint-Jean et Paul il est un lieu désert
Où, pour lui rendre utile un de ces jours qu'il perd,
Mon bras avec la sienne eût croisé cette épée...

FERNANDO.

Il vit !

FALIERO.

Pour peu de jours, ma vengeance est trompée.
Sans leur permission puis-je exposer mon sang?
Privilége admirable! il vit grâce à mon rang.
(Fernando fait un mouvement pour sortir.)
Où vas-tu?

FERNANDO.

Vous venger.

FALIERO.

Bien! ce courroux t'honore.
Bien! c'est un Faliero; je me retrouve encore :
C'est mon ardeur, c'est moi; c'est ainsi que jadis
Mon père à son appel eût vu courir son fils.
Mais l'affront fut public, le châtiment doit l'être.
Les Quarante déjà l'ont condamné peut-être.

FERNANDO.

Eh quoi! ce tribunal où lui-même...

FALIERO.

Tu vois
Comme Venise est juste et maintient tous les droits!
Nos fiers avogadors avaient reçu ma plainte;
Aux droits d'un des Quarante oser porter atteinte!
Quel crime! l'eût-on fait? mais leur prince outragé,
Qu'importe? et par ses pairs Sténo sera jugé.

FERNANDO.

S'ils l'épargnaient?

FALIERO.

Qui? lui! l'épargner! lui! ce traître!
Oui, traître à son serment, à Venise, à son maître :

L'épargner! qu'as-tu dit? l'oseraient-ils? sais-tu
Qu'il faut que je le voie à mes pieds abattu?
Sais-tu que je le veux, que la hache est trop lente
A frapper cette main, cette tête insolente?

FERNANDO.

O fureur!

FALIERO.

De mon nom, toi l'unique héritier,
Toi, mon neveu, mon fils, connais-moi tout entier :
Lis, mon âme est ouverte et montre sa faiblesse.
C'est peu de l'infamie où s'éteint ma vieillesse;
Cet affront dans mon sein éveille des transports,
D'horribles mouvements inconnus jusqu'alors.
J'en ai honte, et je crains de sonder ma blessure :
Devine, par pitié, comprends, je t'en conjure,
Comprends ce qu'à mon âge un soldat tel que moi
Ne pourrait sans rougir confier, même à toi.
Éléna!... se peut-il? si ce qu'on ose écrire...
Mais sur ses traits en vain je cherche le sourire.
D'où vient que mon aspect lui fait baisser les yeux?
Pourquoi loin des plaisirs se cacher dans ces lieux?
Pourquoi fuir cet asile, où, par la pénitence,
Le crime racheté redevient l'innocence?
Le sien est-il si grand, si terrible?... Insensé!
Tout me devient suspect, le présent, le passé;
J'interroge la nuit, les yeux fixés sur elle,
Jusqu'aux pleurs, aux aveux d'un sommeil infidèle,
Et j'ai vu, réveillé par cet affreux soupçon,
Ses lèvres se mouvoir et murmurer un nom.

FERNANDO.

Grand Dieu!

FALIERO.

Ne me crois pas; va, je lui fais injure;
Sténo!... jamais, jamais! sa vie est encor pure;
Jamais tant de vertu ne descendrait si bas;
Je n'ai rien soupçonné, rien dit; ne me crois pas!
Mais Sténo, mais celui dont le mensonge infâme
De cette défiance a pu troubler mon âme,
La déchirer ainsi, la briser, la flétrir!
Qu'on l'épargne! ah! pour lui c'est trop peu de mourir!
Il aurait, le cruel qui m'inspira ces doutes,
Plus d'une vie à perdre, elles me devraient toutes,
Oui toutes, sans suffire à mes ressentiments,
Leur sang, leur dernier souffle et leurs derniers tourments.

(Il tombe sur un siége.)

(Après une pause.)

Homme faible, où m'emporte une aveugle colère?
A Zara, quand j'appris la perte de mon frère,
Je domptai ma douleur et je livrai combat.
Prince, ferais-je moins que je n'ai fait soldat?

(A Fernando.)

L'État doit m'occuper : je vais dicter, prends place :

(Fernando s'assied près d'une table.)

« Moi, doge, aux Florentins. » Écris!

FERNANDO.

Ma main se glace.

FALIERO.

Allons! calme ce trouble... Ils recueillaient les voix;
Qu'ils sont lents!

FERNANDO.

Poursuivez.

FALIERO.

Qu'ai-je dit... aux Génois?

FERNANDO.

Votre Altesse écrivait au sénat de Florence.

FALIERO.

Ah! je voudrais en vain feindre l'indifférence!
Je ne le puis : je cède et me trouble à mon tour;
Mais on arrive enfin : je respire!

SCENE V.

FERNANDO, FALIERO, le secrétaire des Quarante.

LE SECRÉTAIRE.

     La Cour
Dépose son respect aux pieds de Votre Altesse.

FALIERO.

Leur respect est profond : jugeons de leur sagesse.
La sentence! donnez.

LE SECRÉTAIRE.

   La voici.

FERNANDO, à son oncle.

     Vous tremblez.

FALIERO.

Moi! non...je...non...pourquoi?...Lis, mes yeux sont troublés,
Lis.

FERNANDO, lisant.

« Il est décrété d'une voix unanime
» Que Sténo convaincu... »

FALIERO.

    Passe, je sais son crime.
Le châtiment?

FERNANDO.

   Un mois dans les prisons d'État.

FALIERO.

Après?

FERNANDO.

C'est tout.

FALIERO, froidement.

Un mois!

FERNANDO.

Pour ce lâche attentat!

LE SECRÉTAIRE, au doge.

La Cour de Votre Altesse attend la signature.

FERNANDO, à son oncle, qui s'approche de la table.

Et vous...

FALIERO.

C'est mon devoir.

FERNANDO.

Quoi! d'approuver l'injure?

FALIERO. Il laisse tomber la plume.

Un mois! Dieu!

(Au secrétaire, en lui remettant le papier.)

Laissez-nous.

LE SECRÉTAIRE.

L'arrêt n'est pas signé.

FALIERO.

Non? j'ai cru...

(Il signe rapidement.)

Sortez donc.

SCENE VI.

FALIERO, FERNANDO.

FERNANDO.

Et, sans être indigné,
Vous consacrez vous-même une telle indulgence?

ACTE I, SCÈNE VI.

FALIERO, en souriant.

Tu le vois.

FERNANDO.

Quel sourire! il demande vengeance.

FALIERO.

Nos très-nobles seigneurs à l'affront qu'on m'a fait
N'ont-ils pas aujourd'hui pleinement satisfait?
Le châtiment railleur dont la faute est punie
Mêle à leur jugement le sel de l'ironie.
Ce soir chez un des Dix, où je suis invité,
Le vainqueur de Zara, par eux félicité,
Les verra s'applaudir d'avoir pu lui complaire..
Ils auront les honneurs d'un arrêt populaire.
Quoi! justice pour tous, hors pour le souverain,
C'est de l'égalité! Les gondoliers demain,
Égayant de mon nom une octave à ma gloire,
Chanteront sur le port ma dernière victoire.
Eh bien! je ris comme eux.

FERNANDO.

Plus triste que les pleurs,
Cette joie est amère; elle aigrit vos douleurs.

FALIERO, qui se lève, avec violence.

Où sont les Sarrasins, que je leur rende hommage?
Sur l'autel de saint Marc et devant son image,
Avec ce même bras qui leur fut si fatal,
Je leur veux à genoux jurer foi de vassal!

FERNANDO.

Est-ce vous qui parlez?

FALIERO.

Que les vaisseaux de Gênes,
Du port, forcé par eux, n'ont-ils rompu les chaînes!

Dans ses patriciens frappe Venise au cœur :
Venez : qu'au doigt sanglant d'un Génois, d'un vainqueur,
Je passe l'anneau d'or, ce pitoyable gage,
Cet emblème imposteur d'un pouvoir qu'on outrage.

FERNANDO.

Est-ce au duc de Venise à former de tels vœux ?

FALIERO.

Moi, duc! le suis-je encor? moi, le dernier d'entre eux ?
Moi, prince en interdit; moi, vieillard en tutelle;
Moi, que la loi dédaigne et trouve au-dessous d'elle!

FERNANDO.

Son glaive était levé, quand le mien s'est offert :
Il s'offre encore.

FALIERO.

    Attends!

FERNANDO.

          Vous avez trop souffert,
Punissez.

FALIERO.

   Et comment?

FERNANDO.

          Je reviens vous l'apprendre.

FALIERO.

Que pourrais-tu, toi seul?

FERNANDO.

          Ce que peut entreprendre
Un homme contre un homme.

FALIERO.

        Et contre tous?

FERNANDO.

             Plus bas!
Le courroux vous égare.

FALIERO.

Il m'éclaire : à ton bras
Un coupable suffit; mais s'ils sont tous coupables,
Que me font et l'un d'eux et ses jours misérables?
Me venger à demi, c'est ne pas me venger.
L'offenseur n'osa rien, osant tout sans danger :
Au-dessous de son crime un tel pardon le place,
Et de son insolence il n'avait pas l'audace.
Il n'outragea que moi : l'arrêt qu'ils ont rendu
Dans un commun outrage a seul tout confondu,
Un tribunal sacré qu'au mépris il condamne,
La loi qu'il fait mentir, le trône qu'il profane.
Si j'élève la voix, que d'autres se plaindront!
Ils ont, pour s'enhardir à m'attaquer de front,
Essayé sur le faible un pouvoir qui m'opprime,
Et monté jusqu'à moi de victime en victime.
Un peuple entier gémit : doge, ce n'est plus toi,
C'est lui que tu défends; c'est l'État, c'est la loi;
C'est ce peuple enchaîné, c'est Venise qui crie :
Arme-toi; Dieu t'appelle à sauver la patrie!

FERNANDO.

Seigneur, au nom du ciel...

FALIERO.

Opprobre à ma maison,
Si de leurs oppresseurs je ne leur fais raison!
Quels moyens?... je ne sais : les malheurs de nos armes
A Venise ulcérée ont coûté bien des larmes.
On s'en souvient : je veux... Si pour briser leurs fers
J'essayais... Il vaut mieux... Non, je puis... je m'y perds.
Je cherche et ne vois rien qu'à travers des nuages.
Mille desseins confus, mille horribles images,

Se heurtent dans mon sein, passent devant mes yeux ;
Mais je sens qu'un projet vengeur, victorieux,
Au sortir du chaos où je l'enfante encore,
Pour les dévorer tous dans le sang doit éclore.

FERNANDO.

Ah! que méditez-vous? craignez...

FALIERO.

Tu m'écoutais!
J'ai parlé : qu'ai-je dit? pense au trouble où j'étais :
(A voix basse.)
C'est un rêve insensé. Ce que tu viens d'entendre,
Il faut...

FERNANDO.

Quoi?

FALIERO.

L'oublier, ou ne le pas comprendre.
(A un officier du palais, qui entre.)
Que veut-on?

SCENE VII.

FALIERO, FERNANDO, VICENZO.

VICENZO.

La faveur d'un moment d'entretien ;
Et celui qui l'attend...

FALIERO.

Fût-ce un patricien,
Non ; s'il s'est offensé, qu'il s'adresse aux Quarante.

VICENZO.

Sa demande à l'État doit être indifférente ;
C'est un homme du peuple, à ce que j'ai pu voir,
Un patron de galère.

ACTE I, SCÈNE VIII.

FALIERO.
Un instant! mon devoir
Est d'écouter le peuple; il a droit qu'on l'écoute,
Le peuple! il sert l'État. Allez, quoi qu'il m'en coûte,
Je recevrai cet homme.
(Vicenzo sort.)
Implorer mon secours,
C'est avoir à se plaindre; on peut par ses discours
Juger...

FERNANDO.
Je me retire.

FALIERO.
Oui, laisse-nous. Arrête!
Ne cherche pas Sténo, réserve-moi sa tête;
Il est sacré pour toi.
(Fernando sort.)
Cet homme a des amis,
Et par eux... Après tout, l'écouter m'est permis;
Je le dois : mais il vient.

SCÈNE VIII.

FALIERO, ISRAEL BERTUCCIO.

FALIERO, assis.
Que voulez-vous?

ISRAEL.
Justice!

FALIERO.
Vain mot! pour l'obtenir l'instant n'est pas propice.

ISRAEL.
Il doit l'être toujours.

FALIERO.

Avez-vous un appui?

ISRAEL.

Plus d'un : mon droit d'abord, et le doge après lui.

FALIERO.

L'un sera méprisé; pour l'autre, il vient de l'être.
Votre nom?...

ISRAEL.

N'est pas noble, et c'est un tort.

FALIERO.

Peut-être.

ISRAEL.

Israël Bertuccio.

FALIERO.

Ce nom m'est inconnu.

ISRAEL.

Noble, jusqu'à mon prince il serait parvenu.

FALIERO.

Auriez-vous donc servi?

ISRAEL.

Dans plus d'une entreprise.

FALIERO.

Sur mer?

ISRAEL.

Partout.

FALIERO.

En brave?

ISRAEL.

En soldat de Venise.

FALIERO.

Sous plus d'un général?

ISRAEL.
Un seul, qui les vaut tous.
FALIERO.
C'est trop dire d'un seul.
ISRAEL.
Non.
FALIERO.
Quel est-il?
ISRAEL.
C'est vous.
FALIERO.
Israël!... Oui, ce nom revient à ma mémoire;
C'est vrai, brave Israël, tu servis avec gloire;
Tu combattis sous moi.
ISRAEL.
Mais dans des jours meilleurs,
On triomphait alors.
FALIERO, avec joie.
A Zara!
ISRAEL.
Comme ailleurs;
Vous commandiez!
FALIERO.
Allons : dis-moi ce qui t'amène;
(Il se lève et s'approche d'Israël.)
Parle à ton général, et conte-lui ta peine;
Dis, mon vieux camarade!
ISRAEL.
Eh bien donc, je me plains...
M'insulter! on l'a fait! Par le ciel et les saints,
Israël sans vengeance, et réduit à se plaindre!...

11.

Pardon, mon général, je ne puis me contraindre :
Qui souffre est excusé.

FALIERO.

Je t'excuse et le dois :
Rappeler son affront, c'est le subir deux fois.

ISRAEL.

Deux fois! subir deux fois l'affront que je rappelle!
Que maudit soit le jour où, pour prix de mon zèle,
Votre prédécesseur, mais non pas votre égal,
Me fit patron du port, et chef de l'arsenal!

FALIERO.

C'était juste.

ISRAEL.

Et pourtant, sans cette récompense,
Viendrais-je en suppliant vous conter mon offense?
Chargé par le conseil de travaux importants...
Je tremble malgré moi, mais de fureur.

FALIERO.

J'entends.

ISRAEL.

Je veillais à mon poste : un noble vient, déclare
Qu'il faut quitter pour lui nos vaisseaux qu'on répare.
Il maltraite à mes yeux ceux qui me sont soumis :
Je cours les excuser ; ils sont tous mes amis,
Tous libres, par saint Marc, gens de cœur, gens utiles.
Dois-je donc, pour un noble et ses travaux futiles,
Me priver d'un seul bras sur la flotte occupé?
Le dois-je? prononcez.

FALIERO.

Non certe.

ACTE I, SCÈNE VIII.

ISRAEL.
Il m'a frappé!...
Que n'est-ce avec le fer!

FALIERO.
Du moins tu vis encore.

ISRAEL.
Sans honneur : le fer tue et la main déshonore.
Un soufflet! Sur mon front, ce seul mot prononcé
Fait monter tout le sang que l'État m'a laissé.
Il a coulé mon sang, dont la source est flétrie,
Mais sous la main d'un noble et non pour la patrie :
L'outrage est écrit là : sa bague en l'imprimant
A creusé sur ma joue un sillon infamant.
Montre donc maintenant, montre tes cicatrices,
Israël, la dernière a payé tes services.

FALIERO.
Et l'affront qu'on t'a fait...

ISRAEL.
Je ne l'ai pas rendu :
Je respecte mes chefs. A prix d'or j'aurais dû
Me défaire de lui sous le stylet d'un brave.
Mais j'ai dit : Je suis libre, on me traite en esclave;
Pour mon vieux général tous les droits sont sacrés,
Il me rendra justice ; et vous me la rendrez.

FALIERO.
On ne me la fait pas; comment puis-je la rendre?

ISRAEL.
On ne vous la fait pas? à vous! pourquoi l'attendre?
Si j'étais doge...

FALIERO.
Eh bien?

ISRAEL.
Je...

FALIERO, vivement.
Tu te vengerais!

ISRAEL.
Demain.

FALIERO.
Tu le peux donc?

ISRAEL.
Non... mais je le pourrais,
Si j'étais doge.

FALIERO.
Approche et parle sans mystère.

ISRAEL.
On risque à trop parler ce qu'on gagne à se taire.

FALIERO.
Tu sais qu'un mot de moi peut donner le trépas,
Tu le crains?

ISRAEL.
Je le sais, mais je ne le crains pas.

FALIERO.
Pourquoi?

ISRAEL.
Notre intérêt nous unit l'un à l'autre;
J'ai ma cause à venger, mais vous avez la vôtre.

FALIERO.
Ainsi donc, pour le faire, il existe un complot?
De quelle part viens-tu?

ISRAEL.
De la mienne. En un mot,
Pour soutenir nos droits voulez-vous les confondre?

FALIERO.

Je veux t'interroger, avant de te répondre.

ISRAEL.

Qui m'interrogera, vous, ou le doge?

FALIERO.

      Moi.

Pour le doge, il n'est plus.

ISRAEL.

     C'est parler : je vous croi.

FALIERO.

Parle donc à ton tour.

ISRAEL.

     Si le peuple murmure
Du joug dont on l'accable et des maux qu'il endure,
Est-ce moi qui l'opprime?

FALIERO.

     Il comprend donc ses droits?

ISRAEL.

La solde que l'armée attend depuis deux mois,
Si d'autres, la payant, tentent par ce salaire
De nos condottieri la bande mercenaire,
Puis-je l'empêcher, moi?

FALIERO.

     Vous avez donc de l'or?

ISRAEL.

Si de vrais citoyens, car il en est encor,
Des soldats du vieux temps, du vôtre, et qu'on méprise,
Par la foi du serment sont liés dans Venise;
Aux glaives des tyrans, qu'ils veulent renverser,
Suis-je un patricien, moi, pour les dénoncer?

FALIERO.

Achève.

ISRAEL.

J'ai tout dit.

FALIERO.

Ce sont là des indices.
Le reste, ton projet, tes amis, tes complices?

ISRAEL.

Mon projet? c'est le vôtre.

FALIERO.

En ai-je un?

ISRAEL.

Mes moyens?
Mon courage, cette arme...

FALIERO.

Et les armes des tiens.
Tes complices? leurs noms?

ISRAEL.

Je n'ai pas un complice.

FALIERO.

Quoi! pas un?

ISRAEL.

En a-t-on pour rendre la justice?

FALIERO.

Tes amis, si tu veux.

ISRAEL.

Quand vous serez le leur.

FALIERO.

Moi! je...

ISRAEL.

Vous reculez!

FALIERO.
Agir avec chaleur,
Concevoir froidement, c'est le secret du maître.
Puis-je rien décider avant de tout connaître?
Mais le sénat m'appelle, un plus long entretien
Pourrait mettre au hasard mon secret et le tien.

ISRAEL.
Vous revoir au palais serait risquer ma tête...
Le seigneur Lioni vous attend à sa fête;
J'irai.

FALIERO.
Te reçoit-il?

ISRAEL.
Mon bras sauva ses jours;
J'eus tort : c'est un de plus.

FALIERO.
Affable en ses discours,
Dans ses actes cruels, esprit fin, âme dure,
Assistant du même air au bal qu'à la torture,
Soupçonneux mais plus vain, et dans sa vanité
Épris d'un fol amour de popularité,
Il doit te recevoir.

ISRAEL.
Il en a le courage.
Du marin parvenu le rude et fier langage
Le trompe en l'amusant; et sans prendre un soupçon
Dans la bouche de fer il trouverait mon nom.

FALIERO.
Mais la torture est prête aussitôt qu'il soupçonne.

ISRAEL.
Je la supporterais de l'air dont il la donne.

FALIERO.

Tu me gagnes le cœur.

ISRAEL.

Vos ordres, général?

FALIERO.

J'irais à leurs regards m'exposer dans un bal,
Rendre en les acceptant leurs mépris légitimes,
Chercher mes ennemis!

ISRAEL.

Non, compter vos victimes.

FALIERO, vivement.

Je n'ai rien décidé.

ISRAEL.

Voulez-vous me revoir?

FALIERO.

Plus tard.

ISRAEL.

Jamais.
(Il fait un pas pour sortir.)

FALIERO.

Reviens.

ISRAEL.

A ce soir?

FALIERO, après une pause.

A ce soir
(Israël sort.)

FIN DU PREMIER ACTE.

ACTE DEUXIÈME.

Le palais de Lioni : salon très-riche, galerie au fond ; une table où sont disposés des échecs.

SCENE I.

LIONI, VEREZZA, deux autres Affidés du conseil des Dix, sur le devant de la scène ; SERVITEURS occupés des apprêts d'un bal ; BERTRAM, au fond, dans un coin.

LIONI, bas à Verezza.

On vous a de Sténo renvoyé la sentence ;
Vous l'exécuterez, mais avec indulgence.
L'État veut le punir comme un noble est puni :
Des égards, du respect.

VEREZZA.

Le seigneur Lioni
Me parle au nom des Dix ?

LIONI.

Leur volonté suprême
Laisse-t-elle un d'entre eux parler d'après lui-même ?
Vous pouvez être doux, en voici l'ordre écrit.

(Le prenant à part.)

Cet autre ne l'est pas : il regarde un proscrit
Par jugement secret traité comme il doit l'être ;
Le prisonnier des plombs : une gondole, un prêtre,

Au canal Orfano. Sortez.
(A ses valets.)
Partout des fleurs!
Que les feux suspendus et l'éclat des couleurs,
Que le parfum léger des roses de Byzance,
Les sons qui de la joie annoncent la présence,
Que cent plaisirs divers d'eux-mêmes renaissants
Amollissent les cœurs et charment tous les sens.
(A Bertram.) (Aux valets.)
Approchez-vous, Bertram. Laissez-nous.

SCENE II.

LIONI, BERTRAM.

LIONI.

Ma colère
A cédé, quoique juste, aux pleurs de votre mère;
Le sein qui vous porta nous a nourris tous deux;
Je m'en suis souvenu.

BERTRAM.
Monseigneur!...

LIONI.

Malheureux!
Quel orgueil fanatique ou quel mauvais génie
De censurer les grands t'inspira la manie?

BERTRAM.
Je leur dois tous mes maux.

LIONI.

Bertram, sans mon appui,
Sur le pont des Soupirs tu passais aujourd'hui;
On t'oubliait demain.

BERTRAM.

Je demeure immobile ;
Quoi ! le pont des Soupirs !

LIONI.

Sois un artiste habile,
Un sculpteur sans égal ; mais pense à tes travaux,
Et, quand tu veux blâmer, parle de tes rivaux.
L'État doit aux beaux-arts laisser ce privilége,
C'est ton droit ; plus hardi, tu deviens sacrilége.

BERTRAM.

On ne l'est qu'envers Dieu.

LIONI.

Mais ne comprends-tu pas
Que ceux qui peuvent tout sont les dieux d'ici-bas ?...
On t'aime à Rialto, dans le peuple on t'écoute,
Dis que je t'ai sauvé : tu le diras ?

BERTRAM.

Sans doute ;
De raconter le bien le ciel nous fait la loi.

LIONI.

Et d'oublier le mal ; mais tes pareils et toi,
Les mains jointes, courbés sur vos pieux symboles,
Des pontifes divins vous croyez les paroles :
Du pouvoir qu'ils n'ont pas ils sont toujours jaloux,
Et vous ouvrant le ciel, ils le ferment pour nous.

BERTRAM.

Non pour vous, mais pour ceux que leur Dieu doit maudire.

LIONI.

Tu te crois saint, Bertram, et tu crains le martyre.
La torture...

BERTRAM.

Ah! pitié!

LIONI.

Des grands parle à genoux.

BERTRAM.

De ma haine contre eux je vous excepte, vous.

LIONI.

Que leur reproches-tu?

BERTRAM.

Ma misère.

LIONI.

Sois sage,
Travaille, tu vivras.

BERTRAM.

Promettre est leur usage;
Car l'ivoire ou l'ébène à leurs yeux est sans prix,
Quand il doit de mes mains passer sous leurs lambris.
Mais l'ont-ils, ce travail, achevé pour leur plaire?
J'expire de besoin et j'attends mon salaire.

LIONI.

A-t-on des monceaux d'or pour satisfaire à tout?
Je les verrai. Mais parle, on célèbre ton goût;
Quels marbres, quels tableaux, aux miens sont comparables?
Regarde ces apprêts : que t'en semble?

BERTRAM.

Admirables!

LIONI.

Voyons, j'aime les arts et prends tes intérêts :
(A voix basse.)
Les Dix, pour tout savoir, ont des agents secrets;
Et nous payons fort cher leurs utiles services;

Tu nous pourrais comme eux rendre ces bons offices.
De nos patriciens plus d'un s'en fait honneur.
BERTRAM.
Je préfère pourtant...
LIONI.
Quoi?
BERTRAM.
Mourir, monseigneur.
LIONI.
Insensé!
BERTRAM.
Mais comptez sur ma reconnaissance.
LIONI.
Me la prouver, je crois, n'est pas en ta puissance.
BERTRAM.
Le dernier peut un jour devenir le premier.
LIONI.
Comment?
BERTRAM.
Dieu nous l'a dit.
LIONI.
Garde-toi d'oublier
Que des vertus ici l'humilité chrétienne
Est la plus nécessaire, et ce n'est pas la tienne.
Sténo!... sors.

SCENE III.

LIONI, BERTRAM, STÉNO

(Il porte un domino ouvert qui laisse voir un costume très-élégant; il a son masque à la main.

STÉNO, à Bertram.
Gloire à toi, Phidias de nos jours;

J'ai reçu ton chef-d'œuvre, et te le dois toujours,
Mais un mois de prison va régler mes dépenses;
Je te paierai bientôt.

BERTRAM, à part, en s'inclinant.

Plus tôt que tu ne penses.

SCENE IV.

LIONI, STÉNO.

LIONI.

Qui? vous, Sténo, chez moi!

STÉNO.

C'est mal me recevoir.

LIONI.

Condamné le matin, venir au bal le soir!

STÉNO.

Ma journée est complète et la nuit la couronne :
Je veux prendre congé de ceux que j'abandonne.
Demain je suis captif; à votre prisonnier
Laissez du moins ce jour, ce jour est le dernier.

LIONI.

Le doge vient ici; je reçois la duchesse,
Et...

STÉNO.

Sa beauté vaut mieux que son titre d'altesse.
Que ne m'est-il permis de choisir mes liens!
Les fers de son époux sont moins doux que les siens.

LIONI.

Il ne faut pas plus loin pousser ce badinage.
Même en vous punissant croyez qu'on vous ménage.

ACTE II, SCÈNE IV.

STÉNO.

J'aime votre clémence et l'effort en est beau :
M'ensevelir vivant dans la nuit du tombeau !
Et pourquoi? pour trois mots que j'eus le tort d'écrire.
Mais le doge irrité, jaloux jusqu'au délire,
Prouva que d'un guerrier mille fois triomphant
La vieillesse et l'hymen ne font plus qu'un enfant.
Au reste il est ici l'idole qu'on encense,
Pour lui rendre en honneurs ce qu'il perd en puissance.

LIONI.

A ces honneurs, Sténo, gardez-vous d'attenter.
Par égard pour nous tous, qu'il doit représenter
Au timon de l'État, dont nous tenons les rênes,
Il faut baiser ses mains en leur donnant des chaines.
Ainsi donc pour ce soir, je le dis à regret,
Mais...

STÉNO.

Mon déguisement vous répond du secret.
Non : ne me privez pas du piquant avantage
D'entendre, à son insu, l'auguste personnage.
Autour de la duchesse heureux de voltiger,
C'est en la regardant que je veux me venger.
Je veux suivre ses pas, dans ses yeux je veux lire,
Tout voir sans être vu, tout juger sans rien dire,
Et de votre pouvoir invisible et présent
Offrir, au sein des jeux, l'image en m'amusant.

LIONI.

Veiller sur vous, Sténo, n'est pas votre coutume.

STÉNO.

Qui peut me deviner, caché sous mon costume?
Sous ce masque trompeur, le peut-on? regardez :

Noir comme le manteau d'un de vos affidés.
LIONI.
Respectons les premiers ce qu'il faut qu'on redoute.
STÉNO.
Je ne ris plus de rien : je sais ce qu'il en coûte,
Pas même des époux! N'est-il pas décrété
Que c'est un crime ici de lèse-majesté?
LIONI.
Incorrigible!
STÉNO.
Eh non! un mot vous épouvante;
Mais ne redoutez plus ma liberté mourante :
C'est son dernier soupir; il devait s'exhaler
Contre un vieillard chagrin qui vient de l'immoler.
LIONI.
Vous abusez de tout.
STÉNO.
Il le faut à notre âge :
Le seul abus d'un bien en fait aimer l'usage.
Quoi de plus ennuyeux que vos plaisirs sensés?
Ils rappellent aux cœurs, trop doucement bercés
Par un retour prévu d'émotions communes,
Ce fade mouvement qu'on sent sur les lagunes.
En ôtez-vous l'excès, le plaisir perd son goût.
Mais l'excès nous réveille, il donne un charme à tout.
Un amour vous suffit; moi, le mien se promène
De l'esclave de Smyrne à la noble Romaine,
Et de la courtisane il remonte aux beautés
Que votre bal promet à mes yeux enchantés.
Le jeu du casino me pique et m'intéresse;
Mais j'y prodigue l'or, ou j'y meurs de tristesse.

ACTE II, SCÈNE IV.

Si la liqueur de Chypre est un heureux poison,
C'est alors qu'affranchi d'un reste de raison,
Mon esprit pétillant, qui fermente comme elle,
Des éclairs qu'il lui doit dans l'ivresse étincelle.
Mes jours, je les dépense au hasard, sans compter :
Qu'en faire? on en a tant! peut-on les regretter?
Pour les renouveler, cette vie où je puise
Est un trésor sans fond qui jamais ne s'épuise;
Ils passent pour renaître, et mon plus cher désir
Serait d'en dire autant de l'or et du plaisir.
Je parle en philosophe.

LIONI.

Et je reponds en sage :
Vous ne pouvez rester.

STÉNO.

Quittez donc ce visage,
Dans la salle des Dix il vous irait au mieux;
Mais tout, excepté lui, me sourit en ces lieux.

LIONI.

Flatteur!

STÉNO.

Chaque ornement, simple avec opulence,
Prouve le goût du maître et sa magnificence.

(Plusieurs personnes parées ou masquées traversent la galerie du fond.)

LIONI.

Soyez donc raisonnable : on vient de tous côtés.
J'aurais tort de permettre...

STÉNO.

Oui : mais vous permettez.
Vous, de qui la raison plane au-dessus des nôtres,
Ayez tort quelquefois par pitié pour les autres.

Mes adieux au plaisir seront cruels et doux :
C'est vouloir le pleurer que le quitter chez vous.

UN SERVITEUR DE LIONI, annonçant.

Le doge.

LIONI.

Fuyez donc : s'il vous voit...

STÉNO.

Impossible !
Je me perds dans la foule et deviens invisible.

SCÈNE V.

FALIERO, ÉLÉNA, FERNANDO, BENETINDE, LIONI,
ISRAEL, Sénateurs, Courtisans, etc.

LIONI, au doge.

Posséder Son Altesse est pour tous un bonheur ;
Mais elle sait quel prix j'attache à tant d'honneur.

FALIERO.

Je ne devais pas moins à ce respect fidèle
Dont chaque jour m'apporte une preuve nouvelle.

LIONI, à la duchesse.

Madame, puissiez-vous ne pas trop regretter
Le palais que pour moi vous voulez bien quitter.

ÉLÉNA.

Vous ne le craignez pas.

LIONI, à Fernando.

Quelle surprise aimable !
Fernando de retour !

FERNANDO.

Le sort m'est favorable,
Je reviens à propos.

ACTE II, SCÈNE V.

LIONI, lui serrant la main.

Et pour faire un heureux.
(A Benetinde, qui cause avec le doge.)
Salut au chef des Dix. Le plus cher de mes vœux
Est que de ses travaux ma fête le repose.

BENETINDE.

Occupé d'admirer, peut-on faire autre chose?
(Au doge, en reprenant sa conversation.)
Vous penchez pour la paix?

FERNANDO.

J'ai vu plus d'une cour,
Et pourtant rien d'égal à ce brillant séjour.

ÉLÉNA.

C'est un aveu flatteur après un long voyage.

LIONI.

(Aux nobles Vénitiens.)   (A Israël.)
Soyez les bienvenus! Je reçois ton hommage,
Mon brave!

ISRAEL, bas à Lioni.

Sous le duc j'ai servi vaillamment;
Il peut me protéger, présentez-moi.

LIONI, le prenant par la main.

Comment!
Viens.

ÉLÉNA.

De qui ce tableau?

LIONI, qui se retourne en présentant Israël.

D'un maître de Florence,
Du Giotto.

LE DOGE, à Israël.

Dès ce soir vous aurez audience.

BENETINDE, regardant le tableau, tandis qu'Israël cause avec le doge.

Où se passe la scène?

LIONI, qui se rapproche de lui.

Eh, mais! à Rimini.
La belle Francesca, dont l'amour est puni,
Voit tomber, sous le bras d'un époux trop sévère,
Le trop heureux rival que son cœur lui préfère.

ÉLÉNA, à part.

Je tremble.

LIONI.

Quel talent! regardez : le jaloux
Menace encor son frère expirant sous ses coups.

BENETINDE.

Son frère ou son neveu?

FERNANDO.

Dieu!

LIONI, à Benetinde.

Relisez le Dante :
(A la duchesse.)
Son frère Paolo. Que la femme est touchante,
N'est-ce pas?

ÉLÉNA.

Oui, sublime.

(Ici les premières mesures d'une danse vénitienne.)

LIONI.

Ah! j'entends le signal.
(Au doge.)
Monseigneur passe-t-il dans le salon de bal?

FALIERO.

Ces divertissements ne sont plus de mon âge.

LIONI, lui montrant les échecs.

On connaît votre goût : voici le jeu du sage.

ACTE II, SCENE VI.

FERNANDO, à Éléna.

Pour le premier quadrille acceptez-vous ma main?

ÉLÉNA.

On vous a devancé.

LIONI, offrant la main à Eléna.

Je montre le chemin.

(A Israël, en montrant le doge.)

Fais ta cour.

BENETINDE, à Fernando.

Donnez-moi quelques détails sincères
Sur ce qu'on dit de nous dans les cours étrangères.

(Tout le monde sort, excepté le doge et Israël.)

SCÈNE VI.

FALIERO, ISRAEL.

FALIERO.

Enfin nous voilà seuls.

ISRAEL.

Décidons de leurs jours.

FALIERO.

Quel mépris dans leurs yeux!

ISRAEL.

Fermons-les pour toujours.

FALIERO.

Même en se parlant bas qu'ils montraient d'insolence!

ISRAEL.

Nous allons pour toujours les réduire au silence.

FALIERO.

De leur sourire amer j'aurais pu me lasser.

ISRAEL.

La bouche d'un mourant sourit sans offenser.

FALIERO.

Ne peut-on nous troubler?
(La musique recommence.)

ISRAEL.

Le plaisir les enivre.
Ils pressentent leur sort et se hâtent de vivre.
De ce bruyant concert entendez-vous les sons?

FALIERO.

Le temps vole pour eux.

ISRAEL.

Et pour nous : agissons.

FALIERO.

La liste de vos chefs?

ISRAEL, qui lui remet un papier.

La voici.

FALIERO.

Tu m'étonnes.
Tu te crois sûr de moi, puisque tu me la donnes.

ISRAEL.

Je le puis.

FALIERO.

Pas de noms!

ISRAEL.

Mais des titres; voyez!

FALIERO.

Qui sont peu rassurants.

ISRAEL.

Plus que vous ne croyez.

FALIERO.

Un pêcheur, un Dalmate, un artisan!

ACTE II, SCÈNE VI.

ISRAEL.

Qu'importe ?
Chacun a trente amis pour lui prêter main-forte.

FALIERO.

Un gondolier !

ISRAEL.

Trois cents; car je lui dois l'appui
De tous ses compagnons, non moins braves que lui.

FALIERO.

Que fais-tu d'un sculpteur ?

ISRAEL.

Le ciel, dit-on, l'inspire.
Homme utile ! avec nous c'est saint Marc qui conspire.

FALIERO.

Des esclaves !

ISRAEL.

Nombreux.

FALIERO.

Mais qui vous ont coûté
Beaucoup d'or ?

ISRAEL.

Un seul mot.

FALIERO.

Et lequel ?

ISRAEL.

Liberté.

FALIERO.

Mille condottieri vous coûtent davantage.

ISRAEL.

Rien.

FALIERO.

Dis vrai.

ISRAEL.

J'ai promis...

FALIERO.

Eh! quoi donc?

ISRAEL.

Le pillage.

FALIERO.

Je rachète Venise, et donne pour rançon...

ISRAEL.

Le trésor?

FALIERO.

Tous mes biens.

ISRAEL.

Que j'accepte en leur nom.

FALIERO.

Deux mille! avec ce nombre il faut tout entreprendre;
C'est peu pour attaquer!

ISRAEL.

C'est beaucoup pour surprendre.

FALIERO.

J'en conviens; mais sans moi pourquoi n'agis-tu pas?

ISRAEL.

C'est qu'il nous faut un chef, s'il vous faut des soldats.

FALIERO.

Et vous m'avez choisi?

ISRAEL.

Pour vaincre.

FALIERO, écoutant.

Le bruit cesse;
Occupons-nous tous deux.

ISRAEL.

Comment?

FALIERO.

Le temps nous presse :
Des échecs!... C'est pour moi qu'on les a préparés.
(Lui faisant signe de s'asseoir.)
Qu'ils servent nos projets.

ISRAEL, assis.

Ces nouveaux conjurés
Seront discrets du moins.

FALIERO.

Silence !

SCENE VII.

FALIERO, ISRAEL, LIONI.

(Plusieurs personnes, pendant cette scène et la suivante, traversent le salon, se promènent dans la galerie, s'arrêtent à des tables de jeu, jettent et ramassent de l'or ; enfin tout le mouvement d'une fête.)

LIONI, à Faliero.

Votre Altesse
Dédaigne nos plaisirs.

FALIERO.

Non : mais j'en fuis l'ivresse.

LIONI.

Mon heureux protégé joue avec monseigneur !

FALIERO, posant la main sur l'épaule d'Israël.

J'honore un vieux soldat.

LIONI.

Digne d'un tel honneur.

ISRAEL.

C'est un beau jour pour moi.

LIONI, à Faliero.

Vous aurez l'avantage,
Puisque ce noble jeu de la guerre est l'image.

ISRAEL.

Je tente, je l'avoue, un combat inégal.

LIONI.

Voyons si le marin vaincra son amiral.
(Au doge.)
Vous commencez?

FALIERO.

J'espère achever avec gloire.

LIONI.

Je ne puis décider où penche la victoire;
Le salon me réclame, et vous m'excuserez.

FALIERO.

D'un maître de maison les devoirs sont sacrés;
Remplissez-les.

LIONI, se retirant.

Pardon!

SCENE VIII.

FALIERO, ISRAEL.

(On circule dans le salon; on joue dans la galerie; de temps en temps on voit Sténo, masqué, poursuivre la duchesse.)

ISRAEL.
(Haut.)   (A voix basse.)
Au roi!... c'est un présage.
Voulez-vous être roi?

FALIERO.
Pour sortir d'esclavage.

ISRAEL.
Pour nous en délivrer.

FALIERO.
Roi de sujets heureux.

ISRAEL.
Qu'ils soient libres par vous, et soyez roi par eux.

FALIERO.
Je veux voir tes amis.

ISRAEL.
Sur quel gage repose
Le salut incertain de leurs jours que j'expose?

FALIERO.
Ma parole en est un qu'ils doivent accepter.

ISRAEL.
Sur ce gage en leur nom je ne puis pas traiter.

FALIERO.
Il a suffi pour toi.

ISRAEL.
Mais j'en demande un autre
Pour garant de leur vie.

FALIERO.
Et quel est-il?

ISRAEL.
La vôtre.

FALIERO.
Tu veux que je me livre?

ISRAEL.
Et je dois l'exiger.

FALIERO.
Chez toi?

ISRAEL.
Non; sous le ciel. Quand je cours un danger,

J'aime les lieux ouverts pour s'y perdre dans l'ombre.
FALIERO.
Quelle nuit choisis-tu?
ISRAEL.
Cette nuit.
FALIERO.
Elle est sombre.
ISRAEL.
Belle d'obscurité pour un conspirateur,
Profonde, et dans le ciel pas un seul délateur.
FALIERO.
Mais sur la terre?
ISRAEL.
Aucun. Comptez sur ma prudence.
N'admettez qu'un seul homme à cette confidence.
FALIERO.
Qui donc?
ISRAEL.
Votre neveu.
FALIERO.
Non, j'irai seul.
ISRAEL.
Pourquoi?
FALIERO.
Pour que ma race en lui vive encore après moi.
Le lieu?

(La musique se fait entendre; tout le monde rentre dans la salle de bal.)

ISRAEL.
Saint Jean et Paul.
FALIERO.
Conspirer sur la cendre
De mes nobles aïeux ranimés pour m'entendre!

ISRAËL.

Ils seront du complot.

FALIERO.

Et le plus révéré,
Dont l'image est debout près du parvis sacré,
Me verra donc trahir ma gloire et mes ancêtres!

ISRAEL.

Trahir! que dites-vous?

FALIERO.

Oui, nous sommes des traîtres.

ISRAEL.

Si le sort est pour eux ; mais s'il nous tend la main,
Les traîtres d'aujourd'hui sont des héros demain.

FALIERO.

Je doute...

ISRAEL.

Il est trop tard.

FALIERO.

Avant que je prononce,
Je veux méditer ; sors : mais attends ma réponse.

ISRAEL.

C'est lui livrer des jours qu'elle peut m'arracher...

FALIERO.

Eh bien! l'attendras-tu?

ISRAEL.

Je viendrai la chercher.

SCENE IX.

FALIERO.

Où tend le noir dessein dont je suis le ministre?
A ces accents joyeux se mêle un bruit sinistre,

Pour eux... pour moi, peut-être! Ah! le danger n'est rien.
L'acte lui seul m'occupe : est-ce un mal? est-ce un bien?
Je suis chef de l'État, j'en veux changer la face;
Élu par la noblesse, et mon bras la menace;
Les lois sont sous ma garde, et je détruis les lois.
De quel droit cependant? Les abus font mes droits.
Si le sort me trahit, de qui suis-je complice?
De qui suis-je l'égal, si le sort m'est propice?
De ceux dont nous heurtons la rame ou les filets,
Quand ils dorment à l'ombre au seuil de nos palais.
De pêcheurs, d'artisans une troupe grossière
Va donc de ses lambeaux secouer la poussière,
Pour envahir nos bancs et gouverner l'État?
Voilà mes conseillers, ma cour et mon sénat!...
Mais de nos sénateurs les aïeux vénérables,
Qui sont-ils? des pêcheurs rassemblés sur des sables.
Mes obscurs conjurés sont-ils moins à mes yeux?
Des nobles à venir j'en ferai les aïeux,
Et si mon successeur reçoit d'eux un outrage,
Il suivra mon exemple en brisant mon ouvrage.
C'est donc moi que je venge?... Objet sacré, c'est toi!
Éléna, noble amie, as-tu reçu ma foi
Pour que ton protecteur te livre à qui t'offense?
Puisque leur lâcheté m'a remis ta défense,
Je punirai l'affront... Et s'il est mérité?
Qui l'a dit?... Au transport dont je suis agité
Je sens qu'elle devient ma première victime;
Elle expire : elle est morte... Ah! ce doute est un crime.
La voici! qu'elle parle et dispose à son gré
Du sort et des projets de ce cœur déchiré.

SCENE X.

FALIERO, ÉLÉNA.

ÉLÉNA.

Eh quoi! vous êtes seul? Venez : de cette fête
Si le vain bruit vous pèse, à le fuir je suis prête.

FALIERO.

Je dois rester pour toi.

ÉLÉNA.

Voudrais-je prolonger
Des plaisirs qu'avec vous je ne puis partager?
J'en sens peu la douceur; ce devoir qui m'ordonne
D'entendre tout le monde en n'écoutant personne,
Ces flots de courtisans qui m'assiégent de soins,
Et croiraient m'offenser s'ils m'importunaient moins,
D'un tel délassement me font un esclavage.
Avec la liberté qu'autorise l'usage,
Un d'eux, couvert d'un masque et ne se nommant pas,
Me lasse, me poursuit, s'attache à tous mes pas.

FALIERO, vivement.

Qu'a-t-il dit?

ÉLÉNA.

Rien, pourtant, rien qu'il n'ait pu me dire;
Mais je conçois l'ennui que ce bal vous inspire,
Et prompte à le quitter, j'ai cependant, je croi,
Moins de pitié pour vous que je n'en ai pour moi.

FALIERO.

Ce dégoût des plaisirs et m'attriste et m'étonne :
A quelque noir chagrin ton âme s'abandonne.
Tu n'es donc plus heureuse, Éléna?

ÉLÉNA.

Moi, seigneur!

FALIERO.

Parle.

ÉLÉNA.

Rien près de vous ne manque à mon bonheur.

FALIERO.

Dis-moi ce qui le trouble? Est-ce la calomnie?
L'innocence la brave et n'en est pas ternie.
Doit-on s'en affliger quand on est sans remords?

ÉLÉNA.

Je suis heureuse.

FALIERO.

Non : malgré tous vos efforts,
Vos pleurs mal étouffés démentent ce langage :
Vous me trompez.

ÉLÉNA, à part.

O ciel!

FALIERO.

A ma voix prends courage :
Ne laisse pas ton cœur se trahir à demi;
Sois bonne et confiante avec ton vieil ami.
Il va t'interroger.

ÉLÉNA, à part.

Je frémis!

FALIERO.

Ma tendresse
Eût voulu te cacher le doute qui m'oppresse;
Mais pour m'en affranchir j'ai de puissants motifs;
Un instant quelquefois, un mot, sont décisifs.
Un mot peut disposer de mon sort, de ma vie...

ACTE II, SCÈNE X.

ÉLÉNA.

Qu'entends-je ?

FALIERO.

En me rendant la paix qui m'est ravie,
N'as-tu pas, réponds-moi, par un discours léger,
Un abandon permis que tu crus sans danger,
Un sourire, un regard, par quelque préférence,
Enhardi de Sténo la coupable espérance ?

ÉLÉNA, vivement.

Sténo !

FALIERO.

Non, je le vois, ce dédain l'a prouvé :
Non, pas même un regret par l'honneur réprouvé,
D'un penchant combattu pas même le murmure
Ne t'a parlé pour lui, non, jamais ?

ÉLÉNA.

Je le jure.

FALIERO.

Assez, ma fille, assez. Ah ! ne va pas plus loin :
Un serment ! ton époux n'en avait pas besoin.

ÉLÉNA.

Je dois...

FALIERO.

Lui pardonner un soupçon qui t'accable :
Il fût mort de douleur en te trouvant coupable.

ÉLÉNA, à part.

Taisons-nous !

FALIERO.

Doux moment ! mais je l'avais prévu,
Mon doute est éclairci.

SCENE XI.

FALIERO, ÉLÉNA, FERNANDO, ISRAEL.

ISRAEL, à Fernando.

Je vous dis qu'on l'a vu.

FERNANDO.

Ici?

ISRAEL.

Lui-même.

FERNANDO.

En vain son masque le rassure.

FALIERO.

Qui donc? parlez.

ISRAEL.

Sténo.

FALIERO.

Sténo!

ÉLÉNA, à part.

J'en étais sûre,
C'était lui.

FALIERO.

Voilà donc comme ils ont respecté
Ma présence et les droits de l'hospitalité!

FERNANDO.

C'en est trop.

FALIERO.

Se peut-il? ton rapport est fidèle?

ISRAEL.

J'affirme devant Dieu ce que je vous révèle.

FALIERO.
Lioni le savait; c'était un jeu pour tous...
J'y pense : un inconnu vous suivait malgré vous.
ÉLÉNA.
J'ignore...
FALIERO.
C'est Sténo.
FERNANDO.
Châtiez son audace.
FALIERO, faisant un pas vers le salon.
Je veux qu'avec opprobre à mes yeux on le chasse.
ÉLÉNA.
Arrêtez.
FALIERO, froidement.
Je vous crois : ne nous plaignons de rien;
Ce serait vainement; retirons-nous.
ISRAEL, bas, au doge.
Eh bien?
FALIERO, bas, à Israël.
A minuit.
ISRAEL, en sortant.
J'y serai.
FALIERO.
Sortons : je sens renaître
Un courroux dont mon cœur ne pourrait rester maître.
ÉLÉNA.
Vous ne nous suivez pas, Fernando?
FALIERO.
Non : plus tard.
Reste, et donne un motif à mon brusque départ.
Que Lioni surtout en ignore la cause,

Il le faut; d'un tel soin sur toi je me repose.
Point de vengeance! adieu.

SCENE XII.

FERNANDO.

Que j'épargne son sang!
Mais je vous trahirais en vous obéissant!
Mais je dois le punir, mais il tarde à ma rage
Que son masque arraché, brisé sur son visage...
On vient. Dieu! si c'était... Gardons de nous tromper :
Observons en silence, il ne peut m'échapper.

SCENE XIII.

FERNANDO, STÉNO.

STÉNO, qui est entré avec précaution, en ôtant son masque.

Personne! ah, respirons! Que la duchesse est belle!
(Il s'assied.)
Je la suivais partout. Point de grâce pour elle.
(Regardant son masque.)
L'heureuse invention pour tromper un jaloux!
Nuit d'ivresse!... un tumulte! Ah! le désordre est doux;
Mais il a son excès : tant de plaisir m'accable.

FERNANDO, à voix basse.

Je vous cherche, Sténo.

STÉNO.

Moi!

FERNANDO.

Je cherche un coupable

ACTE II, SCÈNE XIII.

STÉNO.

Dites un condamné, surpris par trahison.

FERNANDO.

Vous vous couvrez d'un masque, et vous avez raison.

STÉNO, qui se lève en souriant.

Je sais tout le respect qu'un doge a droit d'attendre.

FERNANDO.

Vous le savez si peu, que je veux vous l'apprendre.

STÉNO.

Mes juges, ce matin, l'ont fait impunément;
Mais une autre leçon aurait son châtiment.

FERNANDO.

Ma justice pourtant vous en réserve une autre.

STÉNO.

C'est un duel?

FERNANDO.

A mort : ou ma vie, ou la vôtre!

STÉNO.

Dernier des Faliero, je suis sûr de mes coups,
Et respecte un beau nom qui mourrait avec vous.

FERNANDO.

Insulter une femme est tout votre courage.

STÉNO.

Qui l'a défend trop bien l'insulte davantage.

FERNANDO.

Qu'avez-vous dit, Sténo?

STÉNO.

La vérité, je crois.

FERNANDO.

Vous aurez donc vécu sans la dire une fois.

STÉNO.
Ce mot-là veut du sang.
FERNANDO.
Mon injure en demande.
STÉNO.
Où se répandra-t-il?
FERNANDO.
Pourvu qu'il se répande,
N'importe.
STÉNO.
Où d'ordinaire on se voit seul à seul,
Près de Saint-Jean-et-Paul?
FERNANDO.
Oui, devant mon aïeul :
Je veux rendre à ses pieds votre chute exemplaire.
STÉNO.
Beaucoup me l'avaient dit, aucun n'a pu le faire.
FERNANDO.
Eh bien! ce qu'ils ont dit, j'ose le répéter,
Et ce qu'ils n'ont pas fait, je vais l'exécuter.
STÉNO.
A minuit!
FERNANDO.
A l'instant!
STÉNO.
Le plaisir me rappelle;
Mais l'honneur, à son tour, me trouvera fidèle.
FERNANDO.
Distrait par le plaisir, on s'oublie au besoin.
STÉNO.
Non : ma pitié pour vous ne s'étend pas si loin.

ACTE II, SCÈNE XIII.

FERNANDO.

J'irai de cet oubli vous épargner la honte.

STÉNO.

C'est un soin généreux dont je vous tiendrai compte,
Nos témoins?

FERNANDO.

Dieu pour moi.

STÉNO.

Pour tous deux.

FERNANDO.

Aujourd'hui
Un de nous deux, Sténo, paraîtra devant lui.

(Fernando sort; Sténo rentre dans la salle du bal.)

FIN DU DEUXIÈME ACTE.

ACTE TROISIÈME.

La place de Saint-Jean-et-Paul : l'église d'un côté, le canal de l'autre ; une statue au milieu du théâtre. Près du canal une madone éclairée par une lampe.

SCENE I.

PIETRO, BERTRAM, STROZZI, aiguisant un stylet sur les degrés du piédestal.

PIETRO.
Bertram, tu parles trop.

BERTRAM.
　　　　　Quand mon zèle m'entraîne,
Je ne consulte pas votre prudence humaine.

PIETRO.
J'ai droit d'en murmurer, puisqu'un de tes aveux
Peut m'envoyer au ciel plus tôt que je ne veux.

BERTRAM.
Lioni...

PIETRO.
　　Je le crains, même lorsqu'il pardonne.

BERTRAM.
Pietro le gondolier ne se fie à personne.

PIETRO.
Pietro le gondolier ne prend pour confidents,
Quand il parle tout haut, que les flots et les vents.

BERTRAM.

Muet comme un des Dix, hormis les jours d'ivresse.

PIETRO.

C'est vrai, pieux Bertram : chacun a sa faiblesse;
Mais, par le Dieu vivant!...

BERTRAM.

    Tu profanes ce nom.

PIETRO.

Je veux jusqu'au succès veiller sur ma raison.

STROZZI.

Foi de condottiere! si tu tiens ta parole,
A toi le collier d'or du premier que j'immole.

PIETRO.

Que fait Strozzi?

STROZZI.

    J'apprête, aux pieds d'un oppresseur,
Le stylet qui tuera son dernier successeur.

PIETRO.

Le doge!

BERTRAM.

   Il insulta, dans un jour de colère,
Un pontife de Dieu durant le saint mystère;
Qu'il meure!

PIETRO.

  Je le plains.

STROZZI.

    Moi, je ne le hais pas;
Mais ses jours sont à prix : je frappe.

BERTRAM.

      Ainsi ton bras
S'enrichit par le meurtre, et tu vends ton courage.

ACTE III, SCENE I.

STROZZI.

Comme Pietro ses chants en côtoyant la plage;
Comme toi, les objets façonnés par ton art.
Ton ciseau te fait vivre, et moi c'est mon poignard.
L'intérêt est ma loi; l'or, mon but; ma patrie,
Celle où je suis payé; la mort, mon industrie.

BERTRAM.

Strozzi, ton jour viendra.

PIETRO.

Fais trêve à tes leçons.
Leurs palais sont à nous; j'en veux un : choisissons.

BERTRAM.

Il en est qu'on épargne.

PIETRO.

Aucun. Bertram, écoute :
Si je te croyais faible...

BERTRAM.

On ne l'est pas sans doute,
En jugeant comme Dieu, qui sauve l'innocent.

PIETRO.

Pas un seul d'épargné!

STROZZI.

Pas un!

PIETRO.

Guerre au puissant!

STROZZI.

A son or!

PIETRO.

A ses vins de Grèce et d'Italie!

STROZZI.

Respect aux lois!

PIETRO.

Respect au serment qui nous lie !
Plus de patriciens ! qu'ils tombent sans retour ;
Et que dans mon palais on me serve à mon tour.

BERTRAM.

Qui donc, Pietro ?

STROZZI.

Le peuple : il en faut un peut-être.

PIETRO.

Je veux un peuple aussi ; mais je n'en veux pas être.

BERTRAM.

Si, pour leur succéder, vous renversez les grands,
Sur les tyrans détruits mort aux nouveaux tyrans !

PIETRO, prenant son poignard.

Par ce fer !

BERTRAM, levant le sien.

Par le ciel !

STROZZI, qui se jette entre eux.

Bertram, sois le plus sage.
Vous battre ! A la bonne heure au moment du partage.
Rejoignons notre chef qui vous mettra d'accord.

PIETRO.

Plus bas ! j'entends marcher : là, debout, près du bord,
(Montrant le doge, couvert d'un manteau.)
Je vois quelqu'un.

STROZZI, à voix basse.

Veux-tu me payer son silence ?
Le canal est voisin.

BERTRAM.

Non, point de violence !

PIETRO.

Bertram a peur du sang.

BERTRAM, à Strozzi.

Viens.

STROZZI.

Soit : mais nous verrons,
Si je le trouve ici quand nous y reviendrons.

(Ils sortent.)

SCENE II.

FALIERO.

(Il s'avance à pas lents et s'arrête devant Saint-Jean-et-Paul.)

Minuit!... personne encor! je croyais les surprendre;
Mais mon rôle commence, et c'est à moi d'attendre.
Mes amis vont venir... Oui, doge, tes amis.
Ils presseront ta main. Dans quels lieux? j'en frémis :
Deux princes dont je sors dorment dans ces murailles;
Ce qui n'est plus que cendre a gagné des batailles.
Ils m'entendront!... Eh bien! levez-vous à ma voix.
Regardez ces cheveux blanchis par tant d'exploits,
Et, de vos doigts glacés comptant mes cicatrices,
Aux crimes des ingrats mesurez leurs supplices!
O toi, qu'on rapporta sur ton noble étendard,
Vaincu par la fortune où j'ai vaincu plus tard,
Vaillant Ordelafo, dont je vois la statue,
Tends cette main de marbre à ta race abattue;
Et toi, qui succombas, rongé par les soucis,
D'un trône où sans honneur je suis encore assis;
Mânes de mes aïeux, quand ma tombe royale
Entre vos deux tombeaux remplira l'intervalle,
J'aurai vengé le nom de ceux dont j'héritai,
Et le rendrai sans tache à leur postérité!

SCENE III.

FALIERO, ISRAEL, BERTRAM, PIETRO, STROZZI;
Conjurés.

ISRAEL.
Hâtons-nous : c'est ici; l'heure est déjà passée.
STROZZI.
Pietro, Bertram et moi, nous l'avions devancée;
Mais tu ne venais pas.
ISRAEL.
Tous sont présents?
STROZZI.
Oui, tous,
Hors quelques-uns des miens qui veilleront sur nous;
Braves dont je réponds.
PIETRO.
Et trois de mes fidèles,
Couchés, sur le canal, au fond de leurs nacelles;
Leur voix doit au besoin m'avertir du danger.
ISRAEL.
(A Pietro.) (Au doge, retiré dans un coin de la scène.)
Bien!... Je comptais sur vous.
BERTRAM.
Quel est cet étranger?
FALIERO.
Un protecteur du peuple.
ISRAEL.
Un soutien de sa cause,
Et celui que pour chef Israël vous propose.

ACTE III, SCÈNE III.

PIETRO.

Qui peut te remplacer?

ISRAEL.

Un plus digne.

STROZZI.

Son nom?

FALIERO, s'avançant et se découvrant.

Faliero!

PIETRO.

C'est le doge.

TOUS.

Aux armes, trahison!

STROZZI.

Frappons : meure avec lui le traître qui nous livre!

ISRAEL.

Qu'un de vous fasse un pas, il a cessé de vivre.

BERTRAM.

Attendons, pour frapper, le signal du beffroi.

FALIERO.

J'admire ce courage enfanté par l'effroi :
Tous, le glaive à la main, contre un vieillard sans armes!
Leur père!... Pour qu'un glaive excite ses alarmes,
Enfants, la mort et lui se sont vus de trop près,
Et tous deux l'un pour l'autre ils n'ont plus de secrets.
Elle aurait quelque peine à lui sembler nouvelle,
Depuis quatre-vingts ans qu'il se joue avec elle.
Je viens seul parmi vous, et c'est vous qui tremblez!
Ce sont là les grands cœurs par ton choix rassemblés,
Ces guerriers qui voulaient, dans leur zèle héroïque,
D'un ramas d'oppresseurs purger la république,
Destructeurs du sénat, l'écraser, l'abolir?

D'un vieux patricien le nom les fait pâlir.
Que tes braves amis cherchent qui leur commande.
Pour mon sang, le voilà! qu'un de vous le répande :
Toi, qui le menaçais, toi, qui veux m'immoler,
Vous tous... Mais de terreur je les vois reculer.
Allons! pas un d'entre eux, je leur rends cet hommage,
N'est assez lâche, au moins, pour avoir ce courage.

STROZZI.

Il nous fait honte, amis!

BERTRAM.

     Nous l'avons mérité.
Avant qu'on le punisse il doit être écouté.

ISRAEL.

Vos soldats, Faliero, sont prêts à vous entendre.

FALIERO.

Eh bien! à leur parler je veux encor descendre.
Est-ce un tyran qu'en moi vous prétendez punir?
Ma vie est, jour par jour, dans plus d'un souvenir :
Déroulez d'un seul coup cette vaste carrière.
Mes victoires, passons : je les laisse en arrière;
Mon règne devant vous, pour vous imposer moins,
Récuse en sa faveur ces glorieux témoins.
Quand vous ai-je opprimés? qui de vous fut victime?
Qui peut me reprocher un acte illégitime?
Il est juge à son tour, celui qui fut martyr;
C'est avec son poignard qu'il doit me démentir.
Justes, puis-je vous craindre? ingrats, je vous défie.
Vous l'êtes : c'est pour vous que l'on me sacrifie;
C'est en vous défendant que sur moi j'amassai
Ce fardeau de douleurs dont le poids m'a lassé;
Pour vous faire innocents, je me suis fait coupable,

ACTE III, SCÈNE III.

Et le plus grand de vous est le plus misérable.
Jugez-moi : le passé fut mon seul défenseur;
Êtes-vous des ingrats, ou suis-je un oppresseur?

BERTRAM.

Si Dieu vous couronnait, vous le seriez peut-être.

FALIERO.

Vous savez qui je fus; voici qui je veux être :
Votre vengeur d'abord. Vous exposez vos jours;
Le succès à ce prix ne s'obtient pas toujours;
Toujours la liberté : qui périt avec gloire,
S'affranchit par la mort comme par la victoire.
Mais le succès suivra vos desseins généreux,
Si je veux les servir : compagnons, je le veux.
La cloche de Saint-Marc à mon ordre est soumise;
Trois coups, et tout un peuple est debout dans Venise :
Ces trois coups sonneront. Mes clients sont nombreux,
Mes vassaux plus encor; je m'engage pour eux.
Frappez donc! dans son sang noyez la tyrannie;
Venise en sortira, mais libre et rajeunie.
Votre vengeur alors redevient votre égal.
Des débris d'un corps faible à lui-même fatal,
D'un État incertain, république ou royaume,
Qui n'a ni roi, ni peuple, et n'est plus qu'un fantôme,
Formons un État libre où régneront les lois,
Où les rangs mérités s'appuieront sur les droits,
Où les travaux, eux seuls, donneront la richesse;
Les talents, le pouvoir; les vertus, la noblesse.
Ne soupçonnez donc pas que, dans la royauté,
L'attrait du despotisme aujourd'hui m'ait tenté.
Se charge qui voudra de ce poids incommode!
Mes vœux tendent plus haut : oui, je fus prince à Rhode,

Général à Zara, doge à Venise ; eh bien !
Je ne veux pas descendre, et me fais citoyen.

PIETRO, en frappant sur l'épaule du doge.

C'est parler dignement !
(Le doge se recule avec un mouvement involontaire de dédain.)
D'où vient cette surprise ?
Entre égaux !...

ISRAEL.

De ce titre en vain on s'autorise,
Pour sortir du respect qu'on doit à la vertu.
Vous, égaux ! à quel siége as-tu donc combattu ?
Sur quels bords ? dans quels rangs ? S'il met bas sa naissance,
Sa gloire au moins lui reste, et maintient la distance.
Il reste grand pour nous, et doit l'être en effet,
Moins du nom qu'il reçut que du nom qu'il s'est fait.
Sers soixante ans Venise ainsi qu'il l'a servie ;
Risque vingt fois pour elle et ton sang et ta vie ;
Mets vingt fois sous ses pieds un pavillon rival,
Et tu pourras alors te nommer son égal !

PIETRO.

Si par ma liberté j'excite sa colère,
Il est trop noble encor pour un chef populaire.

FALIERO.

Moi t'en vouloir ! pourquoi ? Tu n'avais aucun tort,
Aucun. Ta main, mon brave, et soyons tous d'accord !
Je me dépouille aussi de ce nom qui vous gêne :
Pour l'emporter sur vous, mon titre c'est ma haine.
Si ce titre par toi m'est encor disputé,
Dis-moi qui de nous deux fut le plus insulté.
Compare nos affronts : autour du Bucentaure,
Quand vos cris saluaient mon règne à son aurore,

ACTE III, SCÈNE III.

Je marchais sur des fleurs, je respirais l'encens;
Ces fiers patriciens à mes pieds fléchissants,
Ils semblaient mes amis... Hélas! j'étais leur maître.
Leur politique alors fut de me méconnaître.
Captif de mes sujets, sur mon trône enchaîné,
Flétri, j'osai me plaindre et je fus condamné;
Je condamne à mon tour : mourant, je me relève,
Et sans pitié comme eux, terrible, armé du glaive,
Un pied dans le cercueil, je m'arrête, et j'en sors
Pour envoyer les Dix m'annoncer chez les morts.
Mais prince ou plébéien, que je règne ou conspire,
Je ne puis échapper aux soupçons que j'inspire.
Les vôtres m'ont blessé. Terminons ce débat :
Qui me craignait pour chef me veut-il pour soldat?
Je courbe devant lui ma tête octogénaire,
Et je viens dans vos rangs servir en volontaire.
Faites un meilleur choix, il me sera sacré;
Quel est celui de vous à qui j'obéirai?

ISRAEL.

C'est à nous d'obéir.

BERTRAM.

          Je donnerai l'exemple.
Un attentat par vous fut commis dans le temple;
Expiez votre faute en vengeant les autels.

FALIERO.

Je serai l'instrument des décrets éternels.

STROZZI.

Aux soldats étrangers on a fait des promesses;
Les tiendrez-vous?

FALIERO, lui jetant une bourse.

          Voici mes premières largesses.

PIETRO.

Mes gondoliers mourront pour leur libérateur.

FALIERO.

Tel qui fut gondolier deviendra sénateur.

TOUS.

Honneur à Faliero!

ISRAEL.

Jurez-vous de le suivre?

TOUS.

Nous le jurons!

ISRAEL.

Eh bien! que son bras nous délivre!

(Au doge.)

Quand voulez-vous agir?

FALIERO.

Au lever du soleil.

BERTRAM.

Sitôt!

FALIERO.

Toujours trop tard dans un projet pareil.
Bien choisir l'heure est tout pour le succès des hommes.
Le hasard devient maître au point où nous en sommes;
Qui sait s'il veut nous perdre ou s'il doit nous servir?
Otez donc au hasard ce qu'on peut lui ravir.

BERTRAM.

Mais tous périront-ils?

PIETRO.

Sous leurs palais en cendre.

ISRAEL.

Il faut achever l'œuvre ou ne pas l'entreprendre.
Bertram, qu'un d'eux survive au désastre commun,
En lui tous revivront; ainsi tous, ou pas un :

ACTE III, SCÈNE III.

Le père avec l'époux, le frère avec le frère,
Tous, et jusqu'à l'enfant sur le corps de son père!

BERTRAM.

Faliero seul commande et doit seul décider.

ISRAEL, au doge.

Prononcez!

FALIERO, après un moment de silence.

Ah, cruels! qu'osez-vous demander?
Mes mains se résignaient à leur sanglant office;
Mais prendre sur moi seul l'horreur du sacrifice!...
(A Israël.)
Tu peux l'ordonner, toi! tu ne fus qu'opprimé;
Mais moi, s'ils m'ont trahi, jadis ils m'ont aimé.
Nous avons confondu notre joie et nos larmes :
Les anciens du conseil sont mes compagnons d'armes,
Mes compagnons d'enfance. Au sortir de nos jeux,
J'ai couché sous leur tente, et j'ai dit avec eux,
A la table où pour moi leur coupe s'est remplie,
Ces paroles du cœur que jamais on n'oublie.
Adieu, vivants récits de nos premiers combats !
Je ne verrai donc plus, en lui tendant les bras,
Sur le front d'un vieillard rajeuni par ma vue,
Un siècle d'amitié m'offrir la bienvenue.
Je tue, en les frappant, le passé, l'avenir,
Et reste sans espoir comme sans souvenir.

ISRAEL, avec impatience.

Eh quoi! vous balancez?

UN GONDOLIER.

« Gondolier, la mer t'appell
» Pars et n'attends pas le jour.

PIETRO.

C'est un avis : silence!

LE GONDOLIER.

» Adieu, Venise, la belle;
» Adieu, pays, mon amour!

ISRAEL.

Un importun s'approche; évitons sa présence.

LE GONDOLIER.

» Quand le devoir l'ordonne,
» Venise, on t'abandonne,
» Mais c'est sans t'oublier.

FALIERO.

Que chacun à ma voix revienne au rendez-vous,
Et sans nous éloigner, amis, séparons-nous.

LE GONDOLIER.

» Que saint Marc et la Madone
» Soient en aide au gondolier! »

(Les conjurés sortent d'un côté : une gondole s'arrête sur le canal.
Fernando et Sténo en descendent.)

SCENE IV.

FERNANDO, STÉNO.

FERNANDO. Il tire son épée.

L'instant est favorable et la place est déserte!

STÉNO.

Du sang-froid, Fernando; vous cherchez votre perte.

FERNANDO.

Défends-toi.

STÉNO.

Calmez-vous; je prévois votre sort.

FERNANDO.

Le tien.

STÉNO.

Je dois...

ACTE III, SCÈNE IV.

FERNANDO.
Mourir ou me donner la mort.
En garde!

STÉNO, tirant son épée.
Il le faut donc; mais c'est pour ma défense.

FERNANDO.
Enfin ta calomnie aura sa récompense.
(Ils combattent.)

STÉNO.
Vous êtes blessé.

FERNANDO.
Non.

STÉNO.
Votre sang coule.

FERNANDO.
Eh bien!
Celui que j'ai perdu va se mêler au tien :
Meurs, lâche!

STÉNO.
Vaine atteinte! et la mienne...

FERNANDO.
Ah! j'expire.
(Il chancelle et tombe sur les degrés du piédestal de la statue.)
La fortune est pour vous.

STÉNO.
Mais je dois la maudire,
Et je veux...

FERNANDO.
Laissez-moi, non; j'aurai des secours.
(Avec force.)
On vient. Non : rien de vous! Fuyez, sauvez vos jours.
(Sténo s'éloigne, tandis que les conjurés accourent.)

SCENE V.

FERNANDO, FALIERO, ISRAEL, BERTRAM, PIETRO, STROZZI, Conjurés.

ISRAEL.

Un des deux est tombé.

FALIERO.

Jusqu'à nous parvenue,
Cette voix... ah! courons! cette voix m'est connue.
C'est Fernando, c'est lui!

FERNANDO.

Le doge!

FALIERO.

O désespoir!
O mon fils! qu'as-tu fait? mon fils!

FERNANDO.

Moi, vous revoir,
Expirer à vos pieds!... Dieu juste!

FALIERO.

Je devine
Par quel bras fut porté le coup qui t'assassine :
Par eux, toujours par eux! Ils m'auront tout ravi.
Du trépas de Sténo le tien sera suivi.

FERNANDO.

Il s'est conduit en brave.

FALIERO.

O trop chère victime,
Que de ce cœur brisé la chaleur te ranime!
N'écarte pas la main qui veut te secourir...

ACTE III, SCÈNE V.

Mon fils! si près de toi, je t'ai laissé périr!
Mon espoir! mon orgueil!... je n'ai pu le défendre.
Au cercueil, avant moi, c'est lui qui va descendre,
Et ma race avec lui!

FERNANDO.

C'en est fait, je le sens...
Ne me prodiguez plus des secours impuissants.
Une sueur glacée inonde mon visage...

FALIERO.

Que fais-tu?

FERNANDO, essayant de se soulever.

Je voudrais... Donnez-m'en le courage,
O Dieu!

FALIERO.

D'où naît l'horreur qui semble te troubler?

FERNANDO.

Je veux... c'est à genoux que je veux vous parler.
Je ne puis...

FALIERO, le serrant dans ses bras.

Sur mon cœur! sur mon cœur!

FERNANDO.

Ah! mon père,
Grâce, pardonnez-moi.

FALIERO.

Quoi! ta juste colère?
C'est celle d'un bon fils!

FERNANDO.

Grâce! Dieu vous entend :
Désarmez le courroux de ce Dieu qui m'attend.

FALIERO.

Comment punirait-il ta désobéissance?

L'arrêt qui doit t'absoudre est prononcé d'avance.
Je te bénis. En paix de mon sein paternel
Va déposer ton âme au sein de l'Éternel.
Ne crains pas son courroux; fût-il inexorable,
Il ne trouverait plus où frapper le coupable;
Je t'ai couvert, mon fils, de pardons et de pleurs.

FERNANDO.

Mon père, embrassez-moi... Venise... et toi... je meurs!

ISRAEL, à Faliero, après un moment de silence.

Balancez-vous encor?

FALIERO, qui se relève en ramassant l'épée de Fernando.

L'arme qui fut la sienne
De sa main défaillante a passé dans la mienne.
Juge donc si ce fer, témoin de son trépas,
Au moment décisif doit reculer d'un pas.
Vengeance!.. Au point du jour!.. Pour quitter sa demeure,
Que chacun soit debout dès la quatrième heure.
Au portail de Saint-Marc, par différents chemins,
Vous marcherez, le fer et le feu dans les mains,
En criant : Trahison! Sauvons la république!
Aux armes! Les Génois sont dans l'Adriatique!
Le beffroi sur la tour s'ébranle à ce signal;
Les nobles, convoqués par cet appel fatal,
Pour voler au conseil, en foule se répandent
Dans la place, où déjà vos poignards les attendent.
A l'œuvre! ils sont à nous! Courez, moissonnez-les!
Qu'ils tombent par milliers sur le seuil du palais.

(A Strozzi.)

Toi, si quelqu'un d'entre eux échappait au carnage,
Du pont de Rialto ferme-lui le passage;

(A Bertram.)   (A Pietro.)

Toi, surprends l'arsenal; toi, veille sur le port;

ACTE III, SCÈNE V.

Israël, à Saint-Marc; moi, partout où la mort
Demande un bras plus ferme et des coups plus terribles.
Relevez de mon fils les restes insensibles :
Mais, par ces tristes jours dont il était l'appui,
Par ces pleurs menaçants, jurez-moi, jurez-lui
Qu'au prochain rendez-vous où les attend son ombre,
Pas un ne manquera, si grand que soit leur nombre ;
Qu'ils iront à sa suite unir en périssant
Le dernier de leur race au dernier de mon sang.
Par vos maux, par les miens, par votre délivrance,
Jurez tous avec moi : Vengeance, amis !

TOUS, excepté Bertram, en étendant leurs épées sur le cadavre de Fernando.

Vengeance !

FIN DU TROISIÈME ACTE.

ACTE QUATRIÈME.

Le palais du doge.

SCÈNE I.

ÉLÉNA, FALIERO.

(Éléna est assise, le coude appuyé sur une table : elle dort.)

FALIERO, qui entre par le fond.

Qu'ils ramaient lentement dans ces canaux déserts !
Le vent du midi règne ; il pèse sur les airs,
Il m'oppresse, il m'accable... Expirer avant l'âge,
Lui, que je vis hier s'élancer sur la plage,
Franchir d'un pas léger le seuil de ce séjour !
Il arrivait joyeux : aujourd'hui quel retour !
(Apercevant la duchesse.)
Éléna m'attendait dans ses habits de fête :
Sa parure de bal couronne encor sa tête.
Le deuil est là, près d'elle ; et, le front sous des fleurs,
Elle a fermé ses yeux sans prévoir de malheurs.
Laissons-les du sommeil goûter en paix les charmes ;
Ils ne se rouvriraient que pour verser des larmes.

ÉLÉNA, endormie.

Hélas !

FALIERO.

D'un rêve affreux son cœur est agité ;

Moins affreux cependant que la réalité :
Bientôt...

ÉLÉNA, de même.

Mort de douleur... en te trouvant... coupable.

FALIERO.

D'un soupçon qui l'outrage, ô suite inévitable!
Jusque dans son repos, dont le calme est détruit,
De mon funeste aveu le souvenir la suit.
Chère Éléna!

ÉLÉNA, s'éveillant.

Qu'entends-je? où suis-je? qui m'appelle?

FALIERO.

Ton ami.

ÉLÉNA.

Vous! c'est vous!

FALIERO.

A mes désirs rebelle,
Par tendresse, il est vrai, pourquoi m'attendre ainsi?

ÉLÉNA.

Que vous avez tardé!

FALIERO.

Je l'ai dû.

ÉLÉNA.

Vous voici!
C'est vous!.. Dieu! quels tourments m'a causés votre absence!
Je marchais, j'écoutais : dans mon impatience,
Quand le bruit d'une rame éveillait mon espoir,
J'allais sur ce balcon me pencher pour vous voir.
La gondole en passant m'y laissait immobile;
Tout, excepté mon cœur, redevenait tranquille.
J'ai vu les astres fuir et la nuit s'avancer,

Et des palais voisins les formes s'effacer,
Et leurs feux, qui du ciel perçaient le voile sombre,
Éteints jusqu'au dernier, disparaître dans l'ombre.
Que l'attente et la nuit allongent les moments!
Je ne pouvais bannir mes noirs pressentiments.
Je tressaillais de crainte, et pourquoi? je l'ignore.

FALIERO.

Tu trembles sur mon sein.

ÉLÉNA.

Quand donc viendra l'aurore?
Oh! qu'un rayon du jour serait doux pour mes yeux!
Funeste vision!... quelle nuit! quels adieux!
Il m'a semblé... j'ai cru... l'abîme était horrible,
Et mes bras, que poussait une force invincible,
Vous traînaient, vous plongeaient dans cet abîme ouvert,
Malgré moi, mais toujours, toujours!... Que j'ai souffert!
J'entends encor ce cri qui du tombeau s'élève,
Qui m'accuse... O bonheur! je vous vois, c'est un rêve!

FALIERO.

Ne crains plus.

ÉLÉNA.

Loin de moi quel soin vous appelait?

FALIERO.

Tu le sauras.

ÉLÉNA.

Si tard, dans l'ombre!...

FALIERO.

Il le fallait.

ÉLÉNA.

Pour vous accompagner, pas un ami?

FALIERO.

Personne.

ÉLÉNA.

Pas même Fernando?

FALIERO.

Lui, grand Dieu!

ÉLÉNA.

Je frissonne.
Vous cachez dans vos mains votre front abattu.
O ciel!-du sang!

FALIERO.

Déjà?

ÉLÉNA.

Le vôtre?

FALIERO.

Que dis-tu?
Que n'est-il vrai!

ÉLÉNA.

Parlez!

FALIERO.

Un autre...

ÉLÉNA.

Osez m'instruire.
Qui? j'aurai du courage, et vous pouvez tout dire :
Qui donc?

FALIERO.

Il n'est plus temps de te cacher son sort;
Sous mes yeux Fernando...

ÉLÉNA.

Vous pleurez : il est mort!

FALIERO.

Digne de ses aïeux, pour une juste cause;
La tienne!

ACTE IV, SCÈNE I.

ÉLÉNA.

C'est pour moi!

FALIERO.

Près de nous il repose,
Mais froid comme ce marbre, où penché tristement,
Je pleurais, j'embrassais son corps sans mouvement;
Pleurs qu'il ne sentait plus, douce et cruelle étreinte
Qui n'a pu ranimer une existence éteinte!
J'ai trouvé sur son cœur réchauffé par ma main,
Ce tissu malheureux qui le couvrait en vain :
Quelque gage d'amour!

ÉLÉNA, qui reconnaît son écharpe.

La force m'abandonne.
Objet funeste, affreux!

FALIERO.

Ah! qu'ai-je fait? pardonne.
J'aurais dû t'épargner...

ÉLÉNA.

Non! c'est mon châtiment.
Ne m'accusait-il pas à son dernier moment?
Lui qui mourait pour moi!... Fernando!...

FALIERO.

Je l'atteste
Par son sang répandu, par celui qui me reste,
Ceux qui causent nos maux gémiront à leur tour.

ÉLÉNA.

Nuit d'horreur!

FALIERO.

Que doit suivre un plus horrible jour.

ÉLÉNA.

Le deuil, à son lever, couvrira ces murailles.

FALIERO.

Ce jour se lèvera sur d'autres funérailles.

ÉLÉNA.

Quoi?...

FALIERO.

La mort est ici, mais elle en va sortir.

ÉLÉNA.

Quel projet formez-vous?

FALIERO.

Prête à les engloutir,
Du sénat et des Dix la tombe est entr'ouverte.

ÉLÉNA.

Par vous?

FALIERO.

Pour te venger.

ÉLÉNA.

Vous conspirez?

FALIERO.

Leur perte.

ÉLÉNA.

Vous!

FALIERO.

Des bras généreux qui s'unissent au mien
Sont armés pour punir mes affronts et le tien.

ÉLÉNA.

Ciel! une trahison, et vous l'avez conçue!
Abjurez un dessein dont je prévois l'issue.
N'immolez pas Venise à vos ressentiments :
Venise, qui du doge a reçu les serments,
Est votre épouse aussi, mais fidèle, mais pure,
Mais digne encor de vous...

ACTE IV, SCÈNE II.

FALIERO.

Moins que toi. Leur injure
Rend tes droits plus sacrés.

ÉLÉNA.

Eh bien! si c'est pour moi
Que vos jours en péril, que votre honneur...

FALIERO.

Tais-toi!

ÉLÉNA, à part.

Qu'allais-je faire, ô ciel!

FALIERO.

Tais-toi : quelqu'un s'avance.

SCÈNE II.

FALIERO, ÉLÉNA, VICENZO.

VICENZO.

Le seigneur Lioni demande avec instance
Une prompte entrevue...

FALIERO.

A cette heure?

VICENZO.

A l'instant,
Pour révéler au doge un secret important.

FALIERO.

Lioni!

VICENZO.

Devant vous faut-il qu'on l'introduise?
Il y va, m'a-t-il dit, du salut de Venise.

FALIERO.

Attendez : est-il seul?

VICENZO.

Les seigneurs de la nuit
Entourent un captif que vers vous il conduit.

FALIERO.

L'a-t-on nommé?

VICENZO.

Bertram.

FALIERO, bas.

Bertram!

ÉLÉNA, bas au doge.

Ce nom vous trouble.

FALIERO.

(A Éléna.) (A Vicenzo.)
Moi! Qu'ils viennent tous deux.

SCÈNE III.

ÉLÉNA, FALIERO.

FALIERO, à Éléna.

Sors!

ÉLÉNA.

Ma frayeur redouble.
Ce Bertram!...

FALIERO.

Ne crains rien.

ÉLÉNA.

C'est un des conjurés.

FALIERO.

Calme-toi.

ÉLÉNA.

Je ne puis.

FALIERO.
Mais vous me trahirez !
Sortez !
ÉLÉNA.
Non, je suis calme.

SCÈNE IV.

FALIERO, ÉLÉNA, LIONI, BERTRAM.

LIONI, s'avançant vers le doge.

Un complot nous menace :
De ce noir attentat j'ai découvert la trace,
Et je cours...
(Il aperçoit Éléna.)
Mais, pardon !
FALIERO.
Madame, laissez-nous.
ÉLÉNA.
Affreuse incertitude !

SCENE V.

FALIERO, LIONI, BERTRAM.

FALIERO, froidement à Lioni.
Eh bien, que savez-vous ?
J'écoute.
LIONI.
J'étais seul, en proie à la tristesse
Qui suit parfois d'un bal le tumulte et l'ivresse,
De je ne sais quel trouble agité sans raison.
Un homme, c'était lui, client de ma maison,
Que j'honorai long-temps d'une utile assistance,

Et qui m'a dû tantôt quelque reconnaissance,
Réclame la faveur de me voir en secret.
Écarté par mes gens, il insiste : on l'admet.
« Devant Dieu, me dit-il, voulez-vous trouver grâce?
» Ne sortez pas demain. » Je m'étonne; à voix basse,
L'œil humide, il ajoute en me serrant la main :
« Je suis quitte avec vous; ne sortez pas demain. »
Et pourquoi?... Les regards inclinés vers la terre,
Immobile, interdit, il s'obstine à se taire.
J'épiais sa pâleur de cet œil pénétrant
Dont je cherche un aveu sur le front d'un mourant;
Je le presse; il reprend d'une voix solennelle :
« Si la cloche d'alarme à Saint-Marc vous appelle,
» N'y courez pas; adieu! » Je le retiens alors :
On l'entoure à ma voix, on l'arrête; je sors.
Quatre rameurs choisis sautent dans ma gondole,
Il y monte avec moi : je fais un signe, on vole,
Et je l'amène ici, pour qu'au chef de l'État
Un aveu sans détour dénonce l'attentat.

FALIERO.

Il n'a rien dit de plus?

LIONI.

Mais il doit tout vous dire.
Je ne suis pas le seul contre qui l'on conspire.
Si j'en crois mes soupçons, Venise est en danger :
Qu'il s'explique, il le faut.

FALIERO.

Je vais l'interroger.

(Il s'assied entre Bertram et Lioni qui est appuyé sur le dos de son fauteuil.)
(A Bertram.)

Approchez : votre nom?

ACTE IV, SCÈNE V.

BERTRAM.

Bertram.

LIONI, bas au doge.

On le révère ;
On cite à Rialto sa piété sévère :
Parlez-lui du ciel.

FALIERO.

(A Lioni.)

Oui. Bertram, regardez-moi.

BERTRAM.

Seigneur...

LIONI.

Lève les yeux.

FALIERO.

N'ayez aucun effroi.

LIONI.

Si tu ne caches rien, ta grâce est assurée.

FALIERO.

Je sauverai vos jours, ma parole est sacrée ;
Vous savez à quel prix ?

BERTRAM.

Je le sais.

FALIERO.

Descendez
Au fond de votre cœur, Bertram, et répondez,
Quand vous aurez senti si votre conscience
Vous fait ou non la loi de rompre le silence...

LIONI.

Quels sont les intérêts dont tu vas disposer !

FALIERO.

Et quels jours précieux vous pouvez exposer !

BERTRAM.
J'ai parlé; mon devoir m'ordonnait de le faire.
LIONI.
Achève.
FALIERO.
Et maintenant il vous force à vous taire,
Si je vous comprends bien?
BERTRAM.
Il est vrai.
LIONI.
L'Éternel
Te défend de cacher un projet criminel.
FALIERO.
Ce projet, quel est-il?
BERTRAM.
Je n'ai rien à répondre.
LIONI.
Mais ton premier aveu suffit pour te confondre.
BERTRAM.
Une voix m'avait dit : Sauve ton bienfaiteur.
LIONI.
Je suis donc menacé?
FALIERO.
Lui seul?
LIONI.
Quel est l'auteur,
Le chef de ce complot?
FALIERO.
Parlez.
BERTRAM.
Qu'il me pardonne;
J'ai voulu vous sauver, mais sans trahir personne.

ACTE IV, SCÈNE V.

LIONI.

Serais-tu son complice?

FALIERO.

Ou seulement un bruit,
Quelque vague rapport vous aurait-il instruit?

BERTRAM.

Je ne mentirai pas.

LIONI.

Alors que dois-je craindre?
Quel poignard me poursuit? où, quand doit-il m'atteindre,
Comment?

BERTRAM.

De ce péril j'ai dû vous avertir;
C'est à vous désormais de vous en garantir.
Ma tâche est accomplie.

LIONI.

Et la nôtre commence:
Les douleurs vont bientôt...

BERTRAM, *faisant un pas vers le doge.*

Quoi! vous?...

FALIERO.

Notre clémence
Suspend encor l'emploi de ce dernier moyen.
(*Bas à Lioni.*)
Réduit au désespoir, il ne vous dirait rien.

LIONI.

(*Bas au doge.*)   (*A Bertram.*)
Il faiblit. Tu l'entends, nous voulons tout connaître.
Songe que Dieu t'écoute.

FALIERO.

Et qu'il punit le traître.

BERTRAM.

Malheureux!

LIONI.

Que tu peux mourir dans les tourments,
Sans qu'on te donne un prêtre à tes derniers moments.

BERTRAM.

Dieu! qu'entends-je?

FALIERO.

Oui, demain.

LIONI.

N'accordons pas une heure,
Non, pas même un instant ; qu'il s'explique ou qu'il meure.

BERTRAM.

Je ne résiste plus.

LIONI.

Parle donc.

BERTRAM.

Eh bien!...

FALIERO, se levant.

Quoi?

BERTRAM.

Je vais tout dire.

LIONI.

Enfin!

BERTRAM, au doge.

A vous seul.

FALIERO.

Suivez-moi.

(Faisant un signe à Lioni.)

Je reviens.

SCENE VI.

LIONI.

Il me sauve, et c'est moi qu'il redoute!
Le doge l'épargnait; mais par bonté sans doute.
Ses longs ménagements me semblaient superflus :
Pour un patricien qu'aurait-il fait de plus?
Il interrogeait mal; point d'art! aucune étude!
Mais a-t-il, comme nous, cette froide habitude
De marcher droit au but, sans pitié, sans courroux,
Et, si la mort d'un seul importe au bien de tous,
De voir dans la torture, à nos yeux familière,
Le chemin le plus court qui mène à la lumière?
C'est étrange : Bertram frémit en l'abordant,
Et ne veut à la fin que lui pour confident.
On eût dit qu'en secret leurs yeux d'intelligence...
Voilà de mes soupçons! J'ai tort : de l'indulgence!
Par l'âge et les travaux le doge est affaibli...
Mais au dernier moment d'où vient qu'il a pâli?
Réfléchissons : j'arrive, et, contre mon attente,
Il est debout; pourquoi? point d'affaire importante.
Quel soin l'occupait donc? Mon aspect l'a troublé;
Il s'est remis soudain, mais il avait tremblé.
Il nourrit contre nous une implacable haine :
S'il osait... Lui; jamais!... Chancelante, incertaine,
La duchesse en partant semblait craindre mes yeux.
Son effroi la ramène; il faut l'observer mieux :
Je lirai dans son cœur.

SCÈNE VII.

LIONI, ÉLÉNA.

LIONI.

Votre Altesse, j'espère,
D'une grave entrevue excuse le mystère.

ÉLÉNA.

Il ne m'appartient pas d'en sonder les secrets.
Mais le doge est absent?...

LIONI.

Pour de grands intérêts.
Puis-je sans trop d'orgueil penser qu'une soirée
Où d'hommages si vrais je vous vis entourée
Vous a laissé, madame, un heureux souvenir?

ÉLÉNA.
(A part.)

Charmant : j'y pense encor. Qui peut le retenir?
(A Lioni.)
Ce prisonnier sans doute occupe son Altesse?

LIONI.

Lui-même. Qu'avez-vous?

ÉLÉNA.

Rien.

LIONI.

Il vous intéresse?

ÉLÉNA.

Moi!... mais c'est la pitié qui m'intéresse à lui :
Je plains un malheureux. Et son sort aujourd'hui?...

LIONI, avec indifférence.

Sera celui de tous.

ACTE IV, SCÈNE VII.

ÉLÉNA, à part.

Que dit-il?

LIONI, à part.

Elle tremble.

ÉLÉNA.

D'autres sont accusés?

LIONI, froidement.

Tous périront ensemble.
Il a fait tant d'aveux!

ÉLÉNA, vivement.

A vous, seigneur?

LIONI.

Du moins
Au doge qui l'écoute.

ÉLÉNA.

Au doge, et sans témoins?

LIONI.

Sans témoins.

ÉLÉNA, à part.

O bonheur!

LIONI, à part.

Ce mot l'a rassurée.

(A Éléna.)
Mais Votre Altesse, hier, s'est trop tôt retirée.
Ce bal semblait lui plaire, et le doge pourtant
Ne l'a de sa présence honoré qu'un instant.

ÉLÉNA.

Ses travaux lui rendaient le repos nécessaire.

LIONI.

Il veille encor?

ÉLÉNA, vivement.

C'est moi, je dois être sincère,
C'est moi qui, fatiguée...

LIONI.

Et vous veillez aussi...
Pour ne le pas quitter?

ÉLÉNA.

Seule, inquiète ici,
J'attendais...

LIONI, vivement.

Qu'il revint? Une affaire soudaine
L'a contraint de sortir?

ÉLÉNA.

Non; mais sans quelque peine
Je ne pouvais penser que, chez lui de retour,
Un travail assidu l'occupât jusqu'au jour;
Et vous partagerez la crainte que m'inspire
Un tel excès de zèle.

LIONI.

En effet.

ÉLÉNA, à part.

Je respire.

LIONI, à part.

J'avais raison.

ÉLÉNA.

Il vient.

SCENE VIII.

ÉLÉNA, LIONI, FALIERO.

FALIERO, qui prend Lioni à part.

Le coupable a parlé.

LIONI.

Eh bien, seigneur?

FALIERO.

Plus tard le conseil assemblé
Apprendra par mes soins tout ce qu'il doit apprendre.
Sous le Pont des Soupirs Bertram vient de descendre.
Reposez-vous sur moi sans vous troubler de rien;
Je ferai mon devoir.

LIONI, à part.

Je vais faire le mien.

SCÈNE IX.

ÉLÉNA, FALIERO.

FALIERO.

La victoire me reste!

ÉLÉNA.

A quoi tient votre vie!

FALIERO.

Qu'importe? elle est sauvée.

ÉLÉNA.

Un mot vous l'eût ravie.

FALIERO.

Du cachot de Bertram ce mot ne peut sortir :
Renais à l'espérance.

ÉLÉNA.

Et comment la sentir?
Mon cœur s'est épuisé dans cette angoisse affreuse,
Plaignez-moi : je n'ai pas la force d'être heureuse.

FALIERO.

Une heure encor d'attente!

ÉLÉNA.

Un siècle de douleurs,
Quand je crains pour vos jours!

FALIERO.

Qu'ils tremblent pour les leurs!
Adieu.

ÉLÉNA.

Vous persistez?

FALIERO.

Mourir, ou qu'ils succombent!

ÉLÉNA.

Vous mourrez!.. C'est sur vous que vos projets retombent!
Ma terreur me le dit. C'est Dieu, mon cœur le sent,
C'est Dieu qui m'a parlé, la mort, la voix du sang.
C'est Fernando, c'est lui dont le sort vous menace,
Qui du doigt au cercueil m'a montré votre place.
Voulez-vous me laisser seule entre deux tombeaux?
Grâce! J'ai tant pleuré! ne comblez pas mes maux.
Cédez; vous n'irez pas! non : grâce, il faut me croire.
Grâce pour moi, pour vous, pour soixante ans de gloire!

FALIERO.

Mais ma gloire, c'est toi : ton époux, ton soutien
Perdra-t-il son honneur en mourant pour le tien?
Je ne venge que lui.

ÉLÉNA.

Que lui!

FALIERO.

Pour le défendre
Ma confiance en toi m'a fait tout entreprendre.

ACTE IV, SCÈNE IX.

Sur ton pieux respect, sur ta jeune raison
Si je me reposais avec moins d'abandon;
Pour lui faire un tourment de ma terreur jalouse,
Avili par mon choix, si j'aimais une épouse
Qui, chargée à regret du fardeau de mes ans,
Pourrait à leurs dédains livrer mes cheveux blancs;
Non, non, je n'irais pas, combattu par mes doutes,
Affronter les périls que pour moi tu redoutes.

ÉLÉNA.

Grand Dieu!

FALIERO.

Je n'irais pas, follement irrité,
Pour venger de son nom l'opprobre mérité,
Pour elle, pour sa cause, et ses jours méprisables,
Ternir un siècle entier de jours irréprochables.
Non, courbé sous sa honte et cachant ma douleur,
Je n'aurais accusé que moi de mon malheur.

ÉLÉNA.

Qu'avez-vous dit!

FALIERO.

Mais toi, toi qu'ils ont soupçonnée,
Digne appui du vieillard à qui tu t'es donnée,
Modèle de vertu dans ce triste lien,
Ange consolateur, mon orgueil, mon seul bien...

ÉLÉNA.

O tourment!

FALIERO.

Tu verrais de ta vie exemplaire
L'outrage impunément devenir le salaire!
Ah! je cours...

ÉLÉNA.

Arrêtez!

FALIERO.

Ne te souviens-tu pas
De l'heure où ton vieux père expira dans nos bras?
A son dernier soupir il reçut ta promesse
De m'aimer, d'embellir, d'honorer ma vieillesse :
Tu l'as fait.

ÉLÉNA.

C'en est trop!

FALIERO.

Je promis à mon tour
De veiller sur ton sort jusqu'à mon dernier jour.
Ton père me l'ordonne.

ÉLÉNA.

Écartez cette image.

FALIERO.

C'est lui...

ÉLÉNA.

Je parlerais!

FALIERO.

C'est lui qui m'encourage
A remplir mon devoir, à tenir mon serment,
A défendre sa fille.

ÉLÉNA.

A la punir.

FALIERO.

Comment?

ÉLÉNA.

Vengez-vous; punissez. Le sang qu'il vous demande,
C'est le mien. Punissez; votre honneur le commande;
Mais n'immolez que moi, moi seule : cet honneur
Pour qui vous exposez repos, gloire, bonheur,
Je l'ai perdu!

ACTE IV, SCÈNE IX.

FALIERO.

Qu'entends-je? où suis-je? que dit-elle?
Qui, vous?

ÉLÉNA.

Fille parjure, épouse criminelle,
Mon père au lit de mort, vos bienfaits et ma foi,
Tout, oui, j'ai tout trahi.

FALIERO.

Point de pitié pour toi!
Mais il est un secret qu'il faut que tu déclares :
Ton complice?

ÉLÉNA.

Il n'est plus.

FALIERO.

Éléna, tu t'égares.
Comprends-tu bien les mots qui te sont échappés?
Sais-tu que, s'il est vrai, tu vas mourir?

ÉLÉNA.

Frappez!

FALIERO, levant son poignard.

Reçois ton châtiment!... Mais non! qu'allais-je faire?
Tu tremblais pour ma vie, et ta frayeur m'éclaire.
Non, non; en t'accusant tu voulais me sauver.

(Le poignard tombe de ses mains.)

A ce sublime aveu qui pouvait s'élever
De cette trahison ne fut jamais capable.
Dis que tu m'abusais, que tu n'es pas coupable,
Parle, et dans mon dessein je ne persiste pas,
J'y renonce, Éléna, parle... ou viens dans mes bras,
Viens, et c'en est assez!

ÉLÉNA.

Hélas! j'en suis indigne.

J'ai mérité la mort : frappez, je m'y résigne.
Ah! frappez!

FALIERO.

Et le fer de mes mains est tombé!
A sa honte, à mes maux, je n'ai pas succombé!
D'un tel excès d'amour redescendre pour elle
Au mépris!... non, la haine eût été moins cruelle.
Mais on vient; mon devoir m'impose un dernier soin :
Le danger me ranime... Ah! j'en avais besoin.
J'entends mes conjurés; ce sont eux; voici l'heure.
Redevenons moi-même : il faut agir.

SCENE X.

FALIERO, ÉLÉNA, VEREZZA, Seigneurs de la Nuit, Gardes.

VEREZZA.

Demeure :
Envoyé par les Dix, je t'arrête en leur nom,
Doge, comme accusé de haute trahison.

ÉLÉNA.

Plus d'espoir!

FALIERO.

M'arrêter, moi, ton prince!

VEREZZA.

Toi-même :
Voici l'ordre émané de leur Conseil suprême.
Obéis.

(Quatre heures sonnent.)

FALIERO.

Je commande, et votre heure a sonné.
Juge des factieux qui m'auraient condamné,

ACTE IV, SCÈNE X.

J'attends que le beffroi les livre à ma justice.
Écoute : il va donner le signal du supplice.
Je brave ton sénat, tes maîtres, leurs bourreaux,
Et l'ordre qu'à tes pieds ma main jette en lambeaux.

VEREZZA.

Ton espérance est vaine.

ÉLÉNA.

Aucun bruit !

FALIERO.

Quel silence !

VEREZZA.

Tu n'as pas su des Dix tromper la vigilance ;
Les cachots ont parlé : ne nous résiste pas.

FALIERO.

C'en est donc fait ; marchons.

ÉLÉNA.

Je m'attache à vos pas.

FALIERO, à voix basse.

Vous!... et quels sont les droits de celle qui m'implore ?
Son titre ? Que veut-elle ? ai-je une épouse encore ?
Je ne vous connais pas ; je ne veux plus vous voir.
Contre un arrêt mortel, qu'il m'est doux de prévoir,
Ma vie à son déclin sera peu défendue.
Pour que la liberté vous soit enfin rendue,
Éléna, je mourrai ; c'est tout ce que je puis :
Vous pardonner, jamais !

(A Éléna, qui le suit, les mains jointes.)

Non, restez !

(A Verezza.)

Je vous suis.

FIN DU QUATRIÈME ACTE.

ACTE CINQUIÈME.

Une salle voisine de celle où les Dix sont entrés pour délibérer. Autour de la salle, les portraits des doges; au fond, une galerie ouverte qui donne sur la place; à la porte, deux soldats en sentinelle.

SCENE I.

FALIERO, ISRAEL.

ISRAEL. Il est assis.

Un plan si bien conduit! ô fortune cruelle,
Attendre ce moment pour nous être infidèle!
Quand je voyais crouler leur pouvoir chancelant,
Quand nous touchons au but... Mais j'oublie en parlant
Que mon prince est debout.

FALIERO, à Israël, qui fait un effort pour se lever.

      Demeure : la souffrance
Vient de briser ton corps sans lasser ta constance.
Je voudrais par mes soins adoucir tes douleurs;
Que puis-je?

ISRAEL.

    Dans vos yeux je vois rouler des pleurs.

FALIERO.

Je pleure un brave.

ISRAEL.

    Et moi, tandis qu'on délibère,
Je fais des vœux pour vous, qui me traitez en frère.

FALIERO.

Comme autrefois.

ISRAEL.

Toujours le frère du soldat,
Consolant le blessé qui survit au combat.

FALIERO.

Ces temps-là ne sont plus.

ISRAEL.

Mais alors quelle joie
Quand nous fendions les mers pour saisir notre proie!

FALIERO.

En maître sur les flots du golfe ensanglanté,
Que mon Lion vainqueur voguait avec fierté!
Tu t'en souviens?

ISRAEL.

O jours d'éternelle mémoire!
Que Venise était belle après une victoire!

FALIERO.

Et nous ne mourrons pas sous notre pavillon!

ISRAEL.

Misérable Bertram! parler dans sa prison,
Nous trahir, comme un lâche, à l'aspect des tortures!
Comptez donc sur la foi de ces âmes si pures,
Sur leur sainte ferveur! Et tremblant, indigné,
Le tenant seul à seul, vous l'avez épargné?

FALIERO.

Il pleurait.

ISRAEL.

D'un seul coup j'aurais séché ses larmes.

FALIERO.

Peut-être.

ACTE V, SCÈNE I.

ISRAEL.

Dans mes bras, si j'eusse été sans armes,
J'aurais, en l'étouffant, voulu m'en délivrer :
Mon général sait vaincre, et je sais conspirer.

FALIERO.

Pourquoi tous tes amis n'ont-ils pas ton courage?

ISRAEL.

Ils viennent de partir pour leur dernier voyage.
Strozzi vend nos secrets qu'on lui paie à prix d'or ;
Il vivra. Mais Pietro, je crois le voir encor :
L'œil fier, d'une main sûre et sans reprendre haleine,
Il vide, en votre honneur, sa coupe trois fois pleine,
S'avance, et répétant son refrain familier :
« Que saint Marc soit, dit-il, en aide au gondolier! »
Il s'agenouille alors, il chante, et le fer tombe.

FALIERO.

Nous le suivrons tous deux.

ISRAEL.

Non : pour vous sur ma tombe
Le soleil de Zara doit encor se lever.

FALIERO.

Qu'espères-tu? jamais.

ISRAEL.

Trop lâches pour braver
Le peuple furieux rassemblé dans la place,
De condamner leur père ils n'auront pas l'audace.
Moi, pendant tout un jour qu'ont rempli ces débats,
J'ai su me résigner. Que ferais-je ici-bas?
Je n'ai point de famille et n'ai plus de patrie ;
Mais vous, votre Éléna, votre épouse chérie...

FALIERO, avec douleur.

Israël!...

ISRAEL.

Ah! pardon! ce nom doit vous troubler.
Un marin tel que moi ne sait pas consoler;
Son bon cœur qui l'entraîne a besoin d'indulgence.

FALIERO, après lui avoir serré la main.

Ils reviennent.

ISRAEL, se relevant.

Debout j'entendrai ma sentence.

SCENE II.

FALIERO, ISRAEL, BENETINDE, LIONI, STÉNO,
les Dix, les Membres de la Junte, Gardes.

BENETINDE.

Le crime reconnu, les témoins écoutés,
Tel est l'arrêt des Dix par la Junte assistés :
Israël Bertuccio, sois puni du supplice
Qu'on réserve au forfait dont tu fus le complice.
Meurs : c'est le châtiment contre toi prononcé.
Sur le balcon de marbre où le doge est placé,
Quand des jeux solennels il contemple la fête,
Le glaive de la loi fera rouler ta tête.

ISRAEL.

Est-il prêt? je le suis.

LIONI.

Tu n'as plus qu'un moment :
Un aveu peut encor changer ton châtiment.
Que cherches-tu?

ISRAEL.
Ces mots ont droit de me confondre;
Je cherchais si Bertram était là pour répondre.
LIONI.
Fidèle à son devoir, il a su le remplir.
ISRAEL.
Oui : comme délateur quand doit-on l'anoblir ?
BENETINDE.
Ainsi tu ne veux pas nommer d'autres coupables?
ISRAEL.
Et, si je dénonçais les traîtres véritables,
Périraient-ils ?
BENETINDE.
Ce soir.
ISRAEL.
Je vous dénonce tous.
Finissons : vos bourreaux m'ont lassé moins que vous.
(Il retombe assis.)
BENETINDE, à Faliero.
Le doge en sa faveur n'a-t-il plus rien à dire?
FALIERO.
Chef des Dix, quel que soit l'arrêt que tu vas lire,
J'en appelle.
BENETINDE.
A qui donc?
FALIERO.
A mon peuple ici-bas,
Et dans le ciel à Dieu.
BENETINDE.
Que Dieu t'ouvre ses bras,
C'est ton juge : après nous, tu n'en auras pas d'autre.

FALIERO.
Son tribunal un jour me vengera du vôtre;
(Montrant Sténo.)
Il le doit. Parmi vous je vois un assassin.

BENETINDE.
En vertu de sa charge admis dans notre sein,
A siéger malgré lui Sténo dut se résoudre.

STÉNO.
Doge, un seul vœu dans l'urne est tombé pour t'absoudre.

FALIERO.
Lisez, j'attends.

BENETINDE, d'une voix émue.
  Puissé-je étouffer la pitié
Que réveille en mon cœur une ancienne amitié!
(A Faliero.)
« Toi, noble, ambassadeur, général de Venise,
» Et gouverneur de Rhode à tes armes soumise,
» Duc de Vald-Marino, prince, chef du sénat,
» Toi doge, convaincu d'avoir trahi l'État...
(Passant la sentence à Lioni.)
Achevez, je ne puis.

LIONI.
    » Tu mourras comme traître.
» Maudit sera le jour où tu fus notre maître.
» Tes palais et tes fiefs grossiront le trésor;
» Ton nom disparaîtra, rayé du livre d'or.
» Tu mourras où ton front ceignit le diadème;
» L'escalier des Géants, à ton heure suprême,
» Verra le criminel, par ses pairs condamné,
» Périr où le héros fut par eux couronné.
(Montrant les portraits des doges.)
» Entre nos souverains, contre l'antique usage,

» Tu ne revivras pas dans ta royale image.
» A la place où ton peuple aurait dû te revoir,
» Le tableau sera vide, et sur le voile noir
» Dont la main des bourreaux recouvre leurs victimes,
» On y lira ces mots : Mis à mort pour ses crimes ! »

FALIERO.

Bords sacrés, ciel natal, palais que j'élevai,
Flots rougis de mon sang, où mon bras a sauvé
Ces fiers patriciens qui, sans moi, dans les chaînes,
Rameraient aujourd'hui sur les flottes de Gênes,
De ma voix qui s'éteint recueillez les accents.
Si je fus criminel, sont-ils donc innocents?
Je ne les maudis pas : Dieu lui seul peut maudire.
Mais voici les destins que je dois leur prédire :
Faites pour quelques-uns, les lois sont des fléaux ;
Point d'appuis dans un peuple où l'on n'a point d'égaux.
Seuls héritiers par vous des libertés publiques,
Vos fils succomberont sous vos lois despotiques.
Esclaves éternels de tous les conquérants,
Ces tyrans détrônés flatteront des tyrans.
Leurs trésors passeront, et les vices du père
Aux vices des enfants légueront la misère.
Nobles déshonorés, un jour on les verra,
Pour quelques pièces d'or qu'un juif leur jettera,
Prostituer leur titre, et vendre les décombres
De ces palais déserts où dormiront vos ombres.
D'un peuple sans vigueur mère sans dignité,
Stérile en citoyens dans sa fécondité,
Lorsque Venise enfin, de débauche affaiblie,
Ivre de sang royal, opprimée, avilie,
Morte, n'offrira plus que deuil, que désespoir,

Qu'opprobre aux étrangers, étonnés de la voir;
En sondant ses cachots, en comptant ses victimes,
Ils diront : « Elle aussi, mise à mort pour ses crimes! »

BENETINDE.

Par respect pour ton rang nous t'avons écouté,
Et tant que tu vivras tu seras respecté.
Tu nous braves encor : le peuple te rassure;
Mais autour du palais vainement il murmure.
N'attends rien que de nous; d'une part de tes biens
Tu pourras disposer pour ta veuve et les tiens.
Dis-nous quels sont tes vœux; car ton heure est prochaine;
Parle.

FALIERO.

Laissez-moi seul.

BENETINDE, montrant Israël.

Qu'au supplice on l'entraîne.

ISRAEL. Il s'avance et tombe à genoux devant le doge.

Soldat, je veux mourir béni par cette main
Qui de l'honneur jadis m'a montré le chemin.

FALIERO.

A revoir dans le ciel, mon vieux compagnon d'armes!
Jusqu'à ton dernier jour, toi, qui fus sans alarmes,
Sois sans remords!

(Il se lève.)

Avant de subir ton arrêt,
Embrasse ton ami...

ISRAEL.

Mon prince daignerait...

FALIERO.

Titre vain! entre nous il n'est plus de distance :
Quand la mort est si près l'égalité commence.

(Israël se jette dans les bras du doge.)

ACTE V, SCÈNE IV.

BENETINDE, aux soldats qui entourent Israël.

Allez!
(Aux membres de la Junte.)
Retirons-nous.

SCENE III.

FALIERO.

Qui l'eût pensé jamais?
J'expire, abandonné par tous ceux que j'aimais :
Lui seul ne me doit rien, il m'est resté fidèle.
Mais quoi! de tant d'amis, qui me vantaient leur zèle,
Dont j'ai par mes bienfaits mérité les adieux,
Pas un qui devant moi ne dût baisser les yeux!
Et même dans la tombe où je m'en vais descendre,
Celui qui fut mon fils... Ne troublons pas sa cendre :
Je l'ai béni!... Des biens me sont laissés par eux;
Donnons-les. A qui donc? Pourquoi faire un heureux?
Puis-je y trouver encore une douceur secrète?
Je n'ai pas dans le monde un cœur qui me regrette.

(Il s'assied près de la table et écrit.)

Qu'importe?

SCENE IV.

ÉLÉNA, FALIERO.

ÉLÉNA.

J'ai voulu vous parler sans témoins;
Enfin on l'a permis. Puis-je approcher?

(Le doge ne tourne pas la tête, et reste immobile sans lui répondre.)

Du moins
Répondez.

(Le doge continue de garder le silence.)
Par pitié, daignez me le défendre;
J'entendrai votre voix.
(Même silence du doge.)
M'éloigner sans l'entendre,
Il le faut donc!
(Elle fait un pas pour sortir; revient, se traîne jusqu'auprès de Faliero, saisit une de ses mains, et la baise avec transport.)

FALIERO. Il se retourne, la prend dans ses bras, la couvre de baisers, et lui dit:
Ma fille a tardé bien long-temps!

ÉLÉNA.

O ciel! c'est mon arrêt qu'à vos genoux j'attends.
Celle que vous voyez sous sa faute abattue,
Elle a causé vos maux, c'est elle qui vous tue,
Et vous lui pardonnez!

FALIERO, la relevant.
Qui? moi! je ne sais rien.

ÉLÉNA.

Quoi! vous oubliez tout!

FALIERO.

Non : car je me souvien
Que tu m'as fait aimer une vie importune;
Tes soins l'ont prolongée, et, dans mon infortune,
Tu m'adoucis la mort, je le sens.

ÉLÉNA.

Espérez!
Partout de vos vengeurs ces murs sont entourés.

FALIERO.

Ils ne feront pourtant que hâter mon supplice.

ÉLÉNA.

On n'accomplira pas cet affreux sacrifice :
Ils vont vous délivrer; entendez-vous leurs cris?

ACTE V, SCÈNE IV.

FALIERO.

Je voudrais te laisser l'espoir que tu nourris;
Mais la nuit qui s'approche est pour moi la dernière.
Ne repousse donc pas mon unique prière.

ÉLÉNA.

Ordonnez : quels devoirs voulez-vous m'imposer?
Je m'y soumets.

FALIERO, lui remettant un papier.

Tiens, prends! tu ne peux refuser :
C'est le présent d'adieu d'un ami qui s'absente,
Mais que tu reverras.

ÉLÉNA.

C'en est trop!... Innocente,
J'aurais pu l'accepter; coupable...

FALIERO.

Que dis-tu?
Si c'est un sacrifice, accepte par vertu :
Supporter un bienfait peut avoir sa noblesse.
Sois fière encor du nom qu'un condamné te laisse.
Des monuments humains que sert de le bannir?
De mes travaux passés l'éternel souvenir,
Sur les mers, dans les vents, planera d'âge en âge;
Et jamais nos neveux ne verront du rivage
Les vaisseaux sarrasins blanchir à l'horizon,
Sans parler de ma vie et murmurer mon nom.
Sois fière de tous deux.

ÉLÉNA.

Qu'avec vous je succombe :
Je n'ai plus d'autre espoir.

FALIERO.

Et demain sur ma tombe

Qui donc, si tu n'es plus, jettera quelques fleurs ?
Car tu viendras, ma fille, y répandre des pleurs,
N'est-ce pas ?

ÉLÉNA.

Moi ! grand Dieu !

FALIERO.

Toi, que j'ai tant aimée,
Que j'aime !

ÉLÉNA.

Sans espoir, de remords consumée,
Je vivrai, si je puis, je vivrai pour souffrir.

FALIERO.

Songe à ces malheureux qui viennent de périr ;
Veille sur leurs enfants dont je plains la misère.

ÉLÉNA.

Je prodiguerai l'or.

FALIERO.

Qu'ils te nomment leur mère ;
Fais-moi chérir encor par quelque infortuné.

ÉLÉNA.

Mais je pourrai mourir quand j'aurai tout donné ?...

FALIERO.

Digne de ton époux ; et ton juge suprême,
Indulgent comme lui, pardonnera de même.

(La lueur et le passage des torches qu'on voit à travers les vitraux du fond indiquent un mouvement dans la galerie. Verezza paraît, accompagné de deux affidés qui portent le manteau et la couronne du doge. Faliero leur fait signe qu'il va les suivre, et se place entre eux et Éléna, de manière qu'elle ne puisse les apercevoir.)

J'ai besoin de courage, et j'en attends de toi.
Épargne un cœur brisé.

ACTE V, SCÈNE V.

ÉLÉNA.

C'est un devoir pour moi :
Quand le moment viendra, je serai sans faiblesse.

FALIERO.

Eh bien!... il est venu.

ÉLÉNA, avec désespoir.

Déjà !

FALIERO, la serrant contre son sein.

Tiens ta promesse...
Adieu!

ÉLÉNA.

Jamais! jamais! Non, ne me quittez pas!
Non, non! je veux... j'irai... j'expire dans vos bras.

FALIERO.

Elle ne m'entend plus : elle pâlit, chancelle.
L'abandonner ainsi!... Grand Dieu, veillez sur elle!

(Il la place dans un fauteuil.)

Cette mort passagère a suspendu tes maux :
Adieu, mon Éléna! Froid comme les tombeaux,
Mon cœur ne battra plus quand le tien va renaître;
Mais il meurt en t'aimant.

(Il lui donne un dernier baiser; on le couvre du manteau ducal; il place la couronne sur sa tête, et suit Verezza. Le tumulte s'accroît; on entend retentir avec force ces cris : Faliero! Faliero! Grâce! grâce!)

SCÈNE V.

ÉLÉNA, qui se ranime par degrés.

Je l'obtiendrai peut-être...
Votre grâce... oui... marchons... Ciel! par eux immolé,
Il va périr... Mais non... les cris ont redoublé :
Le peuple au coup mortel peut l'arracher encore.

Dieu clément! c'est leur père! O mon Dieu, je t'implore!
Les portes vont s'ouvrir. Frappez tous; brisez-les!...
La foule a pénétré dans la cour du palais ;
On les force à laisser leur vengeance imparfaite!
Il est sauvé, sauvé! courons...

LIONI, suivi des Dix; il paraît dans la galerie du fond, un glaive d'une main et la couronne ducale de l'autre.

Justice est faite!
(Éléna tombe privée de sentiment.)

FIN DU CINQUIÈME ET DERNIER ACTE.

EXTRAIT
DES CHRONIQUES ITALIENNES
DE MARIN SANUTO.

Le 11 septembre, l'an du Seigneur 1354, Marino Faliero fut élu doge de la république de Venise. Il était déjà chevalier, comte de Valdemarino dans les marches de Trévise, et possédait une grande fortune. L'élection achevée, on résolut dans le grand conseil d'envoyer à Marino Faliero, alors ambassadeur près la cour du saint-père à Rome, une députation de douze membres... le saint-père, lui-même, ayant établi sa résidence à Avignon... Le jour où le doge messer Marino Faliero arriva à Venise, il s'éleva un brouillard épais qui obscurcit le ciel, et il fut obligé de débarquer à la place Saint-Marc, entre les deux colonnes où l'on exécute les malfaiteurs; circonstance qui parut à tous un présage funeste... Je ne dois pas omettre non plus ce que j'ai lu dans une chronique du temps... Lorsque messer Marino Faliero était podestat et capitaine à Trévise, l'évêque se fit attendre un jour de procession. Furieux de ce retard, Marino Faliero frappa l'évêque à la joue, et le renversa presque par terre. C'est en punition de cette offense que le ciel aveugla sa raison, et lui inspira un dessein qui le conduisit à la mort.

Marino Faliero était à peine doge depuis neuf mois, que son ambition lui inspira le désir d'asservir Venise. Voici comment le rapporte une ancienne chronique.

Quand arriva le jeudi auquel on a coutume de faire la course aux taureaux, cette course eut lieu comme d'habitude. Il était alors d'usage qu'après la course on se rendît dans le palais du duc, où l'on passait la soirée avec les dames. La danse se prolongeait jusqu'au son de la première cloche; à la danse succédait une collation, et le duc faisait les dépenses de la fête lorsqu'il etait marié : après le repas chacun retournait chez soi.

Il se trouva à cette soirée un certain ser Michel Sténo, jeune patricien épris d'une des filles de la duchesse. Il était au milieu des dames, quand par hasard il commit une inconvenance ; le duc donna ordre aussitôt de le faire sortir. Ser Michel ne put endurer patiemment un aussi cruel affront. Quand la fête fut terminée, et que tout le monde fut sorti, guidé par son aveugle colère, il entra dans la salle d'audience, s'approcha du siége sur lequel s'asseyait le doge, et écrivit ces mots : *Marino Faliero, mari de la plus belle des femmes : un autre en jouit, et il ne la garde pas moins.* Le lendemain cette insulte devint publique. On cria au scandale, et le sénat indigné ordonna qu'il fût informé sur-le-champ. On promit des sommes considérables à celui qui révélerait le coupable, et enfin on parvint à découvrir que c'était Michel Sténo : le conseil des Quarante commanda de l'arrêter. Amené devant les juges, il avoua qu'il avait écrit ces mots dans son dépit d'être chassé de la fête en présence de sa maîtresse. Le conseil en délibéra ; et prenant en considération sa jeunesse, son amour, son égarement, il le condamna à deux mois de prison, et le bannit pour un an de Venise. Cette sentence, trop douce au gré de la colère du doge, ralluma toute sa fureur ; il crut que le conseil n'avait point agi comme l'exigeait le respect dû à sa dignité et à son rang. Michel Sténo, selon lui, méritait la mort, ou au moins un bannissement perpétuel.

Cet événement décida du sort de Marino Faliero, qui était destiné à avoir la tête tranchée. Il ne faut plus qu'une cause fortuite pour réaliser ce qui est prédit et inévitable. Quelque temps après cette décision du sénat, un gentilhomme de la maison de Barbaro, d'un naturel violent et emporté, alla à l'arsenal demander certaines choses au maître des galères. L'amiral de l'arsenal était présent. En en entendant la demande, il répondit : Non, cela n'est pas possible... Une querelle violente s'engagea entre le gentilhomme et l'amiral, le gentilhomme le frappa du poing dans l'œil. Par malheur il portait une bague au doigt, qui blessa son adversaire. L'amiral ensanglanté courut au palais du doge pour se plaindre et demander justice. — Que voulez-vous que je fasse ?

répondit le duc. Rappelez-vous l'inscription qu'on a gravée sur ma chaise, et la manière dont on a puni Michel Sténo, et jugez par là du respect que le conseil des Quarante a pour notre personne. — Seigneur, lui répondit alors l'amiral, si vous désirez devenir prince et vous délivrer de tous ces vils gentilshommes, je me sens assez de courage pour exécuter ce projet : prêtez-moi votre secours, et dans peu de temps vous serez maître de Venise, et vous pourrez vous venger. — Comment et par quels moyens? lui répondit le duc. — C'est ainsi que la conversation s'engagea sur ce sujet.

Le duc appela son neveu, ser Bertuccio Faliero, qui habitait avec lui dans le palais, et lui fit part du complot; ils envoyèrent aussi chercher Philippe Calendaro, marin d'une grande réputation, et Bertuccio Israëllo, homme très-adroit et rusé. Après une courte délibération, ils convinrent de s'associer plusieurs personnes; les conjurés se réunirent ainsi pendant plusieurs nuits dans le palais du doge. Les personnes qui furent initiées successivement dans le secret étaient Niccolo Fagiudo, Giovanni da Corfu, Stefano Fagiano, Iriccolo dalle Bende, Niccolo Blondo, et Stefano Trevisano. On convint que seize ou dix-sept chefs stationneraient dans les différents quartiers de la ville, mais que leur troupe ne devait pas connaître leur destination; le jour marqué ils devaient exciter çà et là quelque tumulte, pour que le doge eût un prétexte de faire sonner la cloche de Saint-Marc, car cette cloche ne peut jamais sonner que par son ordre; aussitôt les différents chefs et leur bande devaient se diriger sur Saint-Marc, par les rues qui débouchent sur la place, et, au moment où les nobles et les principaux habitants seraient arrivés pour connaître la cause de ce tumulte, les conspirateurs les auraient taillés en pièces, pour proclamer ensuite Marino Faliero seigneur de Venise. Ce plan arrêté, on en fixa l'exécution au mercredi 15 avril 1355 ; et le complot fut conduit avec tant de mystère, que personne n'en eut le plus léger soupçon.

Mais le ciel qui veille sur cette glorieuse cité, et qui, satisfait de la piété et de la droiture de ses habitants, leur a toujours prêté son secours, se servit d'un nommé Beltramo, de Bergame, pour découvrir la conspiration de la manière suivante. Ce Beltramo, qui était au service de Niccolo Lioni de Santo Stefano, connaissait en partie ce qui devait avoir lieu : il alla chez Niccolo Lioni, et lui raconta tout ce qu'il avait appris. Ser Niccolo, en l'entendant, resta comme mort d'étonnement et de terreur. Beltramo, lui ayant tout révélé, le conjura de garder le secret, ajoutant que, s'il lui avait fait cet aveu, c'était afin qu'il ne sortît pas de chez lui le jour désigné, et pour lui sauver la vie. Beltramo allait se retirer, mais ser Niccolo ordonna à ses gens de le saisir et de le garder soigneusement. Il courut aussitôt chez messer Giovanni Gradenigo Nasoni, qui depuis fut nommé doge, et qui habitait aussi à Santo Stefano, et lui raconta tout ce qu'il venait d'apprendre. Cette révélation lui parut de la plus haute importance, et elle l'était en effet. Ils allèrent ensemble chez ser Marco Cornaro, qui habitait à San Felice, et, après lui avoir tout appris, ils retournèrent tous trois chez Niccolo Lioni pour interroger Beltramo. Après l'avoir questionné, et avoir appris de lui tout ce qu'il savait, ils le laissèrent enfermé ; puis ils se rendirent dans la sacristie de San Salvatore, et envoyèrent leurs gens convoquer les conseillers, les avogadori, les chefs du conseil des Dix et ceux du grand conseil.

Lorsque tous furent réunis, on leur fit part de ce qu'on venait d'apprendre. A ce récit, ils restèrent tous glacés d'étonnement et d'horreur; on résolut d'envoyer chercher Beltramo ; ils l'examinèrent, et se convainquirent de la vérité de ce qu'il disait. Aussitôt, malgré le trouble qui agitait l'assemblée, on arrêta les mesures à prendre; on envoya chercher les chefs des Quarante, les officiers de nuit (signori di notte), les capi di sestiere, et les cinque della pace, avec ordre de joindre à leurs gens quelques hommes courageux et éprouvés, qui devaient aller chez les chefs de la conspiration et s'assurer de leurs personnes. On s'assura aussi du chef de l'arsenal pour prévenir toute entreprise de la part des conspirateurs. A l'entrée de la nuit l'assemblée se réunit dans le palais; elle en fit fermer toutes les portes, et envoya ordre au gardien de la tour d'empêcher qu'on ne sonnât la cloche. Tout fut exécuté ponctuellement. Déjà l'on s'était emparé de la personne des conspirateurs, et ils avaient été conduits au palais. Le conseil des Dix, voyant que le doge était du nombre, résolut de s'associer vingt citoyens des plus recommandables pour délibérer sur le parti qu'il fallait adopter, sans toutefois leur donner voix délibérative.

Les conseillers appelés furent : ser Giovanni Mocenigo, du sestiero de San Marco; ser Almoro Veniero de Santa Marina, du sestiero du Castello; ser Tommaso Viadro, du sestiero de Canaregio; ser Giovanni Sanudo, du sestiero de Santa Croce; ser Pietro Trevisano, du sestiero de San Paolo; ser Pantaleone Barbo il Grando, du sestiero d'Ossoduro : les avogadori de la république furent Zufredo Morosini et ser Orio Pasqualigo; ces personnes n'eurent pas voix délibérative. Ceux du conseil des Dix furent ser Giovanni Marcello, ser Tommaso Sanudo, et ser Micheletto Dolfino, chefs de ce conseil; ser Luca da Legge et ser Pietro da Mosto, inquisiteurs du conseil; ser Marco Polani, ser Marino Veniero, ser Lando Lombardo, et ser Nicoletto Trevisano de Sant'Angelo.

Dans la même nuit, et une heure avant que le jour eût paru, l'assemblée nomma une junte composée de vingt nobles de Venise, choisis parmi les plus sages, les plus âgés et les plus considérés. Ils furent appelés à donner leur avis, mais ils n'eurent pas voix délibérative. On en exclut toutes les personnes de la famille de Faliero; Niccolo Faliero et un autre Niccolo Faliero de San Tommaso furent chassés du conseil comme parents du doge. Cette résolution de créer une junte fut généralement approuvée; elle se composa des personnes suivantes : ser Marco Giustiniani, procuratore; ser Andrea Erizzo, procuratore; ser Liosmando Giustiniani, procuratore; ser Andrea Contarini, ser Simone Dandolo, ser Niccolo Volpe, ser Giovanni Loredano, ser Marco Diedo, ser Giovanni Gradenigo; ser Andrea Cornaro, cavaliere; ser Marco Soranzo, ser Rinieri da Mosto, ser Gazano Marcello, ser Marino Morosini, ser Stefano Belegno, ser Niccolo Lioni, ser Filippo Orio, ser Marco Trevisano, ser Jacopo Bragadino, ser Giovanni Foscarini.

Ces vingt personnes furent appelées dans le conseil des Dix. Alors on envoya chercher le doge Marino Faliero; il était dans ce moment dans son palais avec des personnes de la plus haute distinction, qui toutes ignoraient ce qui se passait.

En même temps Bertuccio Israëllo, l'un des chefs de la conspiration, et qui était chargé de guider les conjurés dans Santa

Croce, fut arrêté, chargé de fers et conduit devant le conseil. Zanello del Brin, Nicoletto di Rosa, Nicoletto Alberto, et le guardiaga, furent pris également ainsi que plusieurs marins et plusieurs citoyens de divers rangs : on les interrogea, et dès lors l'existence du complot ne fut plus douteuse.

Le 16 avril, le conseil des Dix rendit un jugement qui condamna Filippo Calendaro et Bertuccio Israëllo à être pendus aux piliers du balcon du palais, ce même balcon du haut duquel les doges ont coutume d'assister aux courses de taureaux ; et ils furent exécutés avec un bâillon dans la bouche.

Le lendemain on condamna les personnes suivantes : Niccolo Zuccuolo, Nicoletto Blondo, Nicoletto Doro, Marco Giuda, Jacomello Dagolino ; Nicoletto Fedele, le fils de Filippo Calendaro ; Marco Torello, dit Israëllo ; Stefano Trevisano, le changeur de Santa Margherita, et Antonio dalle Bende ; ils furent tous pris à Chiozza, car ils avaient tenté de s'échapper. En exécution de la sentence du conseil des Dix, ils furent pendus les jours suivants, les uns seuls, les autres deux par deux, aux colonnes du palais, en commençant au pilier rouge, et ainsi de suite tout le long du canal. Les autres prisonniers furent acquittés par ce motif que, quoiqu'ils eussent été compris dans la conspiration, cependant ils n'y avaient pas pris part. Plusieurs des chefs leur avaient dit qu'il s'agissait du service de l'État, et de s'assurer de quelques criminels, sans leur rien apprendre de plus. Nicoletto Alberto, le guardiaga et Bartolommeo Ciricolo et son fils, ainsi que plusieurs autres qui n'étaient pas coupables, furent acquittés.

Le vendredi 16 avril, le conseil des Dix rendit un jugement qui condamna le doge Marino Faliero à avoir la tête tranchée, et ordonna que l'exécution aurait lieu sur le palier de l'escalier de pierre où les doges prêtent leur serment en entrant en charge. Le lendemain, les portes du palais étant fermées, le doge fut exécuté environ vers le midi. Son bonnet de doge lui fut ôté lorsqu'il arriva au palier de l'escalier ; l'exécution achevée, on dit qu'un membre du conseil des Dix s'avança vers les colonnes extérieures du palais qui donnent sur la place Saint-Marc, et qu'il montra au peuple l'épée toute sanglante, en prononçant ces mots à haute voix : « Le traître a subi son jugement. » Aussitôt les portes s'ouvrirent, et le peuple se précipita dans le palais pour voir les restes de l'infortuné Marino.

Il est à remarquer que le conseiller ser Giovanni Sanudo n'assista pas à ce jugement, mais qu'il était retenu chez lui par maladie; ainsi il n'y eut que quatorze votants, savoir, cinq conseillers et les neuf membres du conseil des Dix. Toutes les terres et tous les châteaux du doge, ainsi que ceux des conjurés, furent confisqués au profit de la république. Le conseil des Dix accorda seulement au doge, à titre de grâce, la permission de disposer de deux mille ducats. On décida en outre que tous les conseillers et les avogadori, les membres du conseil des Dix, et ceux de la junte qui avaient concouru à la condamnation du doge et des autres conjurés, auraient le privilége de porter jour et nuit des armes dans Venise et depuis Grado jusqu'à Cavazere, et d'avoir deux valets pareillement armés, pourvu que les valets habitassent dans leur maison; ceux qui n'avaient pas deux valets à leur service pouvaient transférer ce privilége à leurs fils ou à leurs frères, mais à deux d'entre eux seulement. La même permission fut aussi accordée aux quatre notaires de la chancellerie ou cour suprême, qui reçurent les dépositions; ces notaires étaient Amedio, Nicoletto di Lorino, Steffanello et Pietro de Compostelli, secrétaires des signori di notte.

Après l'exécution des conjurés et du doge, la république jouit d'une paix profonde. Une ancienne chronique rapporte que le corps du doge fut placé dans une barque avec huit torches allumées, et conduit à son tombeau, dans l'église de San Giovannie Paolo, où il fut enseveli. Cette tombe est maintenant placée au milieu de la petite église de Santa Maria della pace, qu'a fait bâtir l'évêque Gabriel de Bergame : c'est un cercueil de pierre sur lequel sont gravés ces mots : *Hic jacet Dominus Marinus Faletro dux*. Son portrait ne se trouve pas dans la salle du grand conseil; mais à la place qu'il devait occuper, on lit cette inscription : *Hic est locus Marini Faletro, decapitati pro criminibus*. On croit que sa maison fut donnée à l'église de Sant' Apostolo : c'est ce grand bâtiment qui s'élève près du pont; mais cette opinion est mal fondée, à moins que ses descendants ne l'aient rachetée depuis, car cette maison appartient toujours à la famille Faliero. Je ne puis m'empêcher de rapporter ici que plusieurs voulaient graver à la place destinée au portrait du doge l'inscription suivante : *Marinus Faletro dux; temeritas me cepit, pœnas lui, decapitatus pro criminibus.* On avait aussi composé ce distique pour inscrire sur sa tombe :

Dux Venetum jacet hic, patriam qui prodere tentans
Sceptra, decus, censum perdidit, atque caput.

EXTRAIT

DE L'HISTOIRE DE VENISE,

PAR M. LE COMTE DARU.

On donna pour successeur à Dandolo Marin Falier, de l'une des plus anciennes maisons de Venise, qui avait déjà donné deux doges à la république, Vital Falier en 1082, et Ordelafe, mort en combattant les Hongrois, en 1117. Après avoir occupé les principales dignités de la république, Marin Falier, déjà presque octogénaire, se trouvait en ambassade à Rome lorsqu'il apprit son élection. Le changement qui venait de s'opérer dans l'organisation du conseil ne portait aucune nouvelle atteinte à l'autorité personnelle du doge, déjà fort restreinte par les règlements antérieurs.

L'élévation de Falier sur le trône ducal paraissait terminer glorieusement une longue carrière. Venise ne devait pas s'attendre à voir son prince à la tête d'une conjuration.

Nées ordinairement d'une ambition trompée, les conjurations sont dirigées contre les dépositaires du pouvoir, par ceux qui s'en voient exclus. Elles sont préparées par de longues haines, concertées entre des hommes qui ont des intérêts communs. On n'y trouve guère ni vieillards, parce qu'ils sont circonspects et timides, ni jeunes gens, parce qu'ils sont peu capables de dissimulation.

Celle que j'ai à raconter s'écarte de tous ces caractères. Elle fut entreprise par un homme qui, parvenu à la première dignité de sa patrie et à l'âge de quatre-vingts ans, n'avait rien à regretter dans le passé, rien à attendre de l'avenir; et ce vieillard était un doge ému par un sujet frivole, s'alliant, pour exterminer la noblesse, à des inconnus, au premier mécontent que le hasard lui avait présenté.

Un autre doge, trente ans auparavant, s'était fait un point d'honneur d'arracher au peuple le peu de pouvoir qui lui restait. Celui-ci conspira avec des hommes de la dernière classe contre les citoyens éminents; mais sans intérêt, sans plan, sans moyens : tant la passion est aveugle, imprévoyante dans ses entreprises.

Les négociations qui suivirent le désastre de la flotte de Pisani avaient rempli les premiers moments de l'administration du nouveau doge, et il avait eu du moins la consolation de signer la trêve qui rendait le repos à sa patrie.

Il donnait un bal le jeudi gras à l'occasion d'une solennité : un jeune patricien, nommé Michel Sténo, membre de la quarantie criminelle, s'y permit, auprès d'une des dames qui accompagnaient la dogaresse, quelques légèretés que la gaieté du bal et le mystère du masque rendaient peut-être excusables. Le doge, soit qu'il fût jaloux plus qu'il n'est permis de l'être à un vieillard, soit qu'il fût offensé de cet oubli du respect dû à sa cour, ordonna qu'on fît sortir l'insolent qui lui avait manqué. Falier était d'un caractère naturellement violent.

Le jeune homme, en se retirant, le cœur ulcéré de cet affront, passa par la salle du conseil et écrivit sur le siége du doge ces mots injurieux pour la dogaresse et pour son époux : *Marin Falier a une belle femme, mais elle n'est pas pour lui.*

Le lendemain, cette affiche fut un grand sujet de scandale. On informa contre l'auteur, et on eut peu de peine à le découvrir. Sténo, arrêté, avoua sa faute avec une ingénuité qui ne désarma point le prince, ni surtout l'époux offensé. Falier s'oublia jusqu'à manifester un ressentiment qui ne convenait ni à sa gravité, ni à la supériorité de son rang, ni à son âge.

Il ne demandait rien moins que de voir renvoyer cette affaire au conseil des Dix, comme un crime d'État; mais on jugea autrement de son importance; on eut égard à l'âge du coupable, aux circonstances qui atténuaient sa faute, et on le condamna à deux mois de prison que devait suivre un an d'exil.

Une satisfaction si ménagée parut au doge une nouvelle injure. Il éclata en plaintes qui furent inutiles. Malheureusement le jour même il vit venir à son audience le chef des patrons de l'arsenal, qui, furieux, le visage ensanglanté, venait demander justice d'un patricien qui s'était oublié jusqu'à le frapper. « Comment veux-tu » que je te fasse justice? lui répondit le doge, je ne puis pas l'ob- » tenir pour moi-même. — Ah! dit le patron dans sa colère, il ne » tiendrait qu'à nous de punir ces insolents. » Le doge, loin de réprimander le plébéien qui se permettait une telle menace, le questionna à l'écart, lui témoigna de l'intérêt, de la bienveillance même, enfin l'encouragea à tel point, que cet homme, attroupant quelques-uns de ses matelots, se montra dans les rues avec des armes, annonçant hautement la résolution de se venger du noble qui l'avait offensé.

Celui-ci se tint renfermé chez lui et écrivit au doge pour réclamer la sûreté qui lui était due. Le patron fut mandé devant la seigneurie; le prince le réprimanda sévèrement, le menaça de le faire pendre, s'il s'avisait d'attrouper la multitude, ou de se permettre des invectives contre un patricien, et le renvoya en lui ordonnant, s'il avait quelques plaintes à former, de les porter devant les tribunaux.

La nuit étant venue, un émissaire alla trouver cet homme qui se nommait Israël Bertuccio, l'amena au palais et l'introduisit mystérieusement dans un cabinet où était le prince avec son neveu Bertuce Falier.

Là, l'irascible vieillard écouta avec complaisance tous les emportements et tous les projets de vengeance du patron, lui demanda ce qu'il pensait des dispositions des hommes de sa classe, quelle était son influence sur eux, combien il pourrait en ameuter, quels étaient ceux dont on espérait se servir le plus utilement. Bertuccio indiqua un sculpteur, d'autres disent un ouvrier de l'arsenal, nommé Philippe Calendaro; on le fit venir à l'instant même, ce qui prouve à quel excès d'imprudence la colère peut entraîner. Un doge de quatre-vingts ans passa une partie de la nuit en conférence avec deux hommes du peuple, qu'il ne connaissait pas la veille, discutant les moyens d'exterminer la noblesse vénitienne.

Il était difficile qu'on soupçonnât un pareil complot : les conférences pouvaient se multiplier sans être remarquées; cependant il n'y en eut pas un grand nombre; car les conjurés se jugèrent, au bout de quelques jours, en état de mettre à exécution cette grande entreprise. Il fut convenu qu'on choisirait seize chefs, parmi les populaires les plus accrédités; qu'on les engagerait à prêter main-forte, pour un coup de main d'où dépendait le salut de la république; qu'ils se distribueraient les différents quartiers de la ville, et que chacun s'assurerait de soixante hommes intrépides et bien armés. Ainsi c'était un millier d'hommes qui devait renverser le gouvernement d'une ville si puissante; cela prouve qu'il n'y avait pas alors de forces militaires dans Venise. On arrêta que le signal serait donné au point du jour par la cloche de Saint-Marc : à ce signal les conjurés devaient se réunir, en criant que la flotte génoise arrivait à la vue de Venise, courir vers la place du palais, et massacrer tous les nobles à mesure qu'ils arriveraient au conseil. Quand tous les préparatifs furent terminés, on arrêta que l'exécution aurait lieu le 15 d'avril.

La plupart de ceux qu'on avait engagés dans cette affaire ignoraient quel en était l'objet, le plan, le chef, et quelle devait en être l'issue. On avait été forcé d'initier plus avant ceux qui devaient diriger les autres. Un Bergamasque, nommé Bertrand, pelletier de sa profession, voulut préserver un noble, à qui il était dévoué, du sort réservé à tous ses pareils. Il alla trouver, le 14 avril au soir, le patricien Nicolas Lioni, et le conjura de ne pas sortir de chez lui le lendemain, quelque chose qui pût arriver. Ce gentilhomme, averti par cette espèce de révélation, d'un danger qui devait menacer beaucoup d'autres personnes, pressa le conjuré de questions, et n'en obtint que des réponses mystérieuses, accompagnées de la prière de garder le plus profond silence. Alors Lioni se détermina à se rendre maître de Bertrand jusqu'à ce que celui-ci eût dit tout son secret; il le fit retenir, et lui déclara que la liberté ne lui serait rendue qu'après qu'il aurait pleinement expliqué le motif du conseil qu'il avait donné.

Le conjuré, qu'une bonne intention avait conduit auprès du patricien, sentit qu'il en avait déjà trop dit, et qu'il ne lui restait plus qu'à se faire un mérite d'une révélation entière. Il ne savait probablement pas tout, mais ce qu'il révéla suffit pour faire voir à Lioni qu'il n'y avait pas un moment à perdre.

DE L'HISTOIRE DE VENISE. 275

Celui-ci courut chez le doge pour lui communiquer sa découverte et ses craintes. Falier feignit d'abord de l'étonnement; puis il voulut paraître avoir déjà connaissance de cette conspiration, et la juger peu digne de l'importance qu'on y attachait. Ces contradictions étonnèrent Lioni; il alla consulter un autre patricien, Jean Gradenigo; tous deux se transportèrent ensuite chez Marc Cornaro; et enfin ils vinrent ensemble interroger Bertrand, qui était toujours retenu dans la maison de Lioni.

Bertrand ne pouvait dire jusqu'où s'étendaient les liaisons et les projets des conjurés; mais il ne pouvait ignorer que le patron Bertuccio et Philippe Calendaro y avaient une part considérable, puisque c'était par eux qu'il avait été entraîné dans le complot.

Les trois patriciens que je viens de nommer convoquèrent aussitôt, non dans le palais ducal, mais au couvent de Saint-Sauveur, les conseillers de la seigneurie, les membres du conseil des Dix, les avogadors, les chefs de la quarantie criminelle, les seigneurs de nuit, les chefs des six quartiers de la ville, et les cinq juges de paix.

Cette assemblée envoya sur-le-champ arrêter Bertuccio et Calendaro. Ils furent appliqués l'un et l'autre à la torture. A mesure qu'ils nommaient quelque complice, on donnait des ordres pour s'assurer de sa personne. Lorsqu'ils révélèrent que la cloche de Saint-Marc devait donner le signal, on envoya une garde dans le clocher pour empêcher de sonner. Il était naturel que les coupables cherchassent à atténuer leur faute en nommant leur chef: on apprit avec étonnement que le doge était à la tête de la conjuration.

Cette nuit même Bertuccio et Calendaro furent pendus devant les fenêtres du palais; des gardes furent placés à toutes les issues de l'appartement du doge. Huit des conjurés, qui s'étaient échappés vers Chiozza, furent arrêtés et exécutés après leur interrogatoire.

La journée du 15 fut employée à l'instruction du procès du doge. Le conseil des Dix, dont une pareille cause relevait si haut l'importance, demanda que vingt patriciens lui fussent adjoints pour le jugement d'un aussi grand coupable. Cette assemblée, qu'on nomma la *Giunta*, fit comparaître le doge, qui, revêtu des marques de sa dignité, vint, dans la nuit du 15 au 16 avril, subir son interrogatoire et sa confrontation. Il avoua tout.

Le 16, on procéda à son jugement; toutes les voix se réunirent pour son supplice.

Le 17, à la pointe du jour, les portes du palais furent fermées; on amena Marin Falier au haut de l'escalier des Géants, où les doges reçoivent la couronne; on lui ôta le bonnet ducal en présence du conseil des Dix. Un moment après, le chef de ce conseil parut sur le grand balcon du palais, tenant à la main une épée sanglante, et s'écria : « Justice a été faite du traître. » Les portes furent ouvertes, et le peuple, en se précipitant dans le palais, trouva la tête du prince roulant sur les degrés.

Dans la salle du grand conseil, où sont tous les portraits des doges, un cadre voilé d'un crêpe fut mis à l'endroit que devait occuper celui-ci, avec cette inscription : *Place de Marin Falier, décapité.*

Pendant quelque temps on continua les recherches contre ceux qui avaient trempé dans la conjuration. Il y en eut plus de quatre cents de condamnés à la mort, à la prison ou à l'exil. Le pelletier Bertrand réclamait la récompense qu'il croyait due à sa révélation; il eut l'insolence de demander un palais et un comté que Marin Falier possédait, une pension de douze cents ducats, et enfin l'entrée du grand conseil, c'est-à-dire le patriciat pour lui et sa postérité.

De tout cela on ne lui accorda qu'une pension de mille ducats réversible à ses enfants, et il en témoigna si haut son mécontentement qu'on fut obligé de l'exiler à son tour; mais telle était l'idée qu'on avait de cette nature de services, et telle était la politique du gouvernement pour les encourager, que le conseil fut sur le point d'admettre ce dénonciateur au nombre des patriciens.

EXAMEN CRITIQUE
DE MARINO FALIERO.

On connaît la destinée singulière de cette tragédie. Composée pour le Théâtre-Français, où elle avait été reçue par acclamation, quelques plaintes s'élevèrent sur la distribution des rôles. Fatigué des contrariétés qui pouvaient ajourner indéfiniment la représentation, M. Casimir Delavigne retira son ouvrage ; et, en jetant un coup d'œil de regret sur le beau rôle d'Éléna, qu'il avait confié à mademoiselle Mars, il se demanda où il porterait son *Faliero*. Le théâtre de la Porte-Saint-Martin fut choisi.

Ainsi, un théâtre du boulevard fut accidentellement érigé en second Théâtre-Français !

Le sujet de *Marino Faliero* est connu. Déjà mis en scène, mais sans aucun succès, au Théâtre-Français, déjà mélodramatisé, dans la rigoureuse acception du mot, à ce même théâtre de la Porte-Saint-Martin, il nous est devenu plus familier encore par l'*Histoire de Venise* de M. Daru, et par la tragédie de lord Byron. Le sujet est simple ; je veux dire que, tout extraordinaire, tout effrayante qu'en soit la catastrophe, il est chargé de très-peu d'incidents. Le chef d'une république, le doge de Venise, âgé, ou, pour parler comme Voltaire, chargé de quatre-vingts ans, conspire le bouleversement de l'État et l'égorgement de tout le patriciat vénitien. Il associe à ses desseins ce qu'il y a de plus vil et de plus méprisable dans la ville qu'il gouverne. Son motif est aussi puéril que les suites doivent en être sanglantes. Un jeune noble s'est permis de tracer sur le fauteuil du doge quelques lignes injurieuses à la vertu de sa jeune et innocente épouse. Un arrêt des Quarante condamne le coupable à deux mois de prison et à une année d'exil, faible réparation d'un outrage qui, aux yeux du doge, ne pouvait être expié que par le sang. De là sa colère, de là le projet d'une vengeance aussi atroce qu'extravagante. Le complot est découvert de la même manière que le fut depuis à Londres la conspiration des poudres. L'un des conjurés prévient un sénateur, dont il était le client et l'obligé, de ne pas se rendre le lendemain au palais de Saint-Marc, quand même il entendrait sonner la cloche d'alarme. Cette indication met sur la voie, et bientôt, à l'aide des recherches et des tortures, la conjuration est à jour. Le doge est arrêté ; on lui fait son procès ; il est décapité sur le lieu même où il avait revêtu les insignes de la souveraineté ; et sur la muraille où devait figurer un jour son image entre celles des doges ses prédécesseurs, et des doges qui lui succéderaient, il fut ordonné qu'il serait étendu un voile noir, sur lequel on lirait cette inscription : *Hic est locus Marini Faletro, decapitati pro criminibus :* « C'est ici la place de Marino Faletro (ou Faliero), décapité pour ses crimes. »

Voici, si je ne me trompe, ce qui rend un pareil sujet fort difficile à transporter sur la scène. Règle générale, il n'est rien de plus froid qu'une conspiration politique. Autant elle intéresse dans l'histoire, autant elle paraît froide au théâtre, qui ne vit que de passions tumultueuses, d'émotions violentes, et en quelque sorte individuelles, et où chaque spectateur aime à trouver, de préférence à tout, la corde qui répond à ses sympathies particulières. Une conspiration est un fait en dehors de la vie commune. Il est utile, pour les hommes d'État, de savoir comment s'y prennent les conspirateurs ; il est bon de rappeler aux chefs des nations qu'il n'est point d'intérêts, si faibles en apparence, que la politique ne leur ordonne de ménager ; et il est bon qu'ils fassent entrer dans la sphère de leurs calculs et de leurs prévoyances, que la position la plus élevée, ainsi que la situation la plus vile de la société, peut devenir, suivant les circonstances, le siége ou le foyer d'une conjuration formidable. Mais ce n'est point au parterre ou dans les loges que les hommes d'État ont à faire ces sortes d'études, c'est dans leur cabinet, et sous les yeux de Tacite, de Machiavel et de Montesquieu. Pour le public du théâtre, il lui faut quelque chose de plus chaud, de plus entraînant, de plus animé. Il va là pour sentir, et non pour raisonner.

Voyez le *Faliero* de lord Byron. Certes, ce n'est point le feu poétique qui manque d'ordinaire à ce poète célèbre; mais, dans son triste drame, lord Byron s'est traîné à la remorque des annalistes italiens. Les détails de sa tragédie sont attachants, mais à l'exception de son Angiolina, la femme du doge, qu'il a embellie de tous les attraits de la jeunesse et de la vertu, ses personnages ne sont ni plus vivement colorés, ni plus expressifs que ceux de l'histoire. Cette Angiolina même, dont le nom semble emprunté de ses qualités angéliques, serait divine dans une élégie; dans un drame, sa perfection est un défaut. Par son âge et par la pureté de son âme, elle contraste avec le caractère fougueux d'un époux octogénaire; mais ce contraste, il faut le dire, n'a rien de saillant, de vigoureux, de pittoresque. On plaint Angiolina, mais on est faiblement ému. L'événement a justifié l'arrêt prononcé d'avance par la critique. Après la mort de lord Byron, et contre sa défense expresse, son *Faliero* fut joué sur un des théâtres de Londres, et la représentation n'en put être achevée. John Bull veut être remué fortement. Il demande des tragédies à l'eau forte, et il brisa, sans scrupule, la bouteille d'eau de roses qu'on avait essayé de lui servir.

Cette leçon n'a pas été perdue pour M. Casimir Delavigne. Maître absolu du caractère de la femme du doge, sur laquelle l'histoire n'a pas cru devoir s'expliquer, il a pris le contrepied de lord Byron, et il a eu de quoi s'en applaudir. Son Éléna, nom poétiquement plus commode que celui d'Angiolina, est devenue, sous sa plume énergique et brillante, une épouse coupable et adultère. De cette simple transmutation, le poète français a tiré un effet prodigieux, et l'élément le plus incontestable du succès dont sa tragédie a été couronnée. Il a supposé qu'un neveu du doge, Fernando Faliero, l'unique héritier du nom de cette famille illustre, était l'auteur du déshonneur de son oncle, et par là se trouve expliquée la part qu'il prend au ressentiment du doge contre l'inscription outrageante dont celui-ci a à se plaindre. Il lui est impossible de pardonner à Sténo une attaque d'autant plus offensante, que la conscience de Fernando lui en reproche la justice et la vérité. Il cherche Sténo, il le rencontre, il se bat, est vaincu, et expire entre les bras du doge, dont cette mort porte au plus haut degré l'irritation et la fureur. Le malheureux vieillard voit expirer, sous le fer d'un patricien insolent, le dernier rejeton de sa famille. Toute sa postérité est ensevelie dans la tombe de Fernando. Que lui reste-t-il à craindre? qu'a-t-il désormais à ménager? Quelques jours de plus à ajouter à ceux que la nature lui a ménagés, peuvent-ils entrer dans la balance avec les intérêts de sa vengeance? C'est ici un artifice de poète, auquel on ne peut donner trop d'éloges; car l'essentiel et le difficile tout ensemble était de satisfaire le spectateur sur les causes qui précipitèrent le doge dans l'abîme de l'infamie et du malheur. Ajoutons que nous devons des beautés d'un autre genre à la faute d'Éléna. Nous la voyons, accablée du poids des remords, se relever par un aveu déchirant de l'humiliation où son crime l'a plongée. Cet aveu produit aussi, dans l'âme du vieillard, des mouvements sublimes de générosité et de grandeur d'âme. Nous trouvons là ce qui constitue la tragédie, la pitié et la terreur; et en pardonnant à Éléna, comme son mari lui a pardonné, nous sommes obligés de nous écrier : o *felix culpa!* ô faute heureuse! sans laquelle peut-être la tragédie de M. Casimir Delavigne n'eût pas été plus fortunée que celle de lord Byron.

LOUIS XI,

TRAGÉDIE EN CINQ ACTES,

REPRÉSENTÉE POUR LA PREMIÈRE FOIS, A PARIS, SUR LE THÉATRE-FRANÇAIS, LE 11 FÉVRIER 1832.

« . . . . Il y a quatre ou cinq jours que passant devant
» la maison d'un de mes compagnons, je le voulus visiter : et
» après avoir faict quelques tours dans sa sale, je demande de
» voir son estude. Soudain que nous y sommes entrés, je trouve
» sur son pulpitre un vieux livre ouvert. Je m'enquiers de luy de
» quoi il traitoit, il me respond que c'estoit l'histoire du Roy
» Louys onzième, que l'on appelloit la mesdisante. Je la luy de-
» mande d'emprunt, comme celle que je cherchois, il y avoit long-
» temps, sans la pouvoir recouvrer. Il me la preste. Hé! vraye-
» ment (dy-je lors) je suis amplement satisfaict de la visitation
» que j'ay faicte de vous. Ainsi fusse-je promptement payé de
» tous ceux qui me doivent. J'emporte le livre en ma maison, je
» le lis et digère avec telle diligence que je fais les autres. En un
» mot, je trouve que c'estoit une histoire, en forme de papier
» journal, faicte d'une main peu industrieuse, mais diligente et
» non partiale, qui n'oublioit rien de tout ce qui estoit remarquable
» de son temps. Tellement qu'il me sembla qu'il n'y avoit que les
» mesdisans qui la puissent appeler mesdisante. Appelez-vous
» mesdisance en un historiographe, quand il vous estale sur son
» papier la vérité toute nüe? Nul n'est blessé que par soy-mesme.
» Le premier scandale provient de celuy qui faict le mal, et non
» de celuy qui le raconte.

» Je trouve en ce Roy un esprit prompt, remuant et versatil,
» fin et feint en ses entreprises, léger à faire des fautes, qu'il ré-
» paroit tout à loisir au poix de l'or, prince qui savoit par belles

» promesses donner la muse à ses ennemis, et rompre tout d'une
» suite, et leurs cholères, et leurs desseins : impatient de repos,
» ambitieux le possible, qui se joüoit de la justice selon que ses
» opinions luy commandoyent, et qui pour parvenir à son but
» n'espargnoit rien ny du sang, ny de la bource de ses sujets ; et
» ores qu'il fit contenance d'estre plein de religion et de piété, si
» en usoit-il tantost selon la commodité de ses affaires, tantost
» par une superstition admirable ; estimant luy estre toutes choses
» permises, quand il s'estoit acquitté de quelque pellerinage. Brief
» plein de volontés absoliies, par le moyen desquelles, sans co-
» gnoissance de cause, il appointoit et desappointoit tels officiers
» qu'il luy plaisoit : et sur ce mesme moule se formoit quelquefois
» des fadaises et sottises dont il ne vouloit estre dédit.

» A manière que se trouvant tous ces mélanges de bien et mal
» en un sujet, ce n'est point sans occasion que ce roy ayt esté
» extollé par quelques-uns, et par les autres vituperé. Voyla ce
» que j'ay pu recueillir en brief de toutes ses actions.

» Je voy au bout de tout cela un jugement de Dieu, qui courut
» miraculeusement dessus luy, car tout ainsi que cinq ou six ans
» auparavant son advènement à la couronne, il avoit affligé le Roy
» son père, et qu'il se bannit de la présence de luy, ayant choisi
» pour sa retraite le duc de Bourgogne, qui estoit en mauvais
» mesnage avec nous, aussi sur son vieil âge fut-il affligé, non par
» son fils, ains par soy-mesmes, en la personne de son fils, qui
» n'estoit encores capables pour sa grande jeunesse de rien atten-
» ter contre l'Estat de son père. Tellement que pour le rendre
» moins habile aux affaires, il ne voulut qu'en son bas âge il fust
» institué aux nobles exercices de l'esprit · et encores le confina
» au chasteau d'Amboise, l'esloignant en ce qui luy estoit possible
» de la vue de sa cour. Davantage ayant excessivement affligé son
» peuple en tailles, aydes et subsides extraordinaires, et tenu les
» princes et seigneurs en grandes craintes de leurs vies, ainsi que
» l'oiseau sur la branche. (Car nul ne se pouvoit dire assuré, ayant
» affaire avec un prince infiniment diversifié.)

» Aussi, sur le déclin de son âge, commença-t-il à se desfier de
» tous ses principaux sujets, et n'y avoit rien qui l'affligeast tant
» que la crainte de la mort ; faisant ès recommandations de l'Église

» plus prier pour la conservation de sa vie que de son âme. C'est
» la plus belle philosophie que je rapporte de son histoire. Je di-
» rois volontiers que les historiographes se donnent la loy de faire
» le procès aux princes : mais il faut que je passe plus outre et
» ajoute, que les princes se le font à eux-mesmes. Dieu les mar-
» telle de mille tintoins qui sont autant de bourreaux en leurs
» consciences. Ce roy qui avoit faict mourir tant de gens, ainsi que
» sa passion luy en dictoit les mémoires, par l'entremise de Tris-
» tan l'hermite, luy-mesme estoit son triste prévost, mourant
» d'une infinité de morts le jour avant que de pouvoir mourir,
» estant entré en une générale desfiance de tout le monde. Ceste-
» cy est une belle leçon que je souhaite estre empreinte aux cœurs
» des Roys, à fin de leur enseigner de mettre frain et modestie en
» leurs actions. Commines fera son profit de la vie de ce roy pour
» montrer avec quelle dextérité il sut avoir le dessus de ses en-
» nemis : et de moy toute l'utilité que j'en veux rapporter sera,
» pour faire entendre comme Dieu sçait avoir le dessus des roys
» quand il veut les chastier. Adieu. »

Lettre d'Estienne Pasquier
a M. de Tiard, seigneur de Bissy.

PERSONNAGES.

LOUIS XI.
LE DAUPHIN.
LE DUC DE NEMOURS.
COMMINE.
COITIER, médecin du roi.
FRANÇOIS DE PAULE.
OLIVIER-LE-DAIM.
TRISTAN, grand prévôt.
MARIE, fille de Commine.
LE COMTE DE LUDE.
LE CARDINAL D'ALBY.
LE COMTE DE DREUX.
LE DUC DE CRAON.
MARCEL, paysan.
MARTHE, sa femme.
RICHARD, } paysans.
DIDIER,
CRAWFORD.
Clergé.
Chatelaines.
Chevaliers.
Deux Écossais.
Un marchand.
Un héraut.
Un officier de la chambre.
Un officier du chateau.

LOUIS XI,

TRAGÉDIE.

ACTE PREMIER.

Une campagne; le château du Plessis au fond sur le côté; quelques cabanes éparses. Il fait nuit.

SCÈNE I.

TRISTAN, RICHARD, GARDES.

TRISTAN, à Richard.

Ton nom?

RICHARD.

Richard le pâtre.

TRISTAN.

Arrête; et ta demeure?

RICHARD, montrant sa cabane.

J'en sors.

TRISTAN.

Le roi défend de sortir à cette heure.

RICHARD.

J'allais, pour assister un malade aux abois,
Chercher le desservant de Saint-Martin-des-Bois.

TRISTAN.

Rentre, ou les tiens verront avant la nuit prochaine
La justice du roi suspendue à ce chêne.

RICHARD.

Mon fils...

TRISTAN.

Rentre!

RICHARD.

Il se meurt.

TRISTAN.

Tu résistes, je croi!
Obéis, ou Tristan...

RICHARD, avec terreur, en regagnant sa cabane.

Dieu conserve le roi!

SCENE II.

TRISTAN, GARDES.

UNE VOIX DE L'INTÉRIEUR.

Qui vive?

TRISTAN.

Grand prévôt!

LA MÊME VOIX.

Garde à vous, sentinelle!
Et vous, archers, à moi!

UN OFFICIER, qui sort du château à la tête de plusieurs soldats.

Le mot d'ordre?

TRISTAN, à voix basse.

Fidèle!

L'OFFICIER, de même.

France!

(Ils entrent dans le château.)

SCENE III.

COMMINE. Il tient un rouleau de parchemin.

(Il s'assied au pied d'un chêne. Le jour commence.)

Reposons-nous sous cet ombrage épais ;
Ce travail a besoin de mystère et de paix.
Calme heureux! aucun bruit ne frappe mon oreille,
Hors le chant des oiseaux que la lumière éveille,
Et le cri vigilant du soldat écossais
Qui défend ces créneaux et garde un roi français.
Je suis seul, relisons : du jour qui vient de naître
Cette heure m'appartient; le reste est à mon maître.
   (Il ouvre le manuscrit.)
Mémoires de Commine!... Ah! si les mains du roi
Déroulaient cet écrit, qui doit vivre après moi,
Où chacun de ses jours, recueilli pour l'histoire,
Laisse un tribut durable et de honte et de gloire,
Tremblant, on le verrait, par le titre arrêté,
Pâlir devant son règne à ses yeux présenté.
De vices, de vertus quel étrange assemblage!
   (Il lit; le médecin Coitier passe au fond de la scène, le regarde et entre dans la cabane de Richard.)
   (Interrompant sa lecture.)
Là, quel effroi honteux! là, quel brillant courage!
Que de clémence alors, plus tard que de bourreaux!
Humble et fier, doux au peuple et dur aux grands vassaux,
Crédule et défiant, généreux et barbare,
Autant il fut prodigue, autant il fut avare.
   (Il passe à la fin du manuscrit.)
Aujourd'hui quel tableau! Je tremble en décrivant
Ce château du Plessis, tombeau d'un roi vivant,

Comme si je craignais qu'un vélin infidèle
Ne trahît les secrets que ma main lui révèle.
Captif sous les barreaux dont il charge ces tours,
Il dispute à la mort un reste de vieux jours;
Usé par ses terreurs, il se détruit lui-même,
S'obstine à porter seul un pesant diadème,
S'en accable, et jaloux de son jeune héritier,
Ne vivant qu'à demi, règne encor tout entier.
Oui, le voilà : c'est lui.
(Il reste absorbé dans sa lecture.)

SCÈNE IV.

COMMINE, COITIER.

COITIER, sortant d'une cabane, à Richard et à quelques paysans.

Rentrez, prenez courage;
Des fleurs que je prescris composez son breuvage :
Par vos mains exprimés, leurs sucs adoucissants
Rafraîchiront sa plaie et calmeront ses sens.

COMMINE, sans voir Coitier.

Effrayé du portrait, je le vois en silence
Chercher un châtiment pour tant de ressemblance.

COITIER, lui frappant sur l'épaule.

Ah! seigneur d'Argenton, salut!

COMMINE.

Qui m'a parlé?
Vous! pardon!... je rêvais.

COITIER.

Et je vous ai troublé?

COMMINE.

D'un règne à son déclin l'avenir est sinistre.

COITIER.
Sans doute, un roi qui meurt fait rêver un ministre.
COMMINE.
Mais vous, maître Coitier, dont les doctes secrets
Ont des maux de ce roi ralenti les progrès,
Cette heure à son lever chaque jour vous rappelle :
Qui peut d'un tel devoir détourner votre zèle?
COITIER.
Le roi! toujours le roi! Qu'il attende.
COMMINE.
       Du moins,
Autant qu'à ses sujets vous lui devez vos soins.
COITIER.
A qui souffre par lui je dois plus qu'à lui-même.
COMMINE.
Vous l'accusez toujours.
COITIER.
    Vous le flattez.
COMMINE.
       Je l'aime.
Qui vous irrite?
COITIER.
   Un crime : hier, sur ces remparts,
Un pâtre, que je quitte, arrêta ses regards ;
Des archers du Plessis l'adresse meurtrière
Faillit, en se jouant, lui ravir la lumière.
COMMINE.
Qu'il se plaigne : le roi deviendra son appui.
COITIER.
Qu'il se taise : Tristan pourrait penser à lui.

COMMINE.
Sur ce vil instrument jetez votre colère.
COITIER.
J'impute au souverain les excès qu'il tolère.
COMMINE.
La crainte est son excuse.
COITIER.
Il craint un assassin,
Et la mort qu'il veut fuir, il la porte en son sein.
La terreur qu'il répand sur son cœur se rejette;
Il tourne contre lui sa justice inquiète;
Lui-même est le bourreau de ses nuits, de ses jours;
Lui, dont l'ordre inhumain... Ah! malheureux Nemours!
COMMINE.
Nemours était coupable.
COITIER.
Et je le crois victime.
Je rends à sa mémoire un culte légitime.
Moi, serviteur obscur, nourri dans sa maison,
Je l'ai vu cultiver ma précoce raison.
Ses dons m'ont soutenu dans une étude ingrate.
Quand Montpellier m'admit sur les bancs d'Hippocrate,
L'hermine des docteurs, conquise lentement,
Para ma pauvreté d'un stérile ornement.
Je crus Nemours : j'osai, séduit par ses paroles,
Secouer, pour la cour, la poudre des écoles.
Ma rudesse étonna : ma brusque liberté
Heurta ce vieux respect par la foule adopté.
On me vit singulier et l'on me crut habile.
La stupeur à mes pieds mit cette cour servile,
Quand j'osai gouverner, sans prendre un front plus doux,

La santé de celui qui vous gouvernait tous.
Nemours fit ma fortune; et moi, moi, son ouvrage,
Je n'ai pu de son roi fléchir l'aveugle rage!
Brillant de force alors, Louis, plein d'avenir,
Méprisa cette voix qui devait l'en punir,
Frappa mon bienfaiteur, et jeta sa famille
Dans la nuit des cachots creusés sous la Bastille.
Un de ses fils, un seul, voit la clarté des cieux;
J'ai soustrait avec vous ce dépôt précieux,
Je vous l'ai confié; soit pitié, soit justice,
De ce pieux larcin Commine fut complice,
Oui, vous!

COMMINE.

Coitier!

COITIER.

Vous-même!

COMMINE.

Au nom du ciel, plus bas!

COITIER.

Eh bien! plaignez Nemours, et ne l'accablez pas.
Mon cœur saigne, je souffre, et ne puis me contraindre
Lorsque, seul avec moi, je vous surprends à feindre,
Et que sur un ami vos yeux n'osent verser
Quelques pleurs généreux qu'on pourrait dénoncer.

COMMINE.

Peu jaloux d'étaler une douleur stérile,
Je tais la vérité qui nuit sans être utile;
Notre intérêt commun exige cet effort.

COITIER.

Vous la tairez toujours, à moins qu'après la mort,
Affranchi des terreurs qu'un trône vous inspire,

Vos mânes du tombeau ne sortent pour la dire.

COMMINE.

Peut-être... Mais, Coitier, quand de mon dévouement
Un gage trop certain vous parle à tout moment,
Qu'importe si des cours un long apprentissage
Fait mentir à dessein mes yeux et mon visage?
A Nemours, comme vous, uni par l'amitié,
N'ai-je montré pour lui qu'une oisive pitié?
Ses fils ne craignaient plus : leur père était sans vie,
La vengeance du roi vous semblait assouvie :
Quelle voix dissipa votre commune erreur?
La mienne; de leur sort j'avais prévu l'horreur.
Un seul voulut nous croire, et préparant sa fuite,
A des amis zélés j'en remis la conduite.
Quel refuge assuré s'ouvrit devant ses pas?
C'est ma famille encor qui lui tendit les bras.
Le duc Charle, à Péronne, instruit avec prudence,
Reçut de ses malheurs l'entière confidence,
Le vit, et l'accueillit comme un hôte fatal
Dont il pourrait un jour s'armer contre un rival.
Si la fortune alors lui devint moins sévère,
Plus j'ai fait pour le fils, plus j'ai blâmé le père.
Courageux sans danger, vous régnez sur le roi;
Mais un sort différent m'impose une autre loi,
Et quand, près de Louis, le devoir nous rassemble,
Il tremble devant vous, et devant lui je tremble.

COITIER.

Et c'est par crainte encor que, forcé d'accepter,
D'un fief des Armagnacs on vous vit hériter :
Apanage sanglant que leur bourreau vous donne,
Et dont les échafauds ont doté la couronne.

ACTE I, SCÈNE IV.

COMMINE.

Ma fille, en épousant Nemours que j'ai sauvé,
Lui rendra ce dépôt sous mon nom conservé.
Elle était dans l'exil sa compagne chérie :
Ils s'aimaient, je le sus; et rappelant Marie,
J'approuvai qu'un hymen, aujourd'hui dangereux,
Les unît par mes mains dans des temps plus heureux.

COITIER.

Quand il ne sera plus?

COMMINE.

Eh! qui donc?

COITIER, montrant les tours du Plessis.

Lui!

COMMINE.

Silence!
Eh bien! m'accusez-vous d'un excès d'indulgence?
Blâmez-vous cet hymen?

COITIER.

J'admire, en y songeant,
Le politique adroit dans le père indulgent.
Qui sait? des Armagnacs la grandeur peut renaître :
Admis dans les secrets de votre premier maître,
Nemours est cher au duc, adoré du soldat;
Ce gendre tout-puissant ne sera point ingrat,
Et, si votre fortune essuyait quelque orage,
Vous prépare en Bourgogne un port dans le naufrage.

COMMINE.

C'est chercher, je l'avoue, un but trop généreux
Au soin tout paternel qui m'a touché pour eux.
A la cour sous ces traits que n'allez-vous me peindre?

COITIER.
Vous n'eussiez point parlé si vous pouviez le craindre,
Mes amis les plus chers sont par moi peu flattés,
Mais je garde pour eux ces dures vérités.
COMMINE.
Épargnez-les du moins à Louis qui succombe.
COITIER.
Quand les entendrait-il? serait-ce dans la tombe?
COMMINE.
Vous, son persécuteur, devenez son soutien.
COITIER.
Il serait mon tyran, si je n'étais le sien.
Vrai Dieu! ne l'est-il pas? sait-on ce qu'on m'envie?
Du médecin d'un roi sait-on quelle est la vie?
Cet esclave absolu, qui parle en souverain,
Ment lorsqu'il se dit libre, et porte un joug d'airain.
Je ne m'appartiens pas; un autre me possède :
Absent, il me maudit, et présent, il m'obsède;
Il me laisse à regret la santé qu'il n'a pas;
S'il reste, il faut rester; s'il part, suivre ses pas,
Sous un plus dur fardeau baissant ma tête altière
Que les obscurs varlets courbés sous sa litière.
Confiné près de lui dans ce triste séjour,
Quand je vois sa raison décroître avec le jour,
Quand de ce triple pont, qui le rassure à peine,
J'entends crier la herse et retomber la chaîne,
C'est moi qu'il fait asseoir au pied du lit royal
Où l'insomnie ardente irrite encor son mal;
Moi, que d'un faux aveu sa voix flatteuse abuse
S'il craint qu'en sommeillant un rêve ne l'accuse;
Moi, que dans ses fureurs il chasse avec dédain;

Moi, que dans ses tourments il rappelle soudain ;
Toujours moi, dont le nom s'échappe de sa bouche,
Lorsqu'un remords vengeur vient secouer sa couche.
Mais s'il charge mes jours du poids de ses ennuis,
Du cri de ses douleurs s'il fatigue mes nuits,
Quand ce spectre imposteur, maître de sa souffrance,
De la vie en mourant affecte l'apparence,
Je raille sans pitié ses efforts superflus
Pour jouer à mes yeux la force qu'il n'a plus.
Misérable par lui, je le fais misérable ;
Je lui rends en terreur l'ennui dont il m'accable ;
Et pour souffrir tous deux nous vivrons réunis,
L'un de l'autre tyrans, l'un par l'autre punis,
Toujours prêts à briser le nœud qui nous rassemble,
Et toujours condamnés au malheur d'être ensemble,
Jusqu'à ce que la mort qui rompra nos liens,
Lui reprenant mes jours dont il a fait les siens,
Se lève entre nous deux, nous désunisse, et vienne
S'emparer de sa vie et me rendre la mienne.

COMMINE.

On s'avance vers nous : veillez sur vos discours !

COITIER.

Craignez-vous votre fille ?

SCENE V.

COMMINE, COITIER, MARIE.

COMMINE.

     Ah ! viens, approche, accours,
Tu ne nous troubles point.

MARIE.
Je vous revois, mon père!
(A Coitier.)
Salut, maître; du roi que faut-il qu'on espère?
COITIER.
Son âme le soutient; sa sombre activité
Nous tourmente des maux dont il est tourmenté.
MARIE.
Croyez-vous que sur eux votre savoir l'emporte?
COITIER.
Que peut notre savoir où la nature est morte?
Il s'agite, il se plaint, il accuse mon art,
Commine, vous...
MARIE.
Lui-même a permis mon départ.
COMMINE.
Il n'a pu résister à ton ardente envie
De voir l'homme de Dieu dont il attend la vie;
Puis il s'est plaint de toi.
COITIER.
Voilà les souverains.
COMMINE.
Ton enjouement naïf amuse ses chagrins,
Et le corps souffre moins quand l'esprit est tranquille.
Il est seul dans la tour où sa terreur l'exile;
La dame de Beaujeu n'est plus auprès de lui.
COITIER.
Elle eût mieux supporté le poids de son ennui,
Si Louis d'Orléans, chevalier plus fidèle,
Eût voulu l'alléger en s'enchaînant près d'elle.
COMMINE.
Que dites-vous, Coitier?

ACTE I, SCÈNE V.

COITIER.
Mais ce qu'on dit partout,
Commine.

COMMINE.
Je l'ignore.

COITIER.
Ah! vous ignorez tout.
(A Marie.)
Eh bien, vous l'avez vu, ce pieux solitaire!
François de Paule arrive; et chaque monastère,
Chaque hameau voisin, qui le fête à son tour,
Fait résonner pour lui les clochers d'alentour.
A grand'peine arraché de sa retraite obscure,
Lui seul peut rétablir, du moins Rome l'assure,
La royale santé que nous, pauvres humains,
Nous voyons par lambeaux s'échapper de nos mains.
Qu'il fasse mieux que nous, ce médecin de l'âme;
C'est mon maître, et pour tel ma bouche le proclame,
S'il ranime un fantôme, et si de ce vieux corps
Son art miraculeux raffermit les ressorts.

MARIE.
Osez-vous en douter? Le bruit de ses merveilles
Est-il comme un vain son perdu pour vos oreilles?
Un vieillard, qu'à Fondi le saint avait touché,
Vit refleurir les chairs de son bras desséché.
Il rencontra dans Rome une femme insensée,
Et chassa le démon qui troublait sa pensée.
Il veut, et pour l'aveugle un nouveau jour a lui;
Le muet lui répond, l'infirme court vers lui;
Et s'il parle aux tombeaux, ils s'ouvrent pour nous rendre
Les morts qu'il ressuscite en soufflant sur leur cendre.

COITIER.

Je vous crois.

MARIE.

Et pourtant que de simplicité !
Le saint n'empruntait pas sa douce majesté
Au sceptre pastoral dont la magnificence
Des princes du conclave atteste la puissance,
A la mitre éclatante, aux ornements pieux
Que le nonce de Rome étale à tous les yeux.
Point de robe à longs plis dont la pourpre chrétienne
Réclame le secours d'un bras qui la soutienne.
Pauvre, et pour crosse d'or un rameau dans les mains,
Pour robe un lin grossier traînant sur les chemins,
C'est lui, plus humble encor qu'au fond de sa retraite.

COITIER.

Et que disait tout bas cet humble anachorète,
En voyant la litière où le faste des cours
Prodiguait sa mollesse au vieux prélat de Tours,
Et ce cheval de prix, dont l'amble doux et sage
Pour monseigneur de Vienne abrégeait le voyage ?

MARIE.

Tous les deux descendus marchaient à ses côtés ;
Le dauphin le guidait vers ces murs redoutés.
Puis venaient en chantant les pasteurs des villages ;
Les seigneurs suzerains, appuyés sur leurs pages,
Les rênes dans les mains, devançaient leurs coursiers.
J'ai vu les écussons de nos preux chevaliers,
J'ai vu les voiles blancs des jeunes châtelaines
Confondre leurs couleurs sur les monts, dans les plaines.
La croix étincelait aux rayons d'un ciel pur ;
Des bannières du roi, l'or, le lis et l'azur.

Que paraient de nos bois les dépouilles fleuries,
Courbaient autour du saint leurs nobles armoiries.
Des enfants devant lui faisaient fumer l'encens;
Le peuple s'inclinait sous ses bras bénissants.
Ainsi des murs d'Amboise au pied de ces tourelles
Il trainait sur ses pas la foule des fidèles.
Long-temps j'ai contemplé cet imposant tableau...
Et quand le chemin tourne au penchant du coteau,
Reprenant avec Berthe un sentier qui l'abrége,
J'ai sur mon palefroi devancé le cortége.

COMMINE.

Viens donc, viens faire au roi ce récit qu'il attend.

MARIE, à Commine.

Un mot, mon père!

COITIER.

    Adieu; j'y cours en vous quittant.

COMMINE.

C'est prendre trop de soin.

COITIER.

    Le maître s'inquiète;
Il est là, sur le seuil de la porte secrète,
Qui s'ouvre dans sa tour pour lui seul et pour moi,
Et depuis trop long-temps se souvient qu'il est roi.

COMMINE.

Il apprendra de vous ce qu'il eût su par elle.

COITIER.

J'entends... Si quelques dons récompensaient mon zèle,
Votre fille aurait part, Commine, à ses bontés.

COMMINE.

Je ne réclame rien.

COITIER.
Non, mais vous acceptez?

(Lui serrant la main.)
Adieu donc!

SCÈNE VI.

COMMINE, MARIE.

MARIE.
Que je hais sa raillerie amère!
COMMINE.
Il faut souffrir de lui ce que le roi tolère.
Dans sa soif de connaître il crut pénétrer tout :
Le doute, en l'irritant, l'a conduit au dégoût;
Nous mesurons autrui sur ce peu que nous sommes,
Et le dégoût de soi mène au mépris des hommes.
Mais quel fut ton motif pour craindre un indiscret?
Nous voilà seuls, réponds et dis-moi ton secret.
MARIE.
Ma joie à vos regards d'avance le révèle;
Devinez!...
COMMINE.
Quelle est donc cette heureuse nouvelle?
MARIE.
Heureuse pour vous-même!
COMMINE.
Et plus encor pour toi.
MARIE.
L'envoyé de Bourgogne attendu par le roi...
De son nombreux cortége il remplit le village;

Ses armes, son héraut, son brillant équipage,
J'ai tout vu.

COMMINE.

Quel est-il?

MARIE.

Le comte de Réthel.
Berthe, dont je le tiens, l'a su du damoisel
Qui portait la bannière où, vassal de la France,
Sous la fleur de nos rois le lion d'or s'élance.

COMMINE.

Le comte de Réthel! Cette antique maison
N'avait plus d'héritier qui soutînt son grand nom;
A Péronne du moins je n'en vis point paraître,
Et je suis étonné de ne le pas connaître.

MARIE.

Il a laissé, dit-on, sous les murs de Nanci,
Le duc, ses chevaliers, son camp...

COMMINE.

Nemours aussi,
N'est-ce pas, chère enfant?

MARIE.

Une lettre, j'espère,
Sur le sort d'un proscrit va rassurer mon père.

COMMINE.

Et quelques mots pour toi te diront que Nemours
Regrette son pays bien moins que ses amours.

MARIE.

Le croyez-vous? qui sait? dans l'absence on oublie.

COMMINE.

Oui, quand on est heureux; mais sa mélancolie
De te garder sa foi lui laissera l'honneur;

Il n'a qu'un souvenir pour rêver le bonheur,
C'est le tien.

MARIE.

J'aime plus que je ne suis aimée.
Sans guérir de son cœur la plaie envenimée,
Que de fois j'essayai, dans un doux entretien,
De lui rendre son père en lui parlant du mien!
Il souriait alors, mais avec amertume.
Contre un chagrin cuisant, dont l'ardeur le consume,
Dans ma pitié naïve il cherchait un appui,
Et m'aimait de l'amour que je montrais pour lui.
Toujours morne, il fuyait au fond des basiliques
La cour, ses vains plaisirs et ses jeux héroïques :
Vengeance! disait-il, dans la sombre ferveur
Qui fixait son regard sur la croix du Sauveur.
Parlait-on de Louis, à ce nom, qu'il abhorre,
Il rêvait la vengeance, et, plus terrible encore,
La main sur son poignard, il menaçait tout bas
Celui...

COMMINE.

Par tes discours tu le calmais?

MARIE.

Hélas!
Tremblante, je pleurais, et lui, trouvait des charmes
A me nommer sa sœur, en essuyant mes larmes.

COMMINE.

Ah! qu'il laisse à la mort le soin de le venger!
Sous un règne nouveau son destin peut changer.

MARIE.

Oui, je n'en doute pas, pour peu que je l'en prie,
Monseigneur le dauphin...

ACTE I, SCÈNE VI.

COMMINE.

Écoute-moi, Marie :
Le dauphin, je le sais, ne se plaît qu'avec toi,
Il s'attache à tes pas ; trop peut-être.

MARIE.

Pourquoi?
Un enfant!

COMMINE.

Cet enfant sera le roi de France.

MARIE.

Fat t-il donc l'éviter, quand dans son ignorance,
La rougeur sur le front et les pleurs dans les yeux,
Il vient me demander les noms de ses aïeux?

COMMINE.

Les leçons d'une femme ont un danger qu'on aime ;
Un si noble disciple est dangereux lui-même ;
Ton amour te défend, mais crains ta vanité :
Sois plus prudente. Agnès, la dame de Beauté,
En donnant à son roi des leçons de courage,
Crut n'aimer que la gloire, et quel fut son partage?
Un brillant déshonneur suivit ses jours heureux.
Quand ses mains enlaçaient des chiffres amoureux,
Que de pleurs sont tombés sur ces trames légères,
D'un fortuné lien images mensongères!
Un bras puissant contre elle arma la trahison ;
Agnès, l'aimable Agnès, mourut par le poison.

MARIE.

O crime! quel est donc celui qu'on en soupçonne?
Qui doit-on accuser?

COMMINE.

Qui?... personne, personne.

Rentrons : viens consoler le captif du Plessis ;
Il sent moins ses douleurs quand tu les adoucis.

MARIE.

Entendez-vous ces chants dans la forêt voisine?
Le cortége s'avance et descend la colline.

COMMINE.

Viens, rentrons.

(Ils sortent.)

SCENE VII.

FRANÇOIS DE PAULE, LE DAUPHIN, NEMOURS, RICHARD, MARCEL, MARTHE, DIDIER, CLERGÉ, CHATELAINES, CHEVALIERS, PEUPLE.

PAYSANS qui chantent un cantique.

Des affligés divin recours,
Notre-Dame de délivrance,
Louis réclame vos secours ;
Vierge, prêtez votre assistance
    Aux lis de France !
Dieu, qui récompensez la foi,
    Sauvez le roi !

FRANÇOIS DE PAULE, à Nemours, qui s'est approché de lui.

Oui, mon fils, je veux vous écouter.
(Au dauphin.)
Prince, de ce devoir laissez-moi m'acquitter :
Mes soins, comme au monarque, appartiennent encore
Au plus humble de ceux dont la voix les implore.

LE DAUPHIN.

Faites selon vos vœux, mon père, demeurez :
Nous devançons vos pas, et, quand vous nous joindrez,
Louis viendra lui-même, au seuil de cette enceinte.

Courber son front royal sous la majesté sainte.
(Aux chevaliers.)
Suivez-moi.

SCENE VIII.

Les précédents, excepté LE DAUPHIN et sa suite.

(Les paysans sont aux pieds de saint François de Paule.)

UNE PAYSANNE.
De ma sœur apaisez les tourments,
Mon père!

MARCEL.
Laissez-moi toucher vos vêtements.

DIDIER.
La santé!

MARTHE.
De longs jours!

RICHARD.
Entrez dans ma chaumière,
Homme de Dieu, mon fils reverra la lumière.

FRANÇOIS DE PAULE.
C'est Dieu seul, mes enfants, qu'on implore à genoux;
Moi, je ne suis qu'un homme et mortel comme vous.
Regardez, j'ai besoin qu'un appui me soulage :
Infirme, comme vous, je cède au poids de l'âge;
Il a courbé mon corps et blanchi mes cheveux.
Voyant ce que je suis, jugez ce que je peux.
Homme, je compatis à la souffrance humaine;
Vieillard, je plains les maux que la vieillesse amène.
Le remède contre eux est de savoir souffrir;
Je peux prier pour vous, Dieu seul peut vous guérir.

Ne vous aveuglez point par trop de confiance;
Consoler et bénir, c'est toute ma science.

RICHARD, à Marcel.

Si j'étais comte ou duc, il eût guéri mon fils.

MARCEL.

Il l'eût ressuscité.

FRANÇOIS DE PAULE.

Laissez-moi, mes amis;
Plus tard j'irai mêler mes prières aux vôtres.

MARCEL, à Richard.

Il guérira le roi.

RICHARD.

Dès demain.

MARCEL.

Mais nous autres,
Valons-nous un miracle?

(Les paysans s'éloignent.)

SCENE IX.

FRANÇOIS DE PAULE, NEMOURS.

FRANÇOIS DE PAULE.

Approchez.

NEMOURS.

Dans ce lieu
Nul ne peut m'écouter?

FRANÇOIS DE PAULE.

Hors moi, mon fils, et Dieu.

NEMOURS.

Le Dieu, qui nous exauce, est avec vous, mon père.

ACTE I, SCÈNE IX.

FRANÇOIS DE PAULE.
Comme avec tous les cœurs dont le zèle est sincère.

NEMOURS.
Eh bien! priez pour moi.

FRANÇOIS DE PAULE.
Je le dois.

NEMOURS.
Aujourd'hui
Que je repose en paix, si Dieu m'appelle à lui!

FRANÇOIS DE PAULE.
Qui? vous, mon fils?

NEMOURS.
Priez!

FRANÇOIS DE PAULE.
Pour vos jours?

NEMOURS.
Pour mon âme.

FRANÇOIS DE PAULE.
J'ai tant vécu! la tombe avant vous me réclame.

NEMOURS.
Peut-être.

FRANÇOIS DE PAULE.
D'un combat redoutez-vous le sort?

NEMOURS.
Chaque pas dans la vie est un pas vers la mort.

FRANÇOIS DE PAULE.
Jeune, on la croit si loin.

NEMOURS.
Elle frappe à tout âge.

FRANÇOIS DE PAULE.
Mais au vôtre, on espère.

NEMOURS.
On ose davantage,
On doit plus craindre aussi.

FRANÇOIS DE PAULE.
Que voulez-vous tenter?

NEMOURS.
Ce que par le martyre il faut exécuter.

FRANÇOIS DE PAULE.
Un vieillard peut donner un avis salutaire :
Parlez.

NEMOURS.
Je ne le puis.

FRANÇOIS DE PAULE.
Qui vous force à vous taire?

NEMOURS.
Celui qui m'envoya m'en impose la loi.

FRANÇOIS DE PAULE.
Qui donc?

NEMOURS.
C'est un secret entre son ombre et moi.

FRANÇOIS DE PAULE.
Vous allez accomplir quelques projets funestes?

NEMOURS.
J'obéis.

FRANÇOIS DE PAULE.
A quel ordre?

NEMOURS.
Aux vengeances célestes.
Quand le sang crie...

FRANÇOIS DE PAULE.
Eh bien?

ACTE I, SCÈNE IX.

NEMOURS.
Ne veut-il pas du sang?

FRANÇOIS DE PAULE.
Laissez Dieu le verser : n'est-il pas tout-puissant?

NEMOURS.
D'un forfait impuni peut-il rester complice?
S'il attendait toujours, où serait sa justice?

FRANÇOIS DE PAULE.
Pour attendre et punir il a l'éternité;
S'il n'était patient, où serait sa bonté?

NEMOURS.
Un prêtre, confident d'un prince de la terre,
Dans le lieu d'où je viens a connu ce mystère.

FRANÇOIS DE PAULE.
Un prêtre!

NEMOURS.
Et quand l'hostie a passé dans mon sein,
Lui-même a dit tout bas : Accomplis ton dessein.

FRANÇOIS DE PAULE.
Il est donc juste?

NEMOURS, qui s'agenouille.
Oui, juste, et le ciel l'autorise;
Consacrez par vos vœux ma pieuse entreprise.

FRANÇOIS DE PAULE.
L'Éternel, ô mon fils! te voit à mes genoux;
Que son esprit t'éclaire et descende entre nous!

NEMOURS.
Maudissez l'assassin, pour qu'il me l'abandonne.

FRANÇOIS DE PAULE.
Serviteur de celui qui meurt et qui pardonne;
Je ne sais pas maudire.

NEMOURS.

Alors bénissez-moi.

FRANÇOIS DE PAULE.

J'y consens, sois béni; mais que puis-je pour toi ?
Si ton cœur veut le mal, à ton heure dernière
De quoi te serviront mes vœux et ma prière ?
Et si tu fais le bien, tes œuvres parleront :
Mieux que moi, dans les cieux, elles te béniront.
Adieu!

NEMOURS, se relevant.

Qu'il soit ainsi; je m'y soumets d'avance.

FRANÇOIS DE PAULE.

Vous reverrai-je encor ?

NEMOURS.

C'est ma seule espérance.

FRANÇOIS DE PAULE.

Dans ce lieu même ?

NEMOURS.

Ailleurs.

FRANÇOIS DE PAULE.

Près du roi ?

NEMOURS.

Devant Dieu.

FRANÇOIS DE PAULE.

Mais j'irai vous attendre.

NEMOURS.

Ou me rejoindre. Adieu.

FIN DU PREMIER ACTE.

ACTE DEUXIÈME.

La salle du trône au Plessis-lès-Tours.

SCENE I.

MARIE.

(Elle est près d'une table, et arrange des fleurs qu'elle prend dans une corbeille.)

D'abord les buis sacrés, puis les feuilles de chêne ;
Là, ces roses des champs ; bien : qu'un nœud les enchaîne.
Plaçons entre des lis et des épis nouveaux
Ce lierre qui plus sombre... il croît sur les tombeaux ;
Un malade y verrait quelque funèbre image :
Non ; près du lis royal, la fleur d'heureux présage,
Celle qui ne meurt pas !...

SCENE II.

MARIE, LE DAUPHIN.

LE DAUPHIN, après s'être approché doucement.
      Comme on flatte les rois !

MARIE, se retournant.
Monseigneur m'écoutait?

    LE DAUPHIN.
      Enfin je vous revois!

MARIE, qui veut se retirer.

Pardon!...

LE DAUPHIN.

Vous me quittez?

MARIE.

Un soin pieux m'appelle;
Notre-Dame-des-Bois m'attend dans sa chapelle.
Je lui porte une offrande; on la fête aujourd'hui,
Et le roi va lui-même implorer son appui.

LE DAUPHIN.

Voyez comme en ses vœux son âme est incertaine!
Il devait ce matin fatiguer dans la plaine
Ces lévriers nouveaux qu'il nourrit de sa main;
Il voudra se distraire en essayant demain
Cet alezan doré que l'Angleterre envoie,
Ce faucon sans rival quand il fond sur sa proie,
Ou récréer ses yeux d'une chasse aux flambeaux
Contre l'oiseau des nuits caché sous ces créneaux.
Pour tromper ses dégoûts, hélas! peine inutile!
Je le plains : le bonheur me paraît si facile!
Il est partout pour moi : dans mes rêves, la nuit,
Dans le son qui m'éveille et le jour qui me luit,
Dans l'aspect de ces champs, dans l'air que je respire,
Marie, et dans vos yeux, quand je vous vois sourire.

MARIE.

Tout plaît à dix-sept ans, monseigneur, et plus tard
L'avenir, qui vous charme, épouvante un vieillard.
Mais un beau jour, des fleurs, les danses du village,
Vont égayer pour lui ce saint pèlerinage.
Il faut que je me hâte.

ACTE II, SCÈNE II.

LE DAUPHIN.

Achevons à nous deux.

MARIE.

Seule, j'irai plus vite.

LE DAUPHIN.

Arrêtez, je le veux.

MARIE, en souriant.

Le roi dit : Nous voulons.

LE DAUPHIN.

Eh bien! je vous en prie,
Restez.

MARIE.

Pour un moment.

LE DAUPHIN.

J'ai du chagrin, Marie.

MARIE.

Vous! se peut-il?

LE DAUPHIN.

Sans doute, et j'ai droit d'en avoir :
Mon amour pour mon père est sur lui sans pouvoir.
Lorsqu'à son grand lever j'attends avec tristesse
Une douce parole, un regard de tendresse,
Vers moi, pour me parler, fait-il jamais un pas?
Me voit-il seulement? Il ne m'aime donc pas!

MARIE.

Quel penser !

LE DAUPHIN.

Je le crains; pourquoi, depuis l'enfance,
Me laisser, loin de lui, languir dans l'ignorance?
Ce noir château d'Amboise, où j'étais confiné,
M'a vu grandir, Marie, aux jeux abandonné,

Sans qu'on m'ait rien appris, sans que jamais l'histoire
Fit palpiter mon cœur à des récits de gloire.
Que sais-je? à peine lire, et chacun en sourit.
Mais comment à l'étude occuper mon esprit?
Je n'avais sous les yeux que le Rosier des guerres.

MARIE.

Le roi l'a fait pour vous.

LE DAUPHIN.

Des maximes sévères,
De beaux préceptes, oui; mais...

MARIE.

Quoi?

LE DAUPHIN.

C'est ennuyeux.

MARIE, effrayée.

Un ouvrage du roi!

LE DAUPHIN.

Près de lui, dans ces lieux,
Je ne suis pas plus libre; et dès que je m'éveille,
D'un regard inquiet je vois qu'on me surveille.
Me craint-on? qu'ai-je fait? pourquoi me confier
Aux soins avilissants de ce maître Olivier?

MARIE.

Depuis qu'il est ministre, on l'appelle messire.

LE DAUPHIN.

Il me laisse ignorer ce qu'il devrait me dire :
Mon oncle d'Orléans ne lui ressemble pas.

MARIE.

C'est un nom qu'à la cour on prononce tout bas.

LE DAUPHIN.

Des leçons de tous deux voyez la différence :

ACTE II, SCÈNE II. 317

Olivier dit toujours que le roi, c'est la France;
Et lui : Mon beau neveu, me disait-il ici,
La France c'est le roi, mais c'est le peuple aussi.
Je crois qu'il a raison.

MARIE.

C'est mon avis.

LE DAUPHIN.

Je l'aime,
Mais moins que vous, amie!

MARIE.

Il vous chérit lui-même.

LE DAUPHIN.

Le jour de son départ, il m'a fait un présent;
(Il tire un livre de son sein.)
Regardez.

MARIE.

Juste ciel! c'est un livre...

LE DAUPHIN.

Amusant;
Qui parle de combats, de faits d'armes.

MARIE.

Je tremble!
Si le roi le savait!

LE DAUPHIN.

Voulez-vous lire ensemble?

MARIE.

Non, non.

LE DAUPHIN.

Pourquoi?

MARIE.

J'ai peur.

LE DAUPHIN.

Nous sommes sans témoins.

MARIE, s'en allant.

Non.

LE DAUPHIN.

Je lirai donc seul?

MARIE, revenant et regardant par-dessus l'épaule du dauphin.

Voyons le titre au moins.

LE DAUPHIN.

Curieuse!

MARIE.

Lisez.

LE DAUPHIN.

Il faudra me reprendre
Si je dis mal.

MARIE.

D'accord.

LE DAUPHIN.

Ah! qu'il est doux d'apprendre!
Je le sens près de vous.

MARIE, allant s'asseoir près de la table.

Commençons.

LE DAUPHIN, posant le livre sur les genoux de Marie.

M'y voici.

MARIE.

Levez-vous, monseigneur.

LE DAUPHIN.

Je suis bien.

MARIE, le relevant.

Mieux ainsi.

LE DAUPHIN, lisant, tandis que Marie tient le doigt sur la page.

« La Chronique de France écrite en l'an de grâce... »

ACTE II, SCÈNE II.

MARIE.

En l'an de grâce... eh bien ?

LE DAUPHIN.

Des chiffres, je les passe.

MARIE, en riant.

Et pour cause.

LE DAUPHIN.

Méchante !

(Il lit.)

« Ou récit des tournois,
» Prouesses et hauts faits des comtes de Dunois,
» Lahire...

MARIE.

Après?

LE DAUPHIN.

» Lahire, et...

MARIE.

Courage !

LE DAUPHIN.

» Et...

MARIE.

» Xaintrailles.

LE DAUPHIN.

C'est un nom difficile.

MARIE.

Un beau nom.

LE DAUPHIN, lisant.

» Des batailles,
» Où l'on vit comme quoi la fille d'un berger
» Sauva ledit royaume et chassa l'étranger. »

MARIE.

Sous votre aïeul.

LE DAUPHIN.
C'est Jeanne!

MARIE.
On vous a parlé d'elle?

LE DAUPHIN.
Et puis d'une autre encor.

MARIE.
Qui donc?

LE DAUPHIN.
Elle était belle,
Oh! belle... comme vous.

MARIE.
Reprenons.

LE DAUPHIN.
Du feu roi,
Qui l'aimait d'amour tendre, elle reçut la foi.

MARIE.
Qui vous a dit cela?

LE DAUPHIN.
Tout le monde et personne :
On raconte, j'écoute; et, sans qu'on le soupçonne,
Je répète à part moi chaque mot que j'entend;
Mais dès qu'on parle d'elle, inquiet, palpitant,
Un trouble qui m'étonne à ce doux nom m'agite :
Je sens mon front rougir, et mon cœur bat plus vite.
Je sais que pour lui plaire il défit les Anglais,
Qu'il lui donna des fiefs, des joyaux, des palais :
Car un roi peut donner tout ce que bon lui semble,
Tout, son cœur, sa couronne et son royaume ensemble.
Moi, pauvre enfant de France, à qui rien n'est permis,
Sans pouvoir dans le monde et presque sans amis,

ACTE II, SCÈNE II.

Qui ne possède rien, ni joyaux, ni couronne,
Je n'ai que cette bague, eh bien! je vous la donne.

MARIE.

Que faites-vous?

LE DAUPHIN.

Prenez.

MARIE.

Monseigneur!

LE DAUPHIN.

La voilà.
Elle a peu de valeur : n'importe, acceptez-la ;
Et si je règne un jour...

MARIE, avec effroi.

Paix!

LE DAUPHIN.

Montrez-moi ce gage :
Ma parole royale, ici, je vous l'engage ;
Ma foi de chevalier, je vous l'engage encor,
Qu'il n'est titre si noble ou si riche trésor,
Ni faveur, ni merci, ni grâce en ma puissance,
Qui vous soient refusés par ma reconnaissance.

MARIE.

Votre Altesse le jure : en lui rendant ce don,
Même d'un exilé j'obtiendrai le pardon?

LE DAUPHIN, vivement.

Quel est-il?

MARIE.

Un Français qui pleure sa patrie.

LE DAUPHIN.

Vous l'aimez?

MARIE.

Pourquoi non?

LE DAUPHIN.

Vous l'aimez, vous, Marie!
Rendez-moi cet anneau.

MARIE.

J'obéis, monseigneur.

LE DAUPHIN.

Non : trahir un serment, c'est forfaire à l'honneur.
Le mal que je ressens, je ne puis le comprendre;
Mais ce qu'on a donné ne saurait se reprendre.
Gardez : de mon bonheur advienne que pourra ;
Le dauphin a promis, le roi s'en souviendra.

MARIE.

On vient.

SCENE III.

MARIE, LE DAUPHIN, COMMINE.

COMMINE.

Sa Majesté fait chercher Votre Altesse.

LE DAUPHIN.

Elle a parlé de moi! comment? avec tendresse?
Dites, mon bon Commine, est-ce un juge en courroux,
Un père qui m'attend?

COMMINE.

Prince, rassurez-vous.
Précédé des hérauts de Bourgogne et de Flandre,
L'envoyé du duc Charle au Plessis doit se rendre :
Jaloux de l'honorer, le roi veut aujourd'hui
Qu'il soit par Votre Altesse amené devant lui.

LE DAUPHIN.

Surpris, j'ai malgré moi tremblé comme un coupable.

ACTE II, SCÈNE IV.

Grand Dieu! que pour son fils un père est redoutable!
Quand j'aborde le mien, immobile, sans voix,
Je me soutiens à peine; et lorsque je le vois
Fixer sur mon visage, en serrant la paupière,
Ses yeux demi-fermés, d'où jaillit la lumière,
Pour dompter mon effroi tout mon amour est vain :
Je l'aime, et je frissonne en lui baisant la main.

COMMINE.

Cher prince!

LE DAUPHIN.

Mais je cours...
(Revenant prendre son livre sur la table.)
O ciel! quelle imprudence!

COMMINE.

Qu'avez-vous donc?

LE DAUPHIN.

Marie est dans ma confidence :
(A Marie.)
J'ai mon ministre aussi. Vous ne direz rien!

MARIE.

Non.

LE DAUPHIN.

C'est un secret d'État, messire d'Argenton.
Adieu!
(Il sort.)

SCÈNE IV.

COMMINE, MARIE.

COMMINE.

Laissez-moi seul.

MARIE.

Pourquoi ce front sévère?

COMMINE.

Vous oubliez trop tôt ce que dit votre père.
Souvenez-vous du moins que Louis veut plus tard
Vous revoir au Plessis avant votre départ.

MARIE, d'un air caressant.

Pas un mot d'amitié, quoi! pas même un sourire?
Plus de courroux!... pardon.

COMMINE, lui donnant un baiser.

J'ai tort.

MARIE.

Je me retire.

Et quant à monseigneur, je saurai l'éviter :
Oui, je vous le promets, dussé-je l'irriter.

COMMINE, vivement.

L'irriter! non pas, non; tout pousser à l'extrême,
C'est nuire à vous, ma fille, et peut-être... à moi-même;
Quand le présent finit, ménageons l'avenir :
Du roi qu'on a vu prince on peut tout obtenir.
Oubli! c'est le grand mot d'un règne qui commence,
Et pour un exilé j'ai besoin de clémence.
Pensez-y quelquefois.

MARIE.

Ah! j'y pense toujours,
Et je porte à mon doigt la grâce de Nemours.

SCENE V.

COMMINE.

Le comte de Réthel devant moi va paraître :
Achetons son secours; j'en ai l'ordre : mon maître

ACTE II, SCÈNE VI.

A, d'un seul trait de plume au bas d'un parchemin,
Conquis plus de duchés que le glaive à la main.
Aussi, bien convaincu du néant de la gloire,
Il sait qu'un bon traité vaut mieux qu'une victoire.
L'or est un grand ministre : il agira pour nous.

UN OFFICIER DU CHATEAU.

Le comte de Réthel !

SCÈNE VI.

COMMINE, NEMOURS.

COMMINE.

Dieu ! qu'ai-je vu ? c'est vous,
Vous, Nemours !

NEMOURS.

Voilà donc le tombeau qu'il habite !
C'est ici !

COMMINE.

Cachez mieux l'horreur qui vous agite :
Ici l'écho dénonce et les murs ont des yeux.

NEMOURS.

Digne séjour d'un roi ! J'ai vu, près de ces lieux,
Des œuvres de Tristan la trace encor sanglante :
L'eau du Cher, où flottait sa justice effrayante ;
Ces piéges qui des tours défendent les abords ;
Ces rameaux qui pliaient sous les restes des morts.

COMMINE.

Et vous avez franchi le seuil de cet asile !

NEMOURS.

Je l'ai fait.

COMMINE.

Malheureux!

NEMOURS.

Qui, moi? je suis tranquille :
Hormis vous et Coitier, nul ne sait mon secret.
Commine, de vous deux quel sera l'indiscret?

COMMINE.

Aucun.

NEMOURS.

Comment le roi peut-il donc reconnaître
Celui qu'en sa présence il n'a fait comparaître
Qu'une fois, que le jour où, conduits par la main,
Mes deux frères et moi... Des enfants!... l'inhumain!...
Sous leur père expirant!...

COMMINE.

Calmez-vous.

NEMOURS.

Je frissonne.
Vous lui pardonnerez, grand Dieu! comme il pardonne.

COMMINE.

Pourquoi chercher celui qui vous fut si fatal?

NEMOURS.

Pour lui parler en maître au nom de son vassal.

COMMINE.

Tout autre eût pu le faire.

NEMOURS.

Il eût séduit tout autre.

COMMINE.

Il est mon souverain, Nemours; il fut le vôtre.

NEMOURS.

Oui, quand j'ai tant pleuré. Mon Dieu! qu'aurais-je fait?

ACTE II, SCÈNE VI.

Au deuil d'un faible enfant des pleurs ont satisfait :
Je suis consolé.

COMMINE.

Vous!

NEMOURS.

Je vais le voir en face;
Je vais le voir mourant.

COMMINE.

Mais ferme.

NEMOURS.

La menace
Pour en troubler la paix dans son cœur descendra :
Je le connais.

COMMINE.

Tremblez!

NEMOURS.

C'est lui qui tremblera.

COMMINE.

Peut-être.

NEMOURS, avec emportement.

Il tremblera. N'eût-il que ce supplice,
Je veux que devant moi son front royal pâlisse.
(Avec douleur.)
Il m'a vu pâlir, lui!

COMMINE.

De braver votre roi,
Charle, en vous choisissant, vous a-t-il fait la loi?

NEMOURS.

Charle, en me choisissant, a cru venir lui-même :
C'est lui qui vient dicter sa volonté suprême;
C'est lui, mais survivant à toute sa maison;

C'est lui, mais sans parents, sans patrie et sans nom;
C'est lui, mais orphelin par le meurtre!

COMMINE.

De grâce,
Écoutez la raison qui vous parle à voix basse.
Tout l'or d'un ennemi ne vous eût pas tenté :
J'approuve vos refus; mais, par vous accepté,
Le don d'un vieil ami, d'un sauveur et d'un père,
Ne peut-il désarmer votre juste colère?
Marie...

NEMOURS.

Ah! ce doux nom fait tressaillir mon cœur.
Elle! mon dernier bien, ma compagne, ma sœur!
Pour embellir mes jours le ciel l'avait formée.
Mais c'est un rêve; heureux, que je l'aurais aimée!

COMMINE.

Heureux, vous pouvez l'être; après tant de combats,
D'un effroi mutuel affranchir deux États,
Rapprocher deux rivaux divisés par la haine,
Qu'un intérêt commun l'un vers l'autre ramène,
Non, ce n'est point trahir le plus saint des serments;
C'est immoler à Dieu vos longs ressentiments;
C'est remplir un devoir. Cette union chérie,
Qui vous rend à la fois biens, dignités, patrie,
Avec votre devoir peut se concilier.
Cédez : le roi pardonne, et va tout oublier.

NEMOURS.

Oublier! lui! qu'entends-je? Oublier! quoi? son crime,
Ce supplice inconnu, l'échafaud, la victime?
Quoi! trois fils à genoux sous l'instrument mortel,
Vêtus de blanc tous trois comme au pied de l'autel?

On nous avait parés pour cette horrible fête.
Soudain le bruit des pas retentit sur ma tête :
Tous mes membres alors se prirent à trembler ;
Je l'entendis passer, s'arrêter, puis parler.
Il murmura tout bas ses oraisons dernières ;
Puis, prononçant mon nom et ceux de mes deux frères :
« Pauvres enfants ! » dit-il, après qu'il eut prié ;
Puis... plus rien. O moment d'éternelle pitié !
Tendant vers lui mes mains, pour l'embrasser sans doute,
Je crus sentir des pleurs y tomber goutte à goutte ;
Les siens... Non, non : ses yeux, éteints dans les douleurs,
Ses yeux n'en versaient plus, ce n'étaient pas des pleurs !...

COMMINE.

Nemours !

NEMOURS.

C'était du sang, du sang, celui d'un père.
Oublier ! il le peut, ce roi dont la colère
A pu voir sur mon front jusqu'au dernier moment
Le sang dont je suis né s'épuiser lentement :
Moi ! jamais. C'est folie, ou Dieu le veut, Commine :
Mais soit folie enfin, soit volonté divine,
Je touche de mes mains, je vois ce qui n'est pas ;
Rien ne se meut dans l'ombre, et moi, j'entends ses pas.
Je me soulève encor vers sa mourante image ;
Une rosée affreuse inonde mon visage.
Le jour m'éclaire en vain : sur ce vêtement blanc,
Sur mon sein, sur mes bras, du sang ! partout du sang !
Dieu le veut, Dieu le veut : non, ce n'est pas folie ;
Dieu ne peut oublier, et défend que j'oublie ;
Dieu me dit qu'à venger mon père assassiné
Ce baptême de sang m'avait prédestiné.

Ah! mon père! mon père!
COMMINE.

On vient : de la prudence!
Le dauphin vous attend; fuyez.
NEMOURS, se remettant par degrés.

En leur présence
Vous verrez qu'au besoin je suis maître de moi.
COMMINE, tandis que Nemours sort par une porte latérale.

Si je parle, il est mort; si je me tais...
UN OFFICIER DU CHATEAU, annonçant.

Le roi!

SCENE VII.

LOUIS, COMMINE, COITIER, OLIVIER-LE-DAIM, LE COMTE DE DREUX, BOURGEOIS, CHEVALIERS.

LOUIS, au comte de Dreux.

Ne vous y jouez pas, comte; par la croix sainte!
Qu'il me revienne encore un murmure, une plainte,
Je mets la main sur vous, et, mon doute éclairci,
Je vous envoie à Dieu pour obtenir merci.
Le salut de votre âme est le point nécessaire :
Dieu la prenne en pitié! le corps, c'est mon affaire :
J'y pourvoirai.
LE COMTE DE DREUX.

Du moins je demande humblement
Que Votre Majesté m'écoute un seul moment.
LOUIS.

Ah! mon peuple est à vous! et, roi sans diadème,
Vous exigez de lui plus que le roi lui-même!

Mais mon peuple, c'est moi; mais le dernier d'entre eux,
C'est moi; mais je suis tout; mais quand j'ai dit : Je veux,
On ne peut rien vouloir passé ce que j'ordonne,
Et qui touche à mon peuple attente à ma personne.
Vous l'avez fait.

LE COMTE DE DREUX.

Croyez...

LOUIS.

Ne me dites pas non.
Enrichi des impôts qu'on perçoit en mon nom,
Pour cinq cents écus d'or vous en levez deux mille
Sur d'honnêtes bourgeois, et de ma bonne ville,
(En les montrant.)
Gens que j'estime fort, pensant bien, payant bien.
Regardez ce feu roi que vous comptez pour rien;
Est-il mort ou vivant? Regardez-moi donc!

LE COMTE DE DREUX, en tremblant.

Sire...

LOUIS.

Je ne suis pas si mal qu'on se plaît à le dire :
Quelque feu brille encor dans mon œil en courroux;
Je vis, et le malade est moins pâle que vous.
Quoique vieux, je suis homme à lasser votre attente,
Beau sire; et, moi régnant, le bon plaisir vous tente :
Qui s'en passe l'envie affronte un tel danger
Que le cœur doit faillir seulement d'y songer.
A moi de droit divin, à moi par héritage,
Il n'appartient qu'à moi de fait et sans partage.
Pour y porter la main, c'est un mets trop royal :
A de plus grands que vous il fut jadis fatal.
J'ai réduit au devoir les vassaux indociles,

Olivier, tu m'as vu dans ces temps difficiles?
OLIVIER.
Oui, sire, et tel encor je vous vois aujourd'hui.
LOUIS.
Plus nombreux, ils levaient le front plus haut que lui.
La moisson fut sanglante et de noble origine;
Mais j'ai fauché l'épi si près de la racine,
Chaque fois qu'un d'entre eux contre moi s'est dressé,
Qu'on cherche en vain la place où la faux a passé.
Elle abattit Nemours : trop rigoureux peut-être,
Je le fus pour l'exemple et je puis encor l'être.
Avez-vous des enfants?
LE COMTE DE DREUX, bas à Coitier.
De grâce...
COITIER.
Eh! chassez-nous,
Chassez-moi le premier, sire, ou ménagez-vous;
La colère fait mal.
LOUIS.
Il est vrai, je m'emporte;
Je le peux : je suis bien, très-bien; j'ai la voix forte.
L'aspect de ce saint homme a ranimé mon sang.
COITIER.
N'ayez donc foi qu'en lui; mais cet œil menaçant,
Et de tous ces éclats l'inutile bravade
Ne vont pas mieux, je pense, au chrétien qu'au malade.
LOUIS.
Coitier!
COITIER.
N'espérez pas m'imposer par ce ton;
Vous avez tort.

LOUIS, avec plus de violence.

Coitier!

COITIER.

Oui, tort, et j'ai raison;
Tenez, le mal est fait, vous changez de visage.

LOUIS.

Comment, tu crois?

COITIER.

Sans doute.

LOUIS, avec douceur.

Eh bien! je me ménage.

COITIER.

Non pas; souffrez, mourez, si c'est votre désir.

LOUIS.

Allons!...

COITIER.

Dites : Je veux ; tranchez du bon plaisir.

LOUIS.

La paix!

COITIER.

Vous êtes roi : pourquoi donc vous contraindre?
Mais après, jour de Dieu! ne venez pas vous plaindre.

LOUIS, à Coitier, en lui prenant la main.

La paix!

(Au comte, froidement.)

Pous vous, rendez ce que vous avez pris :
Rachetez sous trois jours votre tête à ce prix;
Autrement, convaincu que vous n'y tenez guère,
Je la ferai tomber, et cela sans colère.

(A Coitier.)

La colère fait mal.

LE COMTE DE DREUX.
Je me soumets.
LOUIS, aux bourgeois.
Eh bien !
De mon peuple opprimé suis-je un ferme soutien ?
Sur ce qu'on vous rendra récompensez le zèle
De messire Olivier, mon serviteur fidèle :
Cinq cents écus pour lui qui m'a tout dénoncé !
OLIVIER, avec humilité.
Sire !
LOUIS.
N'en veux-tu pas ?
OLIVIER.
Votre arrêt prononcé,
Que justice ait son cours.
LOUIS, à Coitier.
Et si ton roi t'en presse,
N'accepteras-tu rien, toi qui grondes sans cesse ?
COITIER, avec un reste d'humeur.
Je n'en ai guère envie, à moins d'être assuré
Que mon malade enfin se gouverne à mon gré.
LOUIS, à Coitier.
D'accord.
(Aux bourgeois.)
Deux mille écus ne sont pas une affaire,
Et c'est pour des sujets une bonne œuvre à faire.
Vous les lui compterez, n'est-ce pas, mes enfants ?
Il veille jour et nuit sur moi, qui vous défends,
Qui vous rends votre bien, qui vous venge et vous aime
Quelque vingt ans encor je compte agir de même.
Je me sens rajeunir, qu'on le sache à Paris ;

ACTE II, SCÈNE VIII.

En portant ma santé, dites que je guéris,
Et que vers les Rameaux, vienne un jour favorable,
Chez un de mes bourgeois j'irai m'asseoir à table.
Le ciel vous soit en aide !
(Au comte qui se retire avec eux.)
Un mot !
(A Coitier.)
Je n'en dis qu'un.
(Au comte.)
Pareil jeu coûta cher au seigneur de Melun.
Il était comte aussi ; partant, prenez-y garde ;
Votre salaire est prêt, et Tristan vous regarde.
Même orgueil, même sort. J'ai dit, retirez-vous.
(Aux chevaliers et aux courtisans.)
Ce que j'ai dit pour un, je le ferais pour tous.

SCÈNE VIII.

LOUIS, COMMINE, COITIER, OLIVIER-LE-DAIM,
CHEVALIERS, COURTISANS.

OLIVIER.

Sire, les envoyés des cantons helvétiques...

LOUIS.

Qu'ils partent !

OLIVIER.

Sans vous voir ?

LOUIS.

Je hais les républiques.

COMMINE.

Leurs droits sont reconnus par Votre Majesté,
Et libres...

LOUIS.

Je le sais : liberté! liberté!
Vieux mot qui sonne mal, que je suis las d'entendre;
Il veut dire révolte à qui le sait comprendre.
Libres! des paysans, des chasseurs de chamois!
Leur pays ne vaut pas mes revenus d'un mois.

COMMINE.

Ils n'en savent pas moins le défendre avec gloire,
Et le duc de Bourgogne...

LOUIS.

On devait, à les croire,
Pour ménager leur temps, m'éveiller ce matin.
Montagnards sans respect! et sur leur front hautain,
Brûlé des vents du nord, dans leurs glaciers stériles,
Une santé!...

OLIVIER.

Mon Dieu! sire, les plus débiles
Sont celles qui souvent tiennent le plus long-temps :
Sans m'en porter moins bien, je meurs depuis vingt ans.

LOUIS.

Pauvre Olivier! mais va, reçois-les; fais en sorte
Que ces pâtres armés n'assiégent plus ma porte.
Libres! soit; mais ailleurs. Qu'ils partent, je le veux.
Contre mon beau cousin prendre parti pour eux?
Moi! j'en suis incapable, et je prétends le dire
Au comte de Réthel, pour peu qu'il le désire.
  (Bas à Olivier.)
Traite avec eux.

OLIVIER, de même.

Comment?

ACTE II, SCÈNE VIII.

LOUIS.

A ton gré; mais sois prompt.
Donne ce qu'il faudra, promets ce qu'ils voudront.

OLIVIER.

Il suffit.

LOUIS, haut.

Des égards, et fais-leur bon visage;
Qu'un splendide banquet les dispose au voyage.
Mes Écossais et toi, chargez-vous de ce soin.
(A voix basse.)
Avec nos vins de France on peut les mener loin;
Des Suisses, c'est tout dire.
(A Coitier.)
Où vas-tu?

COITIER.

De la fête
Je veux prendre ma part.

LOUIS.

Va donc leur tenir tête;
Mais, de par tous les saints! Coitier, veille sur toi.

COITIER.

Répondez-moi de vous, je vous réponds de moi.

LOUIS, pendant que Coitier s'éloigne.

Indulgents pour leurs goûts, sans pitié pour les nôtres,
Voilà les médecins.

COITIER, revenant.

Oui, sire, eux et bien d'autres,
Dont Votre Majesté cependant fait grand cas,
Qui prêchent l'abstinence et ne l'observent pas.

LOUIS.

Va, railleur!

SCENE IX.

LES PRÉCÉDENTS, excepté COITIER et OLIVIER-LE-DAIM.
MARIE entre vers le milieu de la scène.

LOUIS, s'approchant de Commine.

Eh bien donc, ce comte?

COMMINE.

Incorruptible.

LOUIS.

Erreur!

COMMINE.

J'affirme...

LOUIS.

Eh non!

COMMINE.

Sire...

LOUIS.

C'est impossible.

COMMINE.

Il repoussait vos dons.

LOUIS.

Refus intéressés.

COMMINE.

Pour qu'il les acceptât, que faire?

LOUIS.

Offrir assez.
Je traiterai moi-même, et serai plus habile.
Qu'il vienne.

COMMINE.

Croyez-moi, le voir est inutile.

Ne le recevez pas, sire.
LOUIS.
J'aurais grand tort :
Vrai Dieu! mon bon parent me croirait déjà mort.
Allez chercher le comte.

SCENE X.

LES PRÉCÉDENTS, excepté COMMINE.

LOUIS.
Ah! te voilà, Marie!
As-tu fait dans les champs une moisson fleurie?
MARIE.
J'en puis prendre à témoin les buissons d'alentour;
S'il y reste une fleur!...
LOUIS.
J'attendais ton retour;
Parle-moi du saint homme : a-t-il en ta présence
De quelque moribond ranimé l'existence?
Quel miracle as-tu vu?
MARIE.
Pas un, sire.
LOUIS.
On m'a dit
Qu'il voulait pour moi seul réserver son crédit.
En fait de guérisons, qu'il n'en demande qu'une,
La mienne; Dieu ni roi ne veut qu'on l'importune.
Mais va, ma belle enfant, offrir un nouveau don
A la Vierge des Bois dont tu portes le nom;
Je te joindrai bientôt dans son humble chapelle.

MARIE.

Je pars, sire.

LOUIS, lui donnant une chaîne d'or.

Ah! tiens, prends; c'est mon présent.

MARIE.

Pour elle?

LOUIS.

Pour toi.

MARIE.

Grand merci!

Nemours entre avec le Dauphin, Commine, Toison-d'Or et sa suite.

MARIE, apercevant Nemours.

Ciel!

LOUIS, qui l'observe.

Qu'a-t-elle donc?

(À Marie.)

Sortez.

Sur vos gardes, Tristan; messieurs, à mes côtés.

(Il va s'asseoir.)

SCÈNE XI.

LOUIS, LE DAUPHIN, NEMOURS, COMMINE, TOI-SON-D'OR, CHEVALIERS FRANÇAIS ET BOURGUIGNONS.

NEMOURS, sur le devant de la scène.

Je sens mon corps trembler d'une horreur convulsive;
C'est lui, c'est lui, mon père! et Dieu souffre qu'il vive!

LOUIS, après avoir parcouru les lettres de créance que le héraut lui présente à genoux.

Largesse à Toison-d'Or!... Interdit devant nous,
Vous paraissez troublé, comte, rassurez-vous.

ACTE II, SCÈNE XI.

NEMOURS.

On pâlit de colère aussi bien que de crainte;
Et tels sont les griefs dont je viens porter plainte,
Sire, que sur mon front, où vous voyez l'effroi,
La fureur qui m'agite a passé malgré moi.

LOUIS.

Ces griefs, quels sont-ils?

NEMOURS.

              Vous allez les connaître :
Pour très-puissant seigneur le duc Charles, mon maître,
Premier pair du royaume, et prince souverain...

LOUIS.

Je connais les États dont je suis suzerain;
Comte, passons aux faits.

NEMOURS.

             A vous donc, roi de France,
Son frère par le sang, comme par l'alliance,
Moi, venu par son ordre et parlant en son nom,
J'expose ici les faits pour en avoir raison.
Je me plains qu'au mépris de la foi mutuelle,
Vous avez des cantons embrassé la querelle.
Prêtant aide et secours à leurs déloyautés,
Vous les protégez, sire; et quand ces révoltés
Nous jettent fièrement le gage des batailles,
Vous recevez leurs chefs, présents dans ces murailles.

LOUIS, vivement.

Je ne les ai pas vus, et ne les verrai pas.
Poursuivez.

NEMOURS.

          Je me plains que Chabanne et Brancas,
Comme à la paix jurée, à l'honneur infidèles,

Ont la lance à la main surpris nos citadelles,
Et malgré les serments que Louis de Valois,
Que le roi très-chrétien a prêtés sur la croix,
Ont, en lâches qu'ils sont, par force et félonie,
Fait prévaloir des droits qu'un traité lui dénie.

LOUIS.

S'ils l'ont fait, que le tort leur en soit imputé;
Ils ont agi tous deux contre ma volonté.

NEMOURS.

J'en demande une preuve.

LOUIS.

Et vous l'aurez.

NEMOURS..

Mais prompte,
Mais décisive.

LOUIS.

Enfin?

NEMOURS.

Leur châtiment.

LOUIS.

Vous, comte!
Quels que soient vos pouvoirs, c'est par trop exiger :
Car je dois les entendre avant de les juger.

NEMOURS, avec emportement.

Eh! sire, dans vos mains la hache toujours prête
A frappé pour bien moins une plus noble tête.

LOUIS, se levant.

Laquelle?

NEMOURS.

Dieu le sait; quand il vous jugera,
Dieu, qui condamne aussi, vous la présentera,

LOUIS.
La vôtre est dans mes mains.
NEMOURS.
Et vous la prendrez, sire;
Mais écoutez d'abord ce qui me reste à dire.
COMMINE.
Comte!...
LOUIS, qui s'assied.
Le Téméraire est bien représenté :
Jamais ce nom par lui ne fut mieux mérité;
Convenez-en, messieurs!
(A Nemours.)
Mais achevez.
NEMOURS.
Je l'ose,
Quoi qu'il puisse advenir pour mes jours ou ma cause.
Soyez donc attentif, vous, leur maître après Dieu;
Vous, féaux chevaliers; vous, seigneurs de haut lieu,
Dont jamais l'écusson, terni par une injure,
Lui vînt-elle du roi, n'en garda la souillure.
Charles, sur les griefs dont cet écrit fait foi,
Attend et veut justice, ou déclare par moi
Qu'au nom du bien public et de la France entière,
Des lions de Bourgogne il reprend la bannière.
Pour tout duché, comté, fief ou droit féodal,
Qu'il tient de la couronne à titre de vassal;
De l'hommage envers vous lui-même il se relève,
Et sa foi qu'il renie, il la rompt par le glaive.
Il s'érige en vengeur du présent, du passé,
Du sang des nobles pairs traîtreusement versé;
Devant Dieu contre vous et vos arrêts injustes
Se fait le champion de leurs ombres augustes,

Les évoque à son aide; et comme chevalier,
Comme pair, comme prince, en combat singulier,
Au jugement du ciel pour ses droits se confie :
(Jetant son gant.)
Sur quoi, voici son gage, et ce gant vous défie!
Qui le relève?

LE DAUPHIN, *qui s'élance et le ramasse.*

Moi, pour Valois et les lis!

TOUS LES CHEVALIERS.

Moi, moi, sire!

LOUIS, *qui s'est levé.*

Vous tous! lui le premier, mon fils!
Mon fils, si jeune encore, et son bras les devance!
Bien, Charles!... Pâque-Dieu! c'est un enfant de France!

LE DAUPHIN, *attendri.*

Mon père!...

LOUIS, *froidement.*

Assez! assez!
(Au héraut.)
Prends ce gant, Toison-d'Or :
(Montrant le dauphin.)
Froissé par cette main, il est plus noble encor.
(A Nemours.)
Vous à qui je le rends, bénissez ma clémence :
Si je ne pardonnais un acte de démence,
Quand ce gage en tombant m'insultait aujourd'hui,
Votre tête à mes pieds fût tombée avec lui.
J'estime la valeur, et j'excuse l'audace.
(Aux chevaliers.)
Que nul de vous, messieurs, ne soit juste à ma place!
C'est le roi qu'on outrage, et je laisse à juger
Si je me venge en roi de qui m'ose outrager.

ACTE II, SCÈNE XII.

(A Nemours.)

Je garde cet écrit, nous le lirons ensemble,
Comte; ce jour permet qu'un lieu saint nous rassemble;
Nous nous y reverrons en amis, en chrétiens,
Et j'oublierai vos torts pour m'occuper des miens.

NEMOURS, en sortant.

J'ai fait mon devoir, sire, et j'aurai le courage,
Fût-ce au prix de mes jours, d'achever mon ouvrage.

LOUIS, qui fait signe à tout le monde de se retirer et à Tristan d'attendre au fond.

Commine, demeurez!

SCENE XII.

LOUIS, COMMINE, TRISTAN, au fond.

COMMINE.

Que ne m'avez-vous cru,
Sire! devant vos yeux il n'aurait point paru.

LOUIS.

Je ne hais pas les gens que la colère enflamme :
On sait mieux et plus tôt tout ce qu'ils ont dans l'âme.
Il faut rassurer Charle en signant ce traité;
J'entrevois qu'il se perd par sa témérité.
Son digne lieutenant, Campo-Basso, qu'il aime,
Se vendrait au besoin et le vendrait lui-même :
Pour trahir à propos il n'a pas son égal.
L'orgueil de mon cousin doit le mener à mal;
Et si, comme à Morat, le ciel veut qu'il l'expie,
L'arrêter en chemin serait une œuvre impie.

(Après une pause.)

Mais mon fils...

COMMINE.
Que d'espoir dans sa jeune valeur!
Digne appui de son père, avec quelle chaleur
Il s'armait pour venger une cause si belle!

LOUIS.
Il serait dangereux s'il devenait rebelle.

COMMINE.
Quoi, sire...

LOUIS.
Je m'entends; et, par moi-même enfin,
Je sais contre son roi ce que peut un dauphin.
Mais, dites-moi, ce comte, il connaît votre fille?

COMMINE, étonné.
Lui?

LOUIS, vivement.
Répondez.

COMMINE, avec embarras.
J'ai su qu'admis dans ma famille..,
J'étais en France.

LOUIS.
Après?

COMMINE.
J'ai su confusément
Qu'il la vit.

LOUIS.
Qu'il l'aima? parlez-moi franchement.

COMMINE.
Le comte à sa beauté ne fut pas insensible.

LOUIS.
Il l'aime, et vous croyez qu'il est incorruptible!...
Renfermez-vous chez moi; sur ma table en partant

ACTE II, SCÈNE XIII.

J'ai préparé pour vous un travail important.

COMMINE.

Ne vous suivrai-je pas?

LOUIS.

Non : montrez-moi du zèle,
Mais ici même; allez!

(Pendant que Commine s'éloigne.)

J'en saurai plus par elle.

SCENE XIII.

LOUIS, TRISTAN.

LOUIS.

Viens!

TRISTAN.

Me voici!

LOUIS.

Plus près.

TRISTAN.

Là, sire?

LOUIS.

Encore un pas.

TRISTAN.

J'écouterai des yeux, vous pouvez parler bas.

LOUIS.

Eh bien! de ce vassal j'ai pardonné l'outrage.

TRISTAN.

Vous l'avez dit.

LOUIS.

C'est vrai.

TRISTAN.
J'en conclus que c'est sage.

LOUIS.
Je traite avec lui.

TRISTAN.
Vous!

LOUIS.
Ce mot te surprend?

TRISTAN.
Non :
Quoi que fasse mon maître, il a toujours raison.

LOUIS.
Pourtant, à mon cousin si l'avenir réserve
Un revers décisif... que le ciel l'en préserve!

TRISTAN.
Moi, le vœu que je fais, c'est qu'il n'y manque rien.

LOUIS.
Tu n'es pas bon, Tristan; ton vœu n'est pas chrétien.
Mais, si Dieu l'accomplit, tout change alors.

TRISTAN.
Sans doute.

LOUIS.
Laisser aux mains du comte un traité qui me coûte,
Est-ce prudent?

TRISTAN.
Tous deux sont à votre merci.

LOUIS.
Respect au droit des gens! Non pas; non, rien ici.

TRISTAN.
Comment anéantir un acte qu'il emporte?

LOUIS.
Je lui donne au départ une brillante escorte.

ACTE II, SCÈNE XIII.

TRISTAN.

Pour lui faire honneur?

LOUIS.

Oui, moi, son hôte et seigneur,
Comme tu dis, Tristan, je veux lui faire honneur.

TRISTAN.

Qui doit la commander?

LOUIS.

Toi, jusqu'à la frontière.

TRISTAN.

Ah! moi.

LOUIS.

Compose-la.

TRISTAN.

Comment?

LOUIS.

A ta manière.

TRISTAN.

D'hommes que je connais?

LOUIS.

D'accord.

TRISTAN.

Intelligents?

LOUIS.

D'hommes à toi.

TRISTAN.

Nombreux?

LOUIS.

Plus nombreux que ses gens :
Pour lui faire honneur.

TRISTAN.
Certe.

LOUIS.
Et qui sait?... Mais écoute :
C'est l'Angélus?

TRISTAN.
Oui, sire.
(Louis retire son chapeau pour faire une prière, et Tristan l'imite.)
LOUIS, se rapprochant de Tristan après avoir prié.
Et qui sait? sur la route...
Il est fier.

TRISTAN.
Arrogant.

LOUIS.
Dans un bois écarté,
Par les siens ou par lui tu peux être insulté.

TRISTAN.
Je le suis.

LOUIS.
Défends-toi.

TRISTAN.
Comptez sur moi.

LOUIS.
J'y compte.
Tu reprends le traité.

TRISTAN.
C'est fait.

LOUIS.
Bien !

TRISTAN.
Mais le comte?...

ACTE II, SCÈNE XIII.

LOUIS.

Tu ne me comprends pas.

TRISTAN.

Il faut donc...

LOUIS.

Tu souris;
Adieu, compère, adieu; tu comprends.

TRISTAN.

J'ai compris.

FIN DU DEUXIÈME ACTE.

ACTE TROISIÈME.

Une forêt : d'un côté la chapelle de Notre-Dame-des-Bois, dont le portail rustique s'avance, élevé de quelques degrés ; de l'autre, un banc au pied d'un arbre.
Au lever du rideau, le tableau animé d'une fête de village : on danse en rond sur le devant de la scène.

SCENE I.

MARCEL, RICHARD, DIDIER, MARTHE,
PAYSANS, SOLDATS, MARCHANDS.

MARCEL, chantant.
Quel plaisir !... Jusqu'à demain
Sautons au bruit du tambourin ;
Pour étourdir le chagrin,
Fillettes,
Musettes,
Répétez mon refrain !

A la gaieté ce beau jour nous convie :
L'esprit libre et le cœur content,
Demandons tous bonheur et longue vie
Pour le roi que nous aimons tant...

MARTHE, qui s'approche de Marcel.

Va-t-il mieux ?

MARCEL.

Je le crois ; mais qui le sait ? personne.

MARTHE.

Qu'un roi traîne long-temps, Marcel !

MARCEL.

La place est bonne;
On y tient tant qu'on peut.

RICHARD.

La santé vaut de l'or;
Et la sienne, dit-on, coûte cher au trésor.

DIDIER.

Témoin les collecteurs dont nous sommes la proie.

MARCEL.

Oui; des impôts sur tout, même sur notre joie!
J'aime à me divertir; mais doit-on m'y forcer?

MARTHE.

Quand on danse pour soi, c'est plaisir de danser :
Mais pour autrui!

DIDIER.

Par ordre!

RICHARD.

Et quand la peur vous glace,
La corvée est moins rude.

MARCEL.

On peut venir : en place!

Quel plaisir!... Jusqu'à demain
Sautons au bruit du tambourin;
Pour étourdir le chagrin,
Fillettes,
Musettes,
Répétez mon refrain!

Lorsqu'à bien rire ici l'on nous invite,
Que nos seigneurs sont indulgents!
Chantons en chœur ce bon Tristan l'Ermite,
Qui fait danser les pauvres gens.

ACTE III, SCÈNE 1.

DIDIER, à Marcel.

Voici des Écossais!

UN MARCHAND.

Mon bon seigneur, de grâce,
Payez.

MARCEL.

Sur quelque objet un d'eux a fait main basse.

PREMIER ÉCOSSAIS, au marchand.

Non, de par saint Dunstan!

LE MARCHAND.

Le quart!

L'ÉCOSSAIS.

Pas un denier.
Si je payais un juif, que dirait l'aumônier?
Hors d'ici, mécréant!

DEUXIÈME ÉCOSSAIS, à Marthe.

Un mot, la belle fille!

MARCEL.

Mais, c'est ma femme!

L'ÉCOSSAIS.

Eh bien! je suis de la famille,
Et je l'embrasserai.

MARCEL, ôtant son chapeau.

C'est grand honneur pour moi.

DEUXIÈME ÉCOSSAIS.

Tu dois sur sa beauté la dîme aux gens du roi;
Je la prends : dès demain, nous te rendrons visite.

(Ils s'éloignent.)

MARCEL.

Puissent-ils m'épargner leur présence maudite!

MARTHE, s'essuyant la joue.

Rien n'est sacré pour eux.

DIDIER.

Ils nous font plus de mal
Que le vent, que la grêle et le gibier royal.

RICHARD.

Travaillez donc! rentrez vos récoltes nouvelles,
Pour que, fondant sur vous de leurs nids d'hirondelles,
Ils viennent, par volée, apporter la terreur,
La honte et la disette où s'abat leur fureur.

MARTHE.

Ils ont du pauvre Hubert séduit la fiancée.

RICHARD.

De mon unique enfant la vie est menacée.

DIDIER.

Quand les verrons-nous donc mourir jusqu'au dernier,
Eux, et quelqu'un encor?

MARCEL.

Chut! messire Olivier!
En place : le voici!

Quel plaisir! jusqu'à demain
Sautons au bruit du tambourin!
Pour étourdir le chagrin,
Fillettes,
Musettes,
Répétez mon refrain!

SCENE II.

LES PRÉCÉDENTS, OLIVIER.

OLIVIER.

Bien! mes amis, courage!
C'est signe de bonheur quand on chante au village.

ACTE III, SCÈNE II.

MARCEL.

Vous voyez, monseigneur, si nous sommes joyeux.

OLIVIER.

Je venais ici même en juger par mes yeux.
J'aime le peuple, moi.

MARCEL.

Grand merci !

OLIVIER.

Je l'estime.

MARCEL, bas à Marthe.

Il en était.

MARTHE.

Tais-toi.

OLIVIER.

Que la fête s'anime :
Allons! riez, dansez! le roi le veut ainsi ;
Il fait de vos plaisirs son unique souci.

MARTHE.

Au frais, sous la feuillée, on s'est mis en cadence;
Nous n'avions garde au moins de manquer à la danse,
Vu que le grand prévôt nous a fait avertir
D'avoir, midi sonnant, à nous bien divertir.

RICHARD.

Et sous peine sévère!

MARCEL.

Il n'admet pas d'excuse,
Le bon seigneur Tristan, quand il veut qu'on s'amuse.
Aussi vous concevez qu'on est venu gaîment,
Et nous nous amusons de premier mouvement.

OLIVIER.

C'est bien fait.

MARTHE.
De tout cœur.

OLIVIER.

Je vous en félicite.
Il se peut que le roi de ce beau jour profite.

DIDIER.

Le roi!

OLIVIER.

Qu'il vienne ici.

MARCEL.
Parmi nous?

OLIVIER.

Oui, vraiment.

Qu'as-tu donc?

MARCEL.

C'est la joie et... le saisissement.
Le roi!

OLIVIER.

Que direz-vous à cet excellent maître?
Vous allez lui parler, mais sans le reconnaître.

MARCEL.
Je ne l'ai jamais vu qu'à travers les barreaux,
Un soir que nous dansions là-bas, sous les créneaux.
Quand je dis : je l'ai vu, j'explique mal la chose ;
J'ai voulu regarder; mais un roi vous impose.

OLIVIER.

Avais-tu peur?

MARCEL.

Moi, peur! non, mais en y pensant,
J'avais comme un respect qui me glaçait le sang.
Richard, tu vas parler.

ACTE III, SCÈNE II.

RICHARD, à Didier.

Toi!

MARTHE.

J'en fais mon affaire;
Moi, si l'on veut.

OLIVIER.

Vous tous. Il faudra le distraire,
Lui réjouir le cœur par quelque vieux refrain,
Par quelque bon propos.

MARCEL.

Il a donc du chagrin?

OLIVIER.

Non pas! lui répéter qu'il se porte à merveille.

MARTHE.

Il va donc mal?

OLIVIER.

Eh non! lui conter à l'oreille
Tout ce que vous pensez.

MARCEL.

Comment, tout?

OLIVIER.

Pourquoi non?

MARCEL.

Bien! moi je me plaindrai des gens de sa maison.

MARTHE.

Moi, de ses Écossais.

DIDIER.

Moi, de la vénerie.

RICHARD.

Moi, de la taille.

UN PAYSAN.

Et moi...

OLIVIER.

Halte-là, je vous prie :
D'où vous vient cette audace ?

MARTHE.

Excusez, monseigneur.
Nous pensons...

OLIVIER.

Vous pensez qu'il fait votre bonheur.

MARCEL.

C'est vrai.

OLIVIER.

Que vous l'aimez.

MARCEL.

C'est juste.

OLIVIER.

Comme un père.

MARCEL.

Sans doute.

OLIVIER.

Il m'est prouvé par cet aveu sincère
Que vous pensez ainsi ?

MARCEL.

D'accord.

MARTHE.

Pas autrement.

OLIVIER.

Eh bien! dites-le donc, et parlez franchement.

MARCEL.

Sans détour.

OLIVIER.

Le voilà qui sort de l'ermitage.

ACTE III, SCÈNE III.

MARCEL.

Ah! ce vieillard si pâle!

OLIVIER.

Il a très-bon visage.

MARCEL.

Oui, monseigneur.

OLIVIER.

Chantez!

MARCEL, d'une voix éteinte.

Quel plaisir, jusqu'à demain...
Sautons...

OLIVIER, avec colère.

Ferme! soutiens ta voix;
De la gaieté, morbleu!... Chantez tous à la fois.

MARCEL ET LE CHOEUR.

Quel plaisir! jusqu'à demain
Sautons au bruit du tambourin!
Pour étourdir le chagrin,
Fillettes,
Musettes,
Répétez mon refrain!

SCENE III.

LES PRÉCÉDENTS, LOUIS, QUELQUES ÉCOSSAIS
qui restent dans le fond.

(Tristan est dans le fond et semble veiller sur le roi.)

LOUIS, qui arrive à pas lents, et tombe épuisé sur le banc.

Le soleil m'éblouit, et sa chaleur m'oppresse :
L'air était moins pesant, plus pur dans ma jeunesse;
Les climats ont changé.

OLIVIER, lui montrant les paysans.
          Mêlez-vous à leurs jeux :
Vous êtes inconnu; parlez-leur.
              LOUIS.
              Tu le veux?
        OLIVIER, aux paysans.
Ce seigneur de la cour a deux mots à vous dire;
Venez.
(Les paysans se rapprochent du roi.)
            LOUIS, à Marthe.
   Vous, la fermière.
              MARTHE.
              A vos ordres, messire.
              LOUIS
Comment faites-vous donc pour vous porter si bien?
              MARTHE.
Comment?
              LOUIS.
   Dites-le-moi.
              MARTHE.
            Pour cela fait-on rien?
On y perdrait son temps; aussi, mauvaise ou bonne,
Nous prenons la santé comme Dieu nous la donne.
C'est chose naturelle, et qui vient, que je crois,
Ni plus ni moins que l'herbe et le gland dans les bois.
Pour m'en troubler la tête ai-je un instant de reste?
Que nenni! le coq chante, et chacun, d'un pas leste,
Court s'acquitter des soins qu'exige la saison :
Le mari fait ses blés; la femme, à la maison,
Gouverne de son mieux la grange et le ménage.
L'appétit, qui s'éveille et qu'on gagne à l'ouvrage,

ACTE III, SCÈNE III.

Change en morceau de roi le mets le plus frugal.
Jamais un lit n'est dur quand on fut matinal;
Le somme commencé, jusqu'au jour on l'achève :
Qui n'a pas fait de mal n'a pas de mauvais rêve.
Puis revient le dimanche, et pour se ranimer,
On a par-ci par-là quelque saint à chômer.
Travail, bon appétit, et bonne conscience,
Sommeil à l'avenant, voilà notre science
Pour avoir l'âme en paix et le corps en santé ;
L'année arrive au bout, et l'on s'est bien porté.

LOUIS.

Quoi ! jamais de chagrin ?

MARCEL.

Dame ! la vie humaine
N'a qu'un beau jour sur trois, c'est comme la semaine :
La pluie et le beau temps, la peine et le plaisir ;
C'est à prendre ou laisser ; on ne peut pas choisir.

LOUIS.

Pour vous est le plaisir, pour nous la peine.

MARTHE.

A d'autres !
Pensez à nos soucis, vous oublierez les vôtres.
Quand le pain se vend cher, vous vous en troublez peu ;
Tout en filant mon lin, j'y rêve au coin du feu.
Pourtant je chante encor : bonne humeur vaut richesse,
Et qui souffre gaiement a de moins la tristesse.
Quel que soit notre lot, nous nous en plaignons tous ;
Mais le plus mécontent fait encor des jaloux.
Il n'est pauvre ici-bas qu'un plus pauvre n'envie ;
Et quand j'ai par malheur des chagrins dans ma vie,
Le sort d'un moins heureux me console du mien :

J'en vois qui sont si mal que je me trouve bien.

MARCEL.

Maillard, notre cousin, doit un an sur sa ferme.
Donc, je bénis le ciel, moi qui ne dois qu'un terme.

LOUIS, à Olivier.

Ces misérables-là font du bonheur de tout!

OLIVIER, au roi.

Bonheur qui sent le peuple.

MARTHE.

Il est de notre goût,
Qui nous dit qu'un plus grand nous plairait davantage?

OLIVIER, qui fait signe à Marthe.

Mais chacun, dans ce monde, a ses maux en partage;
Vous aussi.

LOUIS.

Répondez : N'avez-vous pas vos maux,
Partant des médecins?

MARCEL.

Oui dà! pour nos troupeaux;
Mais pour nous, que non pas!

LOUIS.

La raison?

MARCEL.

Elle est claire;
Ils prennent votre argent souvent sans vous rien faire.
Leur bailler mes écus, pas si simple! il vaut mieux
Acheter au voisin un quartaut de vin vieux,
Et pour m'administrer ce remède, que j'aime,
N'avoir de médecin que le chantre et moi-même :
Vu qu'on paie à grands frais tous ces donneurs d'espoir,
On croit en revenir, et puis crac! un beau soir

Plus personne!

LOUIS.

Je souffre.

MARCEL.

Au jour de l'échéance
Force est bien, malgré soi, d'acquitter sa créance.
Quel homme avec la mort a gagné son procès?

LOUIS, se levant.

Tu ne la crains donc pas, la mort?

MARCEL.

Si j'y pensais,
J'aurais peur comme un autre, encor plus, j'imagine;
Mais pourquoi donc penser à ce qui vous chagrine?
Pour peu que le curé nous en parle au sermon,
Moi, je pense vignoble et je rêve moisson;
Ou je me dis tout bas ceci, qui me console :
Notre petit Marcel est beau, que j'en raffole.
Tous les ans il grandit : moi, mon temps, lui, le sien.
Amassons pour qu'un jour il ne manque de rien;
Que l'enfant nous regrette. Aussi bien, quoi qu'on fasse,
Il faut que tôt ou tard votre fils vous remplace.

LOUIS.

Mais le plus tard possible.

MARCEL.

Ah! c'est mieux.

OLIVIER.

Ignorant!

MARCEL.

J'ai tort.

OLIVIER.

Des médecins le savoir est si grand!

MARCEL.
Je parle du barbier de notre voisinage,
Et l'on sait ce que c'est qu'un barbier de village.

LOUIS, qui frappe sur l'épaule d'Olivier en riant.
Par Dieu! voici quelqu'un qui le sait mieux que toi,
Tout ministre qu'il est.

OLIVIER, à Marcel.
Pourquoi ris-tu?

MARCEL.
Qui, moi?
Ce seigneur dit un mot qui me semble agréable :
J'en ris.

LOUIS.
Vous l'appelez maître Olivier-le-Diable;
Conviens-en.

MARCEL, vivement.
Non.

LOUIS.
Si fait.

MARTHE, à Marcel.
Trop jaser nuit souvent :
Bouche close!

LOUIS.
Entre amis.

MARTHE.
Qu'on maudisse le vent,
Quand il abat les fruits ou découvre la grange;
L'orage, quand trop d'eau fait couler la vendange,
L'orage ni le vent ne s'en fâcheront pas;
Les grands, c'est autre chose : on a beau parler bas,
Tout ce qu'on dit sur eux leur revient à l'oreille,

ACTE III, SCÈNE III.

Et l'on pleure le jour d'avoir trop ri la veille.

OLIVIER, à Marthe.

Pourtant si quelqu'un d'eux disait du mal du roi,
Vous le dénonceriez?

MARCEL.

C'est bien chanceux...

LOUIS.

Pourquoi?

MARCEL.

L'argent qu'on gagne ainsi vous porte préjudice.

OLIVIER.

Rêves-tu?

MARCEL.

Vos moutons meurent par maléfice ;
Vos blés sèchent sur pied. Tenez, l'autre matin,
Le fermier du couvent dénonça son voisin ;
La grêle à ses vergers fit payer sa sottise,
Tout périt, et pourtant c'était du bien d'église.

OLIVIER.

Maître fou !

MARCEL.

Je l'ai vu : demandez à Richard.

RICHARD.

C'est sûr.

LOUIS, sévèrement.

Dieu l'a puni d'avoir parlé trop tard.

MARCEL.

Je vous crois ; après tout, Dieu veuille avoir son âme !
Que vous sert votre argent, si l'enfer vous réclame ?
Aussi mon cœur s'en va quand je vois sur le soir
Le convoi d'un défunt, les cierges, le drap noir,

Et l'office des morts avec les chants funèbres ;
Je me dis : Les démons sont là, dans les ténèbres,
Ils vont le prendre; et l'or, qu'il aimait à compter,
Des griffes de Satan ne peut le racheter.

LOUIS.

Je me sens mal.

OLIVIER, à Marcel.

Poltron !

MARCEL.

J'en conviens, je frissonne ;
Pourtant j'ai bon espoir : je n'ai tué personne.

LOUIS, avec violence.

Va-t'en !

MARCEL.

Je l'ai fâché, mais si je sais comment...

OLIVIER.

Rustre !

LOUIS, à lui-même.

La mort, l'enfer, un éternel tourment !
Notre-Dame d'Embrun, soyez-moi secourable !
(A Marcel.) (Lui secouant le bras.)
Va-t'en... Non, viens, réponds : qui t'a dit, misérable,
De me parler ainsi ?

MARCEL, tombant à genoux.

Personne.

LOUIS.

On t'a payé ;
Qui l'a fait ?

MARCEL.

Si c'est vrai, que je sois foudroyé !

ACTE III, SCÈNE III.

MARTHE.
Allez, méchant propos chez lui n'est pas malice,
C'est candeur.

MARCEL.
C'est bêtise ; elle me rend justice.
Demandez-leur à tous, je suis connu.

LOUIS.
J'ai ri ;
(A Marthe.)
Bien te prend d'être un sot. C'est donc là ton mari?

MARTHE.
Brave homme au demeurant, et que j'aime.

LOUIS.
Eh bien! passe :
Je lui pardonnerai ; mais ne lui fais pas grâce ;
Nomme tes amoureux.

MARTHE.
Chez nous rien de pareil!

LOUIS.
Avec ces traits piquants, ces yeux, ce teint vermeil!
Quoi! pas un? réfléchis, car cela le regarde.

MARCEL.
Marthe, nomme-les tous ; je n'y prendrai pas garde.

MARTHE, en souriant.
Je n'en ai qu'un.

LOUIS.
Et c'est?

MARTHE.
Vous.

LOUIS, la prenant à bras-le-corps.
Vraiment!

MARTHE.

         Finissez.

LOUIS.

Que crains-tu d'un vieillard?

MARTHE.

      Pas si vieux!

LOUIS.

         Mais assez
Pour se fier à lui.

MARTHE.

    Je ne m'y fierais guère;
Vous avez l'œil vif.

OLIVIER, bas à Marthe.

  Bien!

MARTHE.

     L'air d'un joyeux compère.

LOUIS.

Oui-dà?

MARTHE.

  Fille avec vous pourrait courir gros jeu.

OLIVIER, de même à Marthe.

A merveille.

LOUIS.

  Tu crois?

MARTHE.

      Et si je forme un vœu,
C'est que, vous ressemblant d'humeur et de visage,
Le roi qui se fait vieux porte aussi bien son âge.

LOUIS.

D'où vient?

MARTHE.

   Nous et nos fils nous aurions du bon temps;

ACTE III, SCÈNE III.

Car vous êtes robuste, et vous vivrez cent ans.

LOUIS.

Cent ans! Tu l'aimes donc, le roi?

MARTHE, à qui Olivier glisse dans la main une bourse qu'elle montre par derrière aux autres paysans.

Quelle demande!
Ne l'aimons-nous pas tous?

LES PAYSANS.

Oui, tous.

MARTHE.

La France est grande,
Et chacun, comme nous, y bénit sa bonté.

LOUIS, attendri.

Tu l'entends?

OLIVIER.

Et par eux vous n'êtes pas flatté!

LOUIS, à Marthe.

Pâque-Dieu! mon enfant, c'est le roi qui t'embrasse!

MARTHE.

Le roi!

LES PAYSANS.

Vive le roi!

MARCEL.

Lui, son fils et sa race,
A toute éternité!

LOUIS.

Braves gens que voilà!
Leurs vœux me vont au cœur.

OLIVIER.

C'est qu'ils partent de là.

LOUIS.

Pour la France et pour moi, je vous en remercie.

(A Marthe.)
Ah! je vivrai cent ans! Eh bien! ta prophétie
Te vaudra des joyaux : prends ceci, prends encor.
(Aux paysans.)
Allez vous réjouir avec ces écus d'or;
Buvez à mes cent ans.

MARCEL.

Et plutôt dix fois qu'une.
Je véux à tous venants montrer notre fortune,
La compter devant eux.

MARTHE.

Et je leur dirai, moi,
Que j'ai reçu de plus deux gros baisers du roi.

SCENE IV.

LOUIS, OLIVIER.

LOUIS, avec émotion.
Il est doux d'être aimé!

OLIVIER.
C'est vrai.

LOUIS.

Je suis robuste.

OLIVIER.
Et ces femmes du peuple ont souvent prédit juste.

LOUIS.
Tu ris.

OLIVIER.
Non pas.

LOUIS.
Cent ans! m'en flatter, j'aurais tort!

ACTE III, SCÈNE IV.

Pourtant mon astrologue avec elle est d'accord.

OLIVIER.

Se peut-il?

LOUIS.

    Chose étrange!

OLIVIER.

        Et pour moi décisive;
De plus, c'est au moment où le saint homme arrive.

LOUIS.

Comme envoyé du ciel!

OLIVIER.

      Sire, je la croirais.

LOUIS.

Oh! non... mais c'est possible, à cinq ou six ans près;
Et, fussé-je un cadavre usé par la souffrance,
Vivant, je voudrais voir ces tyrans de la France,
Ces vassaux souverains, réduits à leurs fleurons
De ducs sans apanage et d'impuissants barons,
N'offrir de leur grandeur que le noble fantôme;
Je voudrais voir leurs fiefs, démembrés du royaume,
S'y joindre, et ne former sous une même loi
Qu'un corps où tout fût peuple, oui, tout... excepté moi.

OLIVIER.

Plût au ciel!

LOUIS.

    Mon cousin m'a fait plus d'une injure;
Qu'un bon cercueil de plomb m'en réponde, et je jure
Que les ducs bourguignons, mes sujets bien-aimés,
Seront dans son linceul pour jamais renfermés,
Et qu'avec eux jamais mon royal héritage
N'aura maille à partir pour la foi ni l'hommage.

Mais il vit; parlons bas. Ce comte de Réthel,
Cet homme incorruptible, ou qu'on a jugé tel,
On l'entoure, on l'amuse, il n'a pas vu Marie.

OLIVIER, lui montrant la chapelle ouverte.

Elle est là.

LOUIS.

Je la vois.

OLIVIER.

C'est pour vous qu'elle prie.

LOUIS.

Avec cette ferveur et ce recueillement?
Mon royaume, Olivier, que c'est pour un amant!

OLIVIER.

L'enjeu, si je le gagne, est difficile à prendre;
Vos ennemis vaincus sont là pour me l'apprendre.

LOUIS, regardant toujours du côté de la chapelle.

Secret de jeune fille est parfois important;
Je connaîtrai le sien; qu'elle vienne!

OLIVIER, qui fait un pas pour sortir.

A l'instant.

LOUIS.

Prends soin que rien ne manque à la cérémonie.

OLIVIER.

La cour au monastère est déjà réunie,
Et doit se rendre ici quand Votre Majesté
Devant l'homme de Dieu va jurer le traité.

LOUIS.

Je veux qu'il sache bien, pour prolonger ma vie,
Que maintenir la paix est ma pieuse envie;
Que je commande en maître à mes ressentiments.

OLIVIER.

Les reliques des saints recevront vos serments?

ACTE III, SCÈNE V.

LOUIS, plus bas.

Non, la châsse d'argent suffit sans les reliques.

OLIVIER.

J'y pensais.

LOUIS.

Ce scrupule, aisément tu l'expliques ;
Connaissant mon cousin, j'ai droit de soupçonner
Qu'un faux serment de lui pourrait les profaner.

(On entend retentir les cris de : Vive le dauphin !)

Quel bruit !

OLIVIER.

Dans le hameau c'est le dauphin qui passe ;
Ce peuple qui vous aime...

(Les mêmes cris se répètent.)

LOUIS.

Encor ! ce bruit me lasse :
Ils aiment tout le monde : à quoi bon ces transports ?
Le dauphin ! qu'on attende : il n'est pas roi. Va, sors,
Il vient.

(Olivier entre dans la chapelle.)

SCÈNE V.

LOUIS, LE DAUPHIN.

LOUIS.

Qu'avez-vous donc ? vous pleurez de tendresse.

LE DAUPHIN.

Pour la première fois je goûte cette ivresse :
Qui n'en serait ému ? Partout sur mon chemin,
Partout les mêmes cris !

LOUIS.

Vous partirez demain.

LE DAUPHIN.

Sitôt!

LOUIS.

C'est un poison, prince, que la louange.
Un jeune orgueil qu'on flatte aisément prend le change;
On se croit quelque chose, on n'est rien.

LE DAUPHIN.

Je le sais.

LOUIS.

Beau sujet d'être heureux : des cris quand vous passez!
Le peuple, en ramassant un écu qu'on lui jette,
Fatigue de ses cris quiconque les achète.
Jugez mieux de l'accueil qu'on vous a fait ici :
J'ai parlé, j'ai payé pour qu'il en fût ainsi.

LE DAUPHIN.

Quoi, sire! cette joie, elle était commandée?

LOUIS.

Par moi.

LE DAUPHIN.

Mon cœur se serre à cette triste idée.

LOUIS.

Que la leçon vous serve : afin d'en profiter,
Sous les créneaux d'Amboise allez la méditer.

LE DAUPHIN.

Qu'ai-je donc fait?

LOUIS.

Vous? rien; et qu'oseriez-vous faire?
Que pouvez-vous?

LE DAUPHIN.

Hélas! pas même vous complaire.

ACTE III, SCÈNE V.

C'est mon unique espoir; c'est mon vœu le plus doux :
Mais...

LOUIS.

Parlez!

LE DAUPHIN.

Je ne puis.

LOUIS.

Pourquoi trembler?

LE DAUPHIN.

Moi?

LOUIS.

Vous.

LE DAUPHIN.

Du moins, quand d'un vassal l'envoyé vous offense,
Je ne tremble pas.

LOUIS.

Non; mais prendre ma défense,
La prendre sans mon ordre est aussi m'offenser.

LE DAUPHIN.

Dieu! j'ai cru que vos bras s'ouvraient pour me presser,
Que j'en allais sentir l'étreinte paternelle.

LOUIS.

Vision!

LE DAUPHIN.

Qu'à ce prix la mort m'eût semblé belle!
Si vous m'aimiez...

LOUIS.

Ainsi je ne vous aime pas?

LE DAUPHIN.

Pardonnez!

LOUIS.

Je vous hais?... Les enfants sont ingrats!
Je suis un homme dur?

LE DAUPHIN.

Sire!...

LOUIS.

Presque barbare?
Voilà comme on vous parle et comme on vous égare.

LE DAUPHIN.

Jamais.

LOUIS.

En s'y risquant on met sa vie au jeu ;
On l'ose cependant.

LE DAUPHIN.

Jamais.

LOUIS.

Qui donc? Beaujeu?
Votre oncle d'Orléans? d'autres que je soupçonne!...
(Avec bonhomie.)
Charles, mon fils, sois franc : sans dénoncer personne,
Nomme-les-moi tout bas ; je ne veux pas punir,
Je veux savoir.

LE DAUPHIN.

Mon oncle aime à m'entretenir.

LOUIS.

Il te dit?...

LE DAUPHIN.

Que la France un jour m'aura pour maître ;
Que m'en faire chérir est mon devoir.

LOUIS, à part.

Le traître!

(Haut.)
Et ne vous dit-il pas qu'affaibli par mes maux,
Je dois, oui... qu'avant peu je... s'il le dit, c'est faux...
Qu'enfin vous n'avez plus qu'à ceindre un diadème,
Qui dans vos jeunes mains va tomber de soi-même?

LE DAUPHIN.

Dieu!

LOUIS.

C'est faux : mon fardeau me fait-il chanceler?
Le poids d'un diadème est loin de m'accabler.
Deux, trois autres encor, devenant ma conquête,
Ne m'accableraient pas, et sur ma vieille tête
Accumulés tous trois, lui seraient moins pesants
Qu'une toque d'azur pour ce front de seize ans.

LE DAUPHIN.

Ah! vivez; c'est mon vœu quand j'ouvre la paupière;
En refermant les yeux, le soir, c'est ma prière;
Quand je vois sur vos traits refleurir la santé,
Tout bas je bénis Dieu de m'avoir écouté ;
Vivez : sous votre loi que la France prospère,
Je le demande au ciel; qu'il m'exauce! Ah! mon père,
Pour ajouter aux jours qui vous sont réservés,
S'il faut encor les miens, qu'il les prenne, et vivez!

LOUIS, en retirant sa main que le dauphin veut baiser.

Non, non, je serais faible, et je ne veux pas l'être.
Allez.

(Le dauphin, qui a fait un pas pour sortir, revient, et baise la main du roi en la mouillant de pleurs.

LOUIS, ému.

C'est un bon fils!... qui me trompe peut-être.

SCÈNE VI.

LOUIS, sur le devant de la scène, **LE DAUPHIN, MARIE.**

LE DAUPHIN, bas à Marie qui sort de la chapelle.

Adieu! pensez à moi!

MARIE.

Vous partez, monseigneur?

LE DAUPHIN.

Demain.

(Il lui baise la main.)

Vous voulez bien, vous!

SCENE VII.

LOUIS, MARIE.

LOUIS, tandis que Marie fait un signe de pitié au dauphin qui sort.

Il est plein d'honneur.
Je l'étais, et pourtant...

MARIE.

Pardon, sire!

LOUIS, à part.

Ah! c'est elle.

(Haut.)

Approche, mon enfant; comme te voilà belle!

MARIE.

Chacun vient en parure à la fête du lieu

LOUIS.

C'est agir saintement que se parer pour Dieu.

MARIE.

Je l'ai fait.

ACTE III, SCÈNE VII.

LOUIS.

Pour Dieu seul?

MARIE.

Pour qui donc?

LOUIS.

Je l'ignore.
A quelqu'un en secret tu voudrais plaire encore ;
Pourquoi pas?

MARIE.

A vous, sire.

LOUIS.

A moi! je t'en sais gré;
Mais supposons qu'ici, par ta grâce attiré,
Quelque autre que ton roi...

MARIE.

Comment?

LOUIS.

Je le suppose.

MARIE.

Je ne vous comprends pas.

LOUIS.

Non? parlons d'autre chose ;
J'ai tort de supposer.

(Il s'assied au pied de l'arbre.)

Viens t'asseoir près de moi;
Là, bien; ne rougis pas : ton malade avec toi,
Pour oublier ses maux, sans te fâcher peut rire,
Et tu sais qu'un vieillard a le droit de tout dire.

MARIE.

Un monarque surtout.

LOUIS.

On me fait bien méchant :

Je suis bon homme au fond ; j'eus toujours du penchant
A prendre le parti des filles de ton âge :
Aussi plus d'un hymen fut mon royal ouvrage.

MARIE.

Vous êtes un grand roi.

LOUIS.

Les jeunes mariés
Quelquefois me l'ont dit, j'en conviens.

MARIE.

Vous riez.

LOUIS.

Je songeais à t'offrir l'appui de la couronne ;
Nous aurions réussi, mais tu n'aimes personne.

MARIE.

Moi, sire !

LOUIS.

Je le sais.

MARIE.

Pourtant vous m'accusiez.

LOUIS.

Je me trompais.

MARIE.

Enfin, ce que vous supposiez,
Qu'est-ce donc ?

LOUIS.

Sans détour faut-il que je te parle ?
Je pensais, faussement, qu'à la cour du duc Charle,
Ton cœur... à dix-huit ans quoi de plus naturel !
S'était laissé toucher aux vœux d'un damoisel,
Brave, de haut lignage et d'antique noblesse.
Oh ! j'avais, mon enfant, bien placé ta tendresse !

ACTE III, SCÈNE VII.

MARIE, vivement.

Poursuivez.

LOUIS.

Ce récit te semble intéressant.

MARIE.

Comme un conte.

LOUIS.

En effet, c'en est un. Quoique absent,
Ton chevalier de loin occupait ta pensée,
Et lui, jaloux de voir sa belle fiancée,
En ambassade...

MARIE, à part.

O ciel!

LOUIS.

Arrivé d'aujourd'hui,
Il venait de mes soins me demander l'appui
Pour conclure...

MARIE.

Un traité?

LOUIS.

Non pas : un mariage.

MARIE.

Et vous?...

LOUIS.

J'y consentais; mais c'est faux; quel dommage!

MARIE.

Quoi! sire, vous savez?...

LOUIS.

Moi; rien!

MARIE.

Grand Dieu! comment?

Par qui donc?

LOUIS.

C'est un conte, et tu n'as point d'amant;
Non : parlons d'autre chose.

MARIE.

Excusez un mystère
Que j'ai dû respecter.

LOUIS.

Ah! tu n'es pas sincère,
Tu te caches de moi; je m'en vengerai!

MARIE, effrayée.

Vous!
Grâce! pitié pour lui! je tombe à vos genoux!
Qui l'a trahi?

LOUIS, qui lui prend les mains en riant, tandis qu'elle est à ses pieds.

Le traître est ton père lui-même.

MARIE.

Il vous a dit?...

LOUIS.

Le nom du coupable qui t'aime.

MARIE.

Il l'a nommé?

LOUIS.

Mais oui.

MARIE.

Vous épargnez ses jours!
Vous pardonnez...

LOUIS.

Sans doute.

MARIE, avec un transport de joie.

A Nemours!

ACTE III, SCÈNE VII.

LOUIS, à part, en se levant.

                                C'est Nemours!

MARIE.

Que mon père attendri vous jugeait bien d'avance,
Lorsque d'un orphelin il protégea l'enfance!

LOUIS.

Bon Commine! en effet, c'est lui...

MARIE.

                        Qui l'a sauvé.
En exil par ses soins Nemours fut élevé.

LOUIS.

Excellent homme!

MARIE.

              Alors, je l'aimai comme un frère;
D'un avenir plus doux je flattai sa misère.

LOUIS.

Et Commine, pour toi, fier d'un tel avenir,
Au sang des Armagnacs un jour voulait t'unir;
C'était d'un tendre père.

MARIE.

                  O moment plein de charmes!
Je vais donc lui parler, le voir, tarir ses larmes,
Partager son bonheur!

LOUIS.

            Tu ne le verras pas.

MARIE.

Pourquoi? si le hasard portait ici ses pas...

LOUIS.

Le hasard?

MARIE.

            Eh bien! non; je dois tout vous apprendre :

Sur un mot de sa main j'ai promis de l'attendre.
On soupçonne aisément quand on n'est pas heureux;
Surpris de mon absence et trompé dans ses vœux,
Que dira-t-il?

LOUIS.

J'y songe, et me fais conscience
D'éveiller dans son cœur la moindre défiance;
Pauvre Nemours!... Écoute : il se croit inconnu;
De le désabuser l'instant n'est pas venu.
Par d'importants motifs, qui nous font violence,
Ton père, ainsi que moi, nous gardons le silence;
En l'instruisant trop tôt, tu le perds pour jamais.

MARIE.

Je me tairai.

LOUIS.

J'y compte, et tu me le promets
Devant la Vierge sainte, objet de tes hommages,
Qui bénit sur l'autel les heureux mariages.
Tu m'entends : ne va pas t'oublier un moment,
Elle me le dirait.

MARIE.

Non; j'en fais le serment.

LOUIS.

(A part)

C'est bien : Dieu l'a reçu. Nemours!... pour qu'il expire,
Un mot de moi suffit, un mot... dois-je le dire?
J'y vais penser. Tristan!

(A Marie.)

Je te laisse en ce lieu;

(Il la baise sur le front.)

Mais la Vierge t'écoute. Adieu, ma fille, adieu!

SCENE VIII.

MARIE.

Qu'il m'est doux, ce baiser, gage de sa clémence!
Mais, hélas! cette joie inespérée, immense,
Qui m'attendrit, m'oppresse et voudrait s'épancher,
Elle inonde mon cœur, il faut la lui cacher.
Je le dois : en parlant je deviens sacrilége.
Sainte mère de Dieu, dont le nom me protége,
O vous, dans mes chagrins mon céleste recours,
Dans ma joie aujourd'hui venez à mon secours ;
Rendez mes yeux muets et faites violence
A l'aveu qui déjà sur mes lèvres s'élance;
Prêt à s'en échapper, qu'il meure avec ma voix.
Je tremble, je souris et je pleure à la fois.
Dieu! que je suis heureuse! il vient.

SCENE IX.

MARIE, NEMOURS.

MARIE.
Nemours!

NEMOURS.
Marie!
Je vous retrouve enfin!

MARIE.
Et dans votre patrie,
Sous ce beau ciel de France!

NEMOURS.
Il m'a tant vu souffrir!
MARIE.
Espérez!
NEMOURS.
Près de vous me verra-t-il mourir?
MARIE.
Mourir! ne craignez plus; je sais, j'ai l'assurance
Que... Non, je ne sais rien; cependant l'espérance,
Comme un songe, à mes yeux sourit confusément,
Et d'un bonheur prochain j'ai le pressentiment.
NEMOURS.
Tendre sœur, pour mes maux toujours compatissante,
Mais plus belle!
MARIE.
Est-il vrai?
NEMOURS.
Plus belle encore!
MARIE.
Absente,
Vous me regrettiez donc, mon noble chevalier?
Car vous l'êtes toujours.
NEMOURS.
Qui? moi, vous oublier!
Le puis-je?
MARIE.
Quand mes mains cueillaient dans la rosée
L'offrande qu'à l'autel tantôt j'ai déposée,
La fleur que feuille à feuille interrogeaient mes doigts
M'a dit que vous m'aimiez, Nemours, et je la crois.
NEMOURS.
Ému par vos discours, je me comprends à peine :

ACTE III, SCÈNE IX.

Ce sentiment profond suspend jusqu'à ma haine.
MARIE.
Pourquoi haïr, Nemours? il est si doux d'aimer!
NEMOURS.
Pourquoi, grand Dieu!
MARIE.
Celui que vous allez nommer
Peut-être à la pitié n'est pas inaccessible;
Demain, dès ce jour même...
NEMOURS.
Eh bien?
MARIE.
Tout est possible;
Heureuse, je crois tout. Je ne puis rien prévoir,
Rien sentir, rien penser, sans m'enivrer d'espoir;
Et, soit que Dieu m'éclaire, ou que l'amour m'inspire,
Je n'ai que du bonheur, Nemours, à vous prédire.
NEMOURS.
Hélas!
MARIE.
Vous souvient-il, ami, de ce beau jour
Où votre aveu m'apprit que vous m'aimiez d'amour?
C'était le soir.
NEMOURS.
Au pied d'une croix solitaire.
MARIE.
Mes yeux baissés comptaient les grains de mon rosaire,
Et j'écoutais pourtant.
NEMOURS.
Sur le bord du chemin,
Un vieillard qui pleurait vint nous tendre la main.

MARIE.

Il reçut notre aumône, et sa voix attendrie
Me dit que... je serais...

NEMOURS.

Ma compagne chérie,
Ma femme.

MARIE.

Il s'en souvient!

NEMOURS.

Ces biens que j'ai perdus,
J'espérais que, pour vous, ils me seraient rendus.
Je reviens; mais l'exil est toujours mon partage.
Des biens, je n'en ai plus, et dans mon héritage,
Sous le toit paternel, par la force envahis,
Je suis un étranger comme dans mon pays.

MARIE.

Votre exil peut finir.

NEMOURS.

En traversant la France,
Je visitai ces murs, berceau de mon enfance;
Morne et le cœur navré, j'entendis les roseaux
Murmurer tristement au pied de leurs créneaux.
Que de fois à ce bruit j'ai rêvé sous les hêtres,
Dont l'antique avenue ombragea mes ancêtres!
Le fer les a détruits, ces témoins de mes jeux;
Mon vieux manoir désert tombe et périt comme eux.
L'herbe croît dans ses cours; les ronces et le lierre
Ferment aux pèlerins sa porte hospitalière.
Le portrait de mon père, arraché du lambris,
Était là, dans un coin, gisant sur des débris.
Pas un des serviteurs dont il reçut l'hommage,

Et qui heurtent du pied sa vénérable image,
N'a de l'ancien seigneur reconnu l'héritier,
Hors le chien du logis, couché sous le foyer,
Qui, regardant son maître avec un air de fête,
Pour me lécher les mains a relevé la tête.

MARIE.

Pourtant, si ce vieillard, par nos dons assisté,
Avait en nous parlant prédit la vérité ;
Si vous deviez un jour, dans votre ancien domaine,
Voir vos nombreux vassaux bénir leur châtelaine,
Baiser son voile blanc, se partager entre eux
Le bouquet nuptial tombé de ses cheveux ;
Si tous deux à genoux, là, dans cette chapelle,
Nous devions être unis par la Vierge immortelle !

NEMOURS.

O mon unique amie, ô vous que je revois,
Que peut-être j'entends pour la dernière fois,
Nous unis !... Sous ces nefs puisse ma fiancée
Ne pas suivre en pleurant ma dépouille glacée !
Une voix, dont mon cœur reconnaît les accents,
M'annonce mon destin : c'est la mort, je le sens.
Oui, je mourrai : je dois reposer avant l'âge
Dans le funèbre enclos voisin de ce village.

MARIE.

Que dites-vous ?

NEMOURS.

      Heureux si, debout sur le seuil,
Un prêtre n'y vient pas arrêter mon cercueil ;
Et, comme à l'assassin banni de cette enceinte,
Ne m'y refuse pas et la terre et l'eau sainte !

MARIE.

A vous, Nemours, à vous! jamais ce ciel natal,
Jamais ce doux pays ne vous sera fatal.
Apprenez que vos droits, vos biens... Vierge divine,
Pardonnez, je me tais. Moi causer sa ruine,
Moi qui mourrais pour lui!

NEMOURS.

Marie, expliquez-vous;
Parlez.

MARIE.

Je ne le puis : non, non, séparons-nous.
Par pitié pour vous-même, il faut que je vous quitte.
Ami, laissez-moi fuir : le trouble qui m'agite
Peut m'arracher un mot à ma bouche interdit :
Espérez, espérez!... On vient :
(Se retournant vers la chapelle.)
Je n'ai rien dit.

SCENE X.

LOUIS, NEMOURS, FRANÇOIS DE PAULE, OLIVIER, TRISTAN, LE CARDINAL D'ALBY, DAMMARTIN, PRÊTRES, CHEVALIERS FRANÇAIS ET BOURGUIGNONS.

NEMOURS, sur le devant de la scène.

Comme on croit aisément au bonheur qu'on désire!
Mais que son cœur s'abuse!

LOUIS, qui tient à la main le papier que Nemours lui a remis.

Ici, la haine expire :
Un roi devient clément, mon père, à vos genoux;
Et sous la croix du Dieu qui s'immola pour nous,

ACTE III, SCÈNE X.

Quel pardon peut coûter après son sacrifice?
Le comte de Réthel m'a demandé justice :
Bien que de son message il se soit acquitté
Moins en sujet soumis qu'en vassal révolté,
Je préfère mon peuple au soin de ma vengeance.
J'approuve, j'ai signé ce traité d'alliance,
Et je vous le remets pour qu'il soit plus sacré
Au sortir de vos mains, où nous l'aurons juré.

FRANÇOIS DE PAULE, sur les degrés de la chapelle entre deux prêtres dont l'un tient une châsse d'argent, l'autre une croix.

O mon fils, je suis simple et j'ai peu de lumières :
Je vis loin des palais; mais souvent les chaumières
M'apprennent par leur deuil que le plus beau succès
Rapporte moins aux rois qu'il ne coûte aux sujets.
Dieu l'inspire, celui qui, dépouillé de haine,
Rapproche les enfants de la famille humaine,
Ne veut voir qu'un lien dans son pouvoir sur eux,
Et dans l'humanité qu'un peuple à rendre heureux.
Rois, c'est votre devoir, et prêtres, nous le sommes,
Non pas pour diviser, mais pour unir les hommes.
Par le double serment que mes mains vont bénir,
De la bouche et du cœur venez donc vous unir.
Des pactes d'ici-bas les arbitres suprêmes
En trahissant leur foi se trahissent eux-mêmes,
Et dans le livre ouvert au jour du jugement
Ils liront leur parjure écrit sous leur serment.

NEMOURS.

Le ciel qui voit mon cœur comprendra mon langage :
Je parle au nom d'un autre, et c'est lui qui s'engage,
Se tient pour satisfait dans son honneur blessé,
Et devant l'Éternel jure oubli du passé.

LOUIS.

Le comte de Réthel pouvait sans se commettre
Prononcer le serment qu'il se borne à transmettre;
Je le reçois pourtant, et j'engage ma foi
A Charles de Bourgogne, ici présent pour moi.
C'est de lui que j'entends oublier toute injure,
Et devant l'Éternel c'est à lui que je jure...

SCÈNE XI.

LES PRÉCÉDENTS, LE DAUPHIN, DUNOIS, TORCY.

LE DAUPHIN, *s'élançant vers le roi.*

Mon père!

LOUIS.

Eh quoi! sans ordre?

LE DAUPHIN.

Un message important...
Pardonnez! mais la joie... il arrive à l'instant :
Charles, votre ennemi...

LOUIS.

Mon ennemi! Qu'entends-je?
Qui? lui, mon allié, mon frère!

LE DAUPHIN.

Dieu vous venge :
Il est vaincu.

LOUIS.

Comment?

LE DAUPHIN.

Vaincu devant Nancy.

NEMOURS.

Charle!

ACTE III, SCÈNE XI.

LOUIS.

En êtes-vous sûr?

LE DAUPHIN.

Les seigneurs de Torcy,
De Dunois et de Lude en ont eu la nouvelle.
Un de ses lieutenants a trahi sa querelle,
Il a causé sa perte.

LOUIS.

Ah! le lâche!

NEMOURS.

Faux bruit,
Qu'un triomphe éclatant aura bientôt détruit!
Le duc Charle...

LE DAUPHIN.

Il est mort.

LOUIS.

La preuve?

LE DAUPHIN, lui remettant des dépêches.

Lisez, sire :
La voici.

NEMOURS.

Vaincu, mort! non : quoi qu'on puisse écrire,
Moi, comte de Réthel, au péril de mes jours,
Je maintiens que c'est faux!

LOUIS.

C'est vrai, duc de Nemours.

LE DAUPHIN.

Nemours!

NEMOURS.

Je suis connu.

LOUIS.

C'est aussi vrai, parjure,
Qu'il l'est qu'envers ton Dieu coupable d'imposture,
Coupable envers ton roi de haute trahison,
Tu mentais à tous deux par ton titre et ton nom.
Le ciel dans sa justice a trompé ton attente.
Qu'on s'assure de lui.

NEMOURS, tirant son épée.

Malheur à qui le tente!
(Aux chevaliers de sa suite.)
Qu'on l'ose! A moi, Bourgogne!

LOUIS.

A moi, France!

FRANÇOIS DE PAULE, saisissant la croix dans les mains d'un prêtre
et s'élançant entre les deux partis.

Arrêtez,
Au nom du Dieu sauveur à qui vous insultez!

NEMOURS, baissant son épée comme les autres chevaliers.

Ma fureur m'égarait, et ces preux que j'expose,
Vaincus sans me sauver, périraient pour ma cause.
Arrière, chevaliers! si Charle est triomphant,
La terreur de son nom mieux que vous me défend;
S'il n'est plus, mourant seul, je mourrai sans me plaindre.
(En jetant son épée aux pieds du roi.)
Pour venir jusqu'à toi, comme toi j'ai dû feindre;
Je l'ai dû : je l'ai fait. Quel que fût mon dessein,
J'en rendrai compte à Dieu qui l'a mis dans mon sein.
Jette encore une proie aux bourreaux de mon père!
Il te manque un plaisir : je n'ai ni fils, ni frère,
Je n'ai pas un ami que tu puisses forcer
A recevoir vivant mon sang qu'ils vont verser.

LOUIS, faisant signe à Tristan d'emmener Nemours.
Aujourd'hui, grand prévôt, son procès, sa sentence ;
Demain le reste.
(Nemours sort entouré de gardes et suivi des Bourguignons.)

SCENE XII.

LES PRÉCÉDENTS, excepté NEMOURS et TRISTAN.

FRANÇOIS DE PAULE.
O roi! j'implore ta clémence.
LOUIS.
A m'outrager ici que ne s'est-il borné!
Je pardonnerais tout ; mais moi, le fils aîné,
Le soutien de l'Église, absoudre un sacrilége
Qui brave des autels le divin privilége,
Qui sans respect pour vous... Ah! je vous vengerai,
Ou le roi Très-Chrétien n'aurait rien de sacré!
FRANÇOIS DE PAULE.
Qu'au moins je le console!
LOUIS, vivement.
Oui, plus il est coupable,
Et plus vous lui devez votre appui charitable ;
Oui, pour sauver son âme, allez, suivez ses pas.
FRANÇOIS DE PAULE.
Et la vôtre, mon fils, n'y penserez-vous pas?

SCENE XIII.

LES PRÉCÉDENTS, excepté FRANÇOIS DE PAULE.

LOUIS. Il regarde sortir François de Paule ; puis avec un transport de joie, mais à voix basse.
Montjoie et Saint-Denis! Dunois, à nous les chances!

Sur Péronne, au galop, cours avec six cents lances.
En Bourgogne, Torcy! Que le pays d'Artois,
Par ton fait, Baudricourt, soit France avant un mois.
A cheval, Dammartin! main basse sur la Flandre!
Guerre au brave; un pont d'or à qui voudra se vendre.
        (Au cardinal d'Alby.)
Dans la nuit, cardinal, deux messages d'État :
Avec six mille écus, une lettre au légat;
Une autre, avec vingt mille, au pontife en personne.
        (Aux chevaliers.)
Vous, prenez l'héritage avant qu'il me le donne :
En consacrant mes droits, il fera son devoir;
Mais prenons : ce qu'on tient, on est sûr de l'avoir.
La dépouille à nous tous, chevaliers; en campagne!
Et, par la Pâque-Dieu! des fiefs pour qui les gagne!
        (Haut et se tournant vers l'assemblée.)
En brave qu'il était, le noble duc est mort,
Messieurs; ce fut hasard quand on nous vit d'accord.
Il m'a voulu du mal, et m'a fait, à Péronne,
Passer trois de ces nuits qu'avec peine on pardonne;
Mais tout ressentiment s'éteint sur un cercueil :
Il était mon cousin; la cour prendra le deuil.

FIN DU TROISIÈME ACTE.

ACTE QUATRIÈME.

La chambre à coucher du roi : deux portes latérales; un prie-Dieu, et au-dessus une croix. Une fenêtre grillée; des rideaux à demi fermés qui cachent un lit, placé dans un enfoncement. Une cheminée et du feu.

SCENE I.

NEMOURS, COITIER.

COITIER.
Entrez : j'avais besoin d'épancher ma tendresse ;
Qu'enfin sur sa poitrine un vieil ami vous presse !

NEMOURS.
Bon Coitier !

COITIER.
  De trois fils lui seul est donc resté ;
Lui, l'enfant de mon cœur, qu'au berceau j'ai porté,
Que mes bras ont reçu des flancs qui l'ont fait naître !
Oui, voilà bien les traits, le regard de mon maître !

NEMOURS.
Je lui ressemble en tout, Coitier, j'aurai son sort.

COITIER.
Par le ciel, tu vivras !... Excusez ce transport :
D'un ancien serviteur j'ai l'âme et le langage,
Monseigneur.

NEMOURS, *lui serrant la main.*
  Digne ami !

COITIER.

Ne perdez pas courage.

NEMOURS, promenant ses regards autour de lui.

Des verrous, des barreaux, encore une prison!

COITIER.

C'est la chambre du roi.

NEMOURS.

Quoi! ce triste donjon!

COITIER.

Voyez : un crucifix, un missel, des reliques,
Qu'ont usés dans ses mains ses baisers frénétiques;
(Lui montrant un poignard.)
Une arme qu'il veut voir et qu'il n'ose toucher;
Des rideaux où la peur vient encor le chercher.
Sous leurs plis redoublés en vain il se retire;
Le remords l'y poursuit; un bras hideux les tire,
S'applique sur son cœur, et ce lit douloureux,
Nemours, est le vengeur de bien des malheureux.
Il doit vous voir ici.

NEMOURS.

Qu'entends-je?

COITIER.

Avant une heure,

Il nous y rejoindra.

NEMOURS.

Comment, seul?

COITIER.

Que je meure,

S'il n'amène avec lui, pour veiller sur ses jours,
La meute d'Écossais qu'en laisse il tient toujours!
Il pouvait cependant s'épargner les alarmes;

ACTE IV, SCÈNE I.

Tristan n'était pas homme à vous laisser des armes.
Comme il suivait de l'œil vos moindres mouvements,
Quand ses doigts exercés touchaient vos vêtements!
Comme il lisait du roi l'ordre et la signature!
Il est geôlier dans l'âme et bourreau par nature.

NEMOURS.

L'infâme!

COITIER.

    Quel courroux dans son regard altier,
Lorsqu'il vit avec moi sortir son prisonnier!
Sa figure a pâli, par la rage altérée.
On eût dit un limier, les yeux sur la curée,
Quand un piqueur du roi, le coutelas en main,
Vient ravir sous ses dents un lambeau du festin.

NEMOURS.

Me voir, moi, dans ce lieu!

COITIER.

    C'est celui qu'il préfère,
Pour peu qu'un entretien exige du mystère.
Votre prison d'ailleurs ne l'aurait pas tenté.
Le frisson dévorant dont il est agité
S'accommoderait mal de l'horreur qu'elle inspire
Et des froides vapeurs qu'un malade y respire.

NEMOURS.

Que me veut-il?

COITIER.

    Avant de vous le déclarer,
C'est moi qu'il a choisi pour vous y préparer.

NEMOURS.

Mais qui m'a pu trahir? l'a-t-il dit?

COITIER.

Je l'ignore.
Commine est innocent : sa disgrâce l'honore.
Le maître, à son retour, ne l'a pas ménagé ;
Vrai Dieu, quelle fureur?

NEMOURS, vivement.

Sur lui s'est-il vengé?

COITIER.

En paroles ; la paix sera facile à faire ;
On est bientôt absous quand on est nécessaire.
Soyez-le donc.

NEMOURS.

Qui, moi!

COITIER.

Vous le rendrez clément :
S'il condamne sans peine, il pardonne aisément.

NEMOURS.

Lui!

COITIER.

La douleur dit vrai : je dois donc le connaître.
Peu d'hommes sont méchants pour le plaisir de l'être ;
Pas un, hormis Tristan ; l'intérêt ici bas,
Et non l'instinct du mal, fait les grands scélérats.
Instruit de votre sort, j'ai couru vous défendre.
D'abord votre ennemi ne voulait pas m'entendre ;
Mais la douleur l'abat, et j'en ai profité ;
Car vous étiez perdu, s'il se fût bien porté.
J'ai l'art d'apprivoiser son humeur irascible ;
Nemours, j'ai mis le doigt sur la fibre sensible :
La Bourgogne est son rêve ; il la veut en vieillard ;
Désir de moribond n'admet point de retard.

ACTE IV, SCÈNE I.

J'ai dit que vous pouviez hâter cette conquête.

NEMOURS.

Vous, Coitier!

COITIER.

Médecin, je n'agis qu'à ma tête.
Le peuple croit en vous; cher à ses magistrats,
Vous avez leur estime et l'amour des soldats;
Vos amis dans leurs mains tiennent les forteresses :
Vous pouvez donc beaucoup par l'or ou les promesses,
Soit pour gagner les cœurs aux États assemblés,
Soit au pied d'un château pour en avoir les clés.
Agissez; c'est un mal, j'y répugne moi-même;
Mais l'extrême péril veut un remède extrême.
Vous vivez, en un mot, si vous obéissez;
Sinon, vous êtes mort; j'ai tout dit : choisissez.

NEMOURS.

Moi, de mon protecteur dépouiller l'héritière!
Pour qui? pour le bourreau de ma famille entière.

COITIER.

Nemours, mon noble maître, accepte, par pitié!
Si c'est un tort, eh bien! j'en prendrai la moitié,
Comme autrefois ma part dans cette coupe amère
Que je t'ai vu, mourant, refuser de ta mère.
Ta bouche, après la mienne, osa s'en approcher;
La vie était au fond, et tu vins l'y chercher.
Nemours, je te sauvai : que je te sauve encore!
Ce sont tes droits, tes jours, ta grâce que j'implore,
Moi, ton vieux serviteur, moi qui venais jadis
Me pencher sur ta couche en te nommant mon fils!
Oui, mon fils, oui, c'est moi qui demande ta grâce,
La mienne, et je l'attends à tes pieds que j'embrasse.

NEMOURS.

Jamais : plutôt mourir!

COITIER.

Tu le veux?

NEMOURS.

Je le doi.

COITIER, qui va ouvrir la porte de son appartement.

Regarde : ce cachot, c'est mon asile, à moi ;
Mais tout l'or que prodigue un tyran qui succombe
M'eût-il à son cadavre attaché dans sa tombe?
Non, si pour m'y résoudre il ne m'eût assuré
Le droit qu'il avait seul d'en sortir à son gré.
Mon malade céda; mes soins, c'était sa vie.
Tiens, reçois-la de moi, cette clé qu'on m'envie :
Quand j'obtins ce trésor, il me sembla moins doux,
C'était ma liberté; c'est la tienne.

NEMOURS.

Mais vous,
Coitier, je vous expose.

COITIER.

Il souffre.

NEMOURS.

Sa colère...

COITIER.

Il souffre; ne crains rien. Que ce flambeau t'éclaire;
Prends cette arme; descends : un passage voûté,
Une porte, et le ciel, les champs, la liberté!
La liberté, mon fils!

NEMOURS, qui a saisi le poignard.

Oui, cette arme... j'espère...
J'accepte.

COITIER, lui tendant les bras.

Encor, Nemours, encor! ton digne père
M'a donc laissé des pleurs!... Je crains le roi, va, fuis;
Je cours en l'abordant l'arrêter si je puis.

SCENE II.

NEMOURS, qui revient sur le devant de la scène, après avoir fermé la porte de l'appartement de Coitier.

Non pas la liberté, Coitier, mais la vengeance!
(Élevant le poignard.)
La voilà, je la tiens; il est en ma puissance.
Aucun autre que toi ne m'a vu dans ce lieu;
Tu m'en crois déjà loin; mais j'y reste avec Dieu,
L'inexorable Dieu, qui veut que je demeure
Pour qu'il tombe à mes pieds, qu'il s'y roule, qu'il meure.
(Faisant un pas vers le lit.)
Là, mon père; oui, c'est là! mes deux frères et toi,
Vous ouvrez ces rideaux pour les fermer sur moi:
Faites qu'à ses regards votre vengeur échappe;
Je serai patient, pourvu que je le frappe.
Qu'il soit seul, et mon bras, là, dans son lit royal,
Va consommer d'un coup ce meurtre filial.
(Il va écouter à la porte.)
Aucun bruit! mon cœur bat... C'est une horrible joie
Que celle d'un bourreau qui va saisir sa proie!
Horrible!... C'est la mienne : elle oppresse mon sein.
Que de courage il faut pour être un assassin!
(Il tombe dans un fauteuil, et se relevant tout à coup.)
Mais ne le fut-il pas? Supplices pour supplices!
De tes douleurs, mon père, il a fait ses délices;
Ton sang, j'en suis couvert; il coule; c'est ton sang

Qui tombe sur mon front et s'y glace en passant.
Allons! mourant qu'il est, il faut que je l'achève :
Ce sommeil qui le fuit, il va l'avoir sans rêve,
Sans terreur, sans remords, mais sous le coup mortel,
Et pour ne s'éveiller que devant l'Éternel.
On vient.
(Il s'élance derrière les rideaux.)

SCENE III.

LOUIS, COITIER, COMMINE, MARIE, TRISTAN,
ÉCOSSAIS, SUITE DU ROI.

COITIER.

Pourquoi rentrer, sire? Il fallait me croire :
L'air vous eût soulagé.

LOUIS.

Triste nuit, qu'elle est noire!
Qu'elle est froide! je tremble.
(Bas à Coitier, en lui montrant sa chambre.)
Il est là, ce Nemours?

COITIER.

Vous souffrez donc?

LOUIS.

Partout.

COITIER.

Depuis long-temps?

LOUIS.

Toujours.
Je n'ai plus de repos; l'air me glace ou me pèse.
Quelle angoisse!... et toujours! et rien, rien ne l'apaise!
(Bas.)
Mais Nemours, qu'a-t-il dit?

ACTE IV, SCÈNE III.

COITIER, *le conduisant vers la cheminée.*

Tenez, ranimez-vous.

LOUIS, *avec joie.*

Du feu!

MARIE, *qui le fait asseoir.*

Placez-vous là.

LOUIS, *se chauffant.*

Le soleil est moins doux.
Ah! le feu, c'est la vie!

MARIE.

On doit au monastère
Veiller, prier pour vous, et par un jeûne austère
Obtenir que ce mal ne vous tourmente plus,
Et que ce vent du nord tombe avant l'Angélus.

LOUIS, *la regardant.*

Tu réjouis mes yeux : que cette fleur de l'âge,
Que la jeunesse est belle!... Allons, souris.

COMMINE, *bas, à sa fille.*

Courage!
Souris, ma fille!

MARIE, *en pleurant.*

Hélas! je le voudrais.

LOUIS.

Des pleurs!
Tu m'attristes; va-t'en, ou calme tes douleurs;
Je puis tout réparer.

MARIE.

Se peut-il?

LOUIS.

Oui, ma fille,
Si Nemours...

COITIER, au roi.
Regardez comme ce feu pétille!
LOUIS.
Jusqu'au fond de mes os je le sens pénétrer.
Mes pauvres doigts roidis ont peine à l'endurer.
Que je l'aime! il me brûle, et pourtant je frissonne.
COITIER.
Suivez donc une fois les conseils qu'on vous donne :
(S'avançant vers le lit.)
Venez vous reposer.
LOUIS.
Non, Coitier, je veux voir
Le saint qui doit ici m'entretenir ce soir;
(A Tristan.)
Nemours, surtout Nemours. Va le chercher, qu'il vienne.
TRISTAN.
Il n'est plus sous ma garde.
LOUIS, à Coitier.
Il était sous la tienne.
TRISTAN.
A mon grand désespoir : son arrêt prononcé,
Je tenais à finir ce que j'ai commencé.
MARIE, à son père.
Dieu!
COMMINE, bas.
Tais-toi!
LOUIS, à Coitier.
Dans ce lieu tu devais le conduire.
COITIER.
Et je ne l'ai pas fait, n'ayant pu le séduire.
LOUIS.
Je l'aurais pu, moi.

ACTE IV, SCÈNE III.

COITIER.
Non.

LOUIS.
Non?

COITIER.
Il vous eût bravé,
Vous l'auriez mis à mort...

LOUIS.
Eh bien?

COITIER.
Je l'ai sauvé.

MARIE.
Sauvé!

LOUIS, à Coitier.
Toi!

COITIER.
Le captif est hors de votre atteinte.
Lorsque ses chevaliers ont quitté cette enceinte,
Il était dans leurs rangs, et je l'ai vu passer
Le pont que devant eux votre ordre a fait baisser.

LOUIS.
Misérable! et tu peux affronter ma vengeance!
(A Tristan.)
Mais il a donc aussi trompé ta vigilance?
Vous me trahissez tous. Quel chemin a-t-il pris?
Où le chercher? Va, cours; je mets sa tête à prix;
Cours, Tristan!

TRISTAN.
Dans la nuit, sans indices!

LOUIS.
Qu'importe?
Il faut qu'on me l'amène ou qu'on me le rapporte.

MARIE.

Non, par pitié pour moi, qui livrai son secret,
Pour moi, qui l'ai perdu! non : Dieu vous punirait.
Pardon; Dieu vous entend : qu'à votre heure dernière
Il accueille vos vœux comme vous ma prière;
Pardon!...

LOUIS, à Commine.

Emmenez-la.

COMMINE, entrainant Marie.

Viens, ma fille!

LOUIS, en montrant Coitier.

Pour lui,
Ce traître, dès demain...

COITIER.

Frappez dès aujourd'hui;
Mais de vos maux, après, cherchez qui vous délivre :
Je ne vous donne pas une semaine à vivre.

LOUIS.

Eh bien!... je mourrai donc; mais j'entends, mais je veux,
(A sa suite.)
Je... Sortez.
(A Coitier.)
Reste ici.
(Il se jette sur un siége.)
Je suis bien malheureux!
(Tout le monde sort, excepté Coitier.)

SCENE IV.

LOUIS, COITIER.

LOUIS.

Ne crois pas éviter le sort que tu mérites :

ACTE IV, SCÈNE IV.

Tu l'auras; mes tourments, c'est toi qui les irrites.
A braver ma fureur leur excès t'enhardit;
Mais je t'écraserai.

COITIER, froidement.

Vous l'avez déjà dit,
Sire; faites-le donc.

LOUIS.

Certes, je vais le faire.
Ton faux savoir n'est bon qu'à tromper le vulgaire.
Ton art! j'en ris; tes soins! que me font-ils, tes soins?
Rien : je m'en passerai, je n'en vivrai pas moins.
Je veux : ma volonté suffit pour que je vive;
Je le sens, j'en suis sûr.

COITIER.

Alors, quoi qu'il arrive,
Essayez-en.

LOUIS.

Oui, traître, oui, le saint que j'attends
Peut réparer d'un mot les ravages du temps.
Il va ressusciter cette force abattue;
Son souffle emportera la douleur qui me tue.

COITIER.

Qu'il se hâte.

LOUIS.

Pour toi, privé de jour et d'air,
Captif, le corps plié sous un réseau de fer,
Tu verras, à travers les barreaux de la cage,
Ma jeunesse nouvelle insulter à ta rage.

COITIER.

D'accord.

LOUIS.

Tu le verras.

COITIER.
Sans doute.

LOUIS, avec émotion.
Faux ami,
M'as-tu trouvé pour toi généreux à demi?
Va, tu n'es qu'un ingrat!

COITIER.
Ce fut pour ne pas l'être
Que je sauvai Nemours.

LOUIS.
L'assassin de ton maître;
Lui, qui voulait sa perte!

COITIER.
En chevalier : son bras
Combat, quand il se venge, et n'assassine pas.
Je devais tout au père, et me tiendrais infâme,
Si ses bienfaits passés ne vivaient dans mon âme.

LOUIS.
Mais les miens sont présents, et tu trahis les miens;
Tu le trompes, ce roi qui t'a comblé de biens.
De quel prix n'ai-je pas récompensé tes peines?
De l'or, je t'en accable, et tes mains en sont pleines.
Je donne sans compter, comme un autre promet :
Nemours, pour être aimé, fit-il plus?

COITIER.
Il m'aimait.
Vous, quels sont-ils vos droits à ma reconnaissance?
Dieu merci! nous traitons de puissance à puissance;
L'un pour l'autre une fois n'ayons point de secret :
Vous donnez par terreur, je prends par intérêt.
En consumant ma vie à prolonger la vôtre,

J'en cède une moitié, pour mieux jouir de l'autre.
Je vends et vous payez; ce n'est plus qu'un contrat :
Où le cœur n'est pour rien, personne n'est ingrat.
Les rois avec de l'or pensent que tout s'achète;
Mais un don qu'on vous doit, un bienfait qu'on vous jette,
Laissent votre âme à l'aise avec le bienfaiteur.
On paie un courtisan, on paie un serviteur ;
Un ami, sire, on l'aime; et n'eût-il pour salaire
Qu'un regard attendri quand il a pu vous plaire,
Qu'un mot sorti du cœur quand il vous tend les bras,
Il aime, il est à vous, mais il ne se vend pas :
Comme on se donne à lui, sans partage il se donne,
Et, parjure à l'honneur lorsqu'il vous abandonne,
S'il vous regarde en face après avoir failli,
On a droit de lui dire : Ingrat, tu m'as trahi!

LOUIS, d'une voix caressante.

Eh bien! mon bon Coitier, je t'aimerai, je t'aime.

COITIER.

Pour vous.

LOUIS.

Sans intérêt. Ma souffrance est extrême,
J'en conviens; mais le saint peut me guérir demain.
C'est donc par amitié que je te tends la main :
De tels nœuds sont trop doux pour que rien les détruise.

SCENE V.

LOUIS, COITIER, OLIVIER, puis FRANÇOIS DE PAULE.

OLIVIER.

Sire, François de Paule attend qu'on l'introduise.

LOUIS.
(Montrant Coitier.)
Entrez. Voyez, mon père, il a bravé son roi,
Et je lui pardonnais. Coitier, rentre chez toi.
(En le conduisant jusqu'à son appartement.)
Sur la foi d'un ami, dors d'un sommeil tranquille.
(Après avoir fermé la porte sur lui.)
Ah! traître, si jamais tu deviens inutile!...
(Il fait signe à Olivier de sortir.)

SCÈNE VI.

LOUIS, FRANÇOIS DE PAULE.

LOUIS.
Nous voilà sans témoins.
FRANÇOIS DE PAULE.
Que voulez-vous de moi?
LOUIS, prosterné.
Je tremble à vos genoux d'espérance et d'effroi.
FRANÇOIS DE PAULE.
Relevez-vous, mon fils!
LOUIS.
J'y reste pour attendre
La faveur qui sur moi de vos mains va descendre,
Et veux, courbant mon front à la terre attaché,
Baiser jusqu'à la place où vos pieds ont touché.
FRANÇOIS DE PAULE.
Devant sa créature, en me rendant hommage,
Ne prosternez pas Dieu dans sa royale image;
Prince, relevez-vous.

ACTE IV, SCÈNE VI.

LOUIS, debout.

J'espère un bien si grand!
Comment m'abaisser trop, saint homme, en l'implorant?

FRANÇOIS DE PAULE.

Que puis-je?

LOUIS.

Tout, mon père; oui, tout vous est possible :
Vous réchauffez d'un souffle une chair insensible.

FRANÇOIS DE PAULE.

Moi!

LOUIS.

Vous dites aux morts : Sortez de vos tombeaux!
Ils en sortent.

FRANÇOIS DE PAULE.

Qui? moi?

LOUIS.

Vous dites à nos maux :
Guérissez!...

FRANÇOIS DE PAULE.

Moi, mon fils?

LOUIS.

Soudain nos maux guérissent.
Que votre voix l'ordonne, et les cieux s'éclaircissent;
Le vent gronde ou s'apaise à son commandement;
La foudre qui tombait remonte au firmament.
O vous, qui dans les airs retenez la rosée,
Ou versez sa fraîcheur à la plante épuisée,
Faites d'un corps vieilli reverdir la vigueur.
Voyez, je suis mourant, ranimez ma langueur :
Tendez vers moi les bras; touchez ces traits livides,
Et vos mains, en passant, vont effacer mes rides.

FRANÇOIS DE PAULE.

Que me demandez-vous, mon fils! vous m'étonnez.
Suis-je l'égal de Dieu? c'est vous qui m'apprenez
Que je vais par le monde en rendant des oracles,
Et qu'en ouvrant mes mains je sème les miracles.

LOUIS.

Au moins dix ans, mon père! accordez-moi dix ans,
Et je vous comblerai d'honneurs et de présents.
Tenez, de tous les saints je porte ici les restes ;
Si j'obtiens ces... vingt ans par vos secours célestes,
Rome, qui peut presser les rangs des bienheureux,
Près d'eux vous placera, que dis-je! au-dessus d'eux.
Je veux sous votre nom fonder des basiliques,
Je veux de jaspe et d'or surcharger vos reliques ;
Mais vingt ans, c'est trop peu pour tant d'or et d'encens,
Non : un miracle entier! De mes jours renaissants
Que la clarté sitôt ne me soit pas ravie ;
Un miracle! la vie! ah! prolongez ma vie!

FRANÇOIS DE PAULE.

Dieu n'a pas mis son œuvre au pouvoir d'un mortel.
Vous seul, quand tout périt, vous seriez éternel!
Roi, Dieu ne le veut pas. Sa faible créature
Ne peut changer pour vous l'ordre de la nature.
Ce qui grandit décroît, ce qui naît se détruit,
L'homme avec son ouvrage, et l'arbre avec son fruit.
Tout produit pour le temps, c'est la loi de ce monde,
Et pour l'éternité la mort seule est féconde.

LOUIS.

Je me lasse à la fin : moine, fais ton devoir ;
Exerce en ma faveur ton merveilleux pouvoir,
Ou j'aurai, s'il le faut, recours à la contrainte.

ACTE IV, SCÈNE VI.

Je suis roi : sur mon front j'ai reçu l'huile sainte...
Ah! pardon! mais aux rois, mais aux fronts couronnés
Ne devez-vous pas plus qu'à ces infortunés,
Ces affligés obscurs, que, sans votre prière,
Dieu n'eût pas de si haut cherchés dans leur poussière?

FRANÇOIS DE PAULE.

Les rois et les sujets sont égaux devant lui :
Comme à tous ses enfants il vous doit son appui ;
Mais ces secours divins que votre voix réclame,
Plus juste envers vous-même, invoquez-les pour l'âme.

LOUIS, vivement.

Non, c'est trop à la fois : demandons pour le corps ;
L'âme, j'y songerai.

FRANÇOIS DE PAULE.

Roi, ce sont vos remords,
C'est cette plaie ardente et par le crime ouverte
Qui traîne lentement votre corps à sa perte.

LOUIS.

Les prêtres m'ont absous.

FRANÇOIS DE PAULE.

Vain espoir! vous sentez
Peser sur vos douleurs trente ans d'iniquités.
Confessez votre honte, exposez vos blessures :
Qu'un repentir sincère en lave les souillures.

LOUIS.

Je guérirai?

FRANÇOIS DE PAULE.

Peut-être.

LOUIS.

Oui, vous le promettez :
Je vais tout dire.

TOM. II.

LOUIS XI.

FRANÇOIS DE PAULE.

A moi?

LOUIS.

Je le veux : écoutez.

FRANÇOIS DE PAULE, qui s'assied, tandis que le roi reste debout les mains jointes.

Pécheur, qui m'appelez à ce saint ministère,
Parlez donc.

LOUIS, après avoir dit mentalement son *Confiteor*.

Je ne puis et je n'ose me taire.

FRANÇOIS DE PAULE.

Qu'avez-vous fait?

LOUIS.

L'effroi qu'il conçut du dauphin
Fit mourir le feu roi de langueur et de faim.

FRANÇOIS DE PAULE.

Un fils a de son père abrégé la vieillesse?

LOUIS.

Le dauphin, c'était moi.

FRANÇOIS DE PAULE.

Vous!

LOUIS.

Mais tant de faiblesse
Perdait tout, livrait tout aux mains d'un favori :
La France périssait, si le roi n'eût péri.
Les intérêts d'État sont des raisons si hautes...

FRANÇOIS DE PAULE.

Confessez, mauvais fils, n'excusez pas vos fautes!

LOUIS.

J'avais un frère.

FRANÇOIS DE PAULE.

Eh bien?

ACTE IV, SCÈNE VI.

LOUIS.
>Qui fut... empoisonné.

FRANÇOIS DE PAULE.

Le fut-il par votre ordre?

LOUIS.
>Ils l'ont tous soupçonné.

FRANÇOIS DE PAULE.

Dieu!

LOUIS.
>Si ceux qui l'ont dit tombaient en ma puissance!...

FRANÇOIS DE PAULE.

Est-ce vrai?

LOUIS.
>Du cercueil son spectre qui s'élance
>Peut seul m'en accuser avec impunité.

FRANÇOIS DE PAULE.

C'est donc vrai?

LOUIS.
>Mais le traître, il l'avait mérité.

FRANÇOIS DE PAULE, se levant.

Et contre ses remords ton cœur cherche un refuge!
Tremble! j'étais ton frère et je deviens ton juge.
Écrasé sous ta faute au pied du tribunal,
Baisse donc maintenant, courbe ton front royal.
Rentre dans le néant, majesté périssable!
Je ne vois plus le roi, j'écoute le coupable :
Fratricide, à genoux!

LOUIS, tombant à genoux.
>Je frémis!

FRANÇOIS DE PAULE.
>Repens-toi.

LOUIS, se traînant jusqu'à lui et s'attachant à ses habits.

C'est ma faute, ma faute, ayez pitié de moi !
En frappant ma poitrine, à genoux je déplore,
Sans y chercher d'excuse, un autre crime encore.

FRANÇOIS DE PAULE, qui retombe assis.

Ce n'est pas tout?

LOUIS.

Nemours!... Il avait conspiré :
Mais sa mort... Son forfait du moins est avéré ;
Mais sous son échafaud ses enfants dont les larmes...
Trois fois contre son maître il avait pris les armes.
Sa vie, en s'échappant, a rejailli sur eux.
C'était juste.

FRANÇOIS DE PAULE.

Ah! cruel!

LOUIS.

Juste, mais rigoureux ;
J'en conviens : j'ai puni... non, j'ai commis des crimes.
Dans l'air le nœud fatal étouffa mes victimes ;
L'acier les déchira dans un puits meurtrier ;
L'onde fut mon bourreau, la terre mon geôlier :
Des captifs que ces tours couvrent de leurs murailles
Gémissent oubliés au fond de ses entrailles.

FRANÇOIS DE PAULE.

Ah! puisqu'il est des maux que tu peux réparer,
Viens !

LOUIS, debout.

Où donc?

FRANÇOIS DE PAULE.

Ces captifs, allons les délivrer.

ACTE IV, SCÈNE VI.

LOUIS.

L'intérêt le défend.

FRANÇOIS DE PAULE, aux pieds du roi.

La charité l'ordonne :
Viens, viens sauver ton âme.

LOUIS.

En risquant ma couronne !
Roi, je ne le peux pas.

FRANÇOIS DE PAULE.

Mais tu le dois, chrétien.

LOUIS.

Je me suis repenti, c'est assez.

FRANÇOIS DE PAULE, se relevant.

Ce n'est rien.

LOUIS.

N'ai-je pas de mes torts fait un aveu sincère?

FRANÇOIS DE PAULE.

Ils ne s'effacent pas tant qu'on y persévère.

LOUIS.

L'Église a des pardons qu'un roi peut acheter.

FRANÇOIS DE PAULE.

Dieu ne vend pas les siens : il faut les mériter.

LOUIS, avec désespoir.

Ils me sont dévolus, et par droit de misère!
Ah! si dans mes tourments vous descendiez, mon père,
Je vous arracherais des larmes de pitié!
Les angoisses du corps n'en sont qu'une moitié,
Poignante, intolérable, et la moindre peut-être.
Je ne me plais qu'aux lieux où je ne puis pas être.
En vain je sors de moi : fils rebelle jadis,
Je me vois dans mon père et me crains dans mon fils.

Je n'ai pas un ami : je hais ou je méprise;
L'effroi me tord le cœur sans jamais lâcher prise.
Il n'est point de retraite où j'échappe aux remords;
Je veux fuir les vivants, je suis avec les morts.
Ce sont des jours affreux ; j'ai des nuits plus terribles :
L'ombre pour m'abuser prend des formes visibles;
Le silence me parle, et mon Sauveur me dit,
Quand je viens le prier : Que me veux-tu, maudit?
Un démon, si je dors, s'assied sur ma poitrine :
Je l'écarte; un fer nu s'y plonge et m'assassine :
Je me lève éperdu; des flots de sang humain
Viennent battre ma couche, elle y nage, et ma main,
Que penche sur leur gouffre une main qui la glace,
Sent des lambeaux hideux monter à leur surface...

####### FRANÇOIS DE PAULE.

Malheureux, que dis-tu?

####### LOUIS.

Vous frémissez : eh bien!
Mes veilles, les voilà! ce sommeil, c'est le mien;
C'est ma vie; et mourant, j'en ai soif, je veux vivre;
Et ce calice amer, dont le poison m'enivre,
De toutes mes douleurs cet horrible aliment,
La peur de l'épuiser est mon plus grand tourment!

####### FRANÇOIS DE PAULE.

Viens donc, en essayant du pardon des injures,
Viens de ton agonie apaiser les tortures.
Un acte de bonté te rendra le sommeil,
Et quelques voix du moins béniront ton réveil.
N'hésite pas.

####### LOUIS.

Plus tard!

ACTE IV, SCENE VI.

FRANÇOIS DE PAULE.

Dieu voudra-t-il attendre?

LOUIS.

Demain!

FRANÇOIS DE PAULE.

Mais dès demain la mort peut te surprendre,
Ce soir, dans un instant.

LOUIS.

Je suis bien enfermé,
Bien défendu.

FRANÇOIS DE PAULE.

L'est-on quand on n'est pas aimé?

(En l'entraînant.)

Ah! viens.

LOUIS, qui le repousse.

Non, laissez-moi du temps pour m'y résoudre.

FRANÇOIS DE PAULE.

Adieu donc, meurtrier, je ne saurais t'absoudre.

LOUIS, avec terreur.

Quoi! me condamnez-vous?

FRANÇOIS DE PAULE.

Dieu peut tout pardonner :
Lorsqu'il hésite encor, dois-je te condamner?
Mais profite, ô mon fils, du répit qu'il t'accorde :
Pleure, conjure, obtiens de sa miséricorde
Qu'enfin ton cœur brisé s'ouvre à ces malheureux.
Pardonne, et que le jour recommence pour eux.
Quand tu voulais fléchir la céleste vengeance,
Du sein de leurs cachots, du fond de leur souffrance,
A ta voix qu'ils couvraient leurs cris ont répondu;
Fais-les taire, et de Dieu tu seras entendu.

SCENE VII.

LOUIS, pendant que François de Paule s'éloigne.

Mon père!... Il m'abandonne et se croit charitable.
Cédons : non, c'est faiblesse... O doute insupportable!
Qui me tendra la main dans l'abîme où je suis?
Prions, puisqu'il le veut, et pleurons, si je puis.
(Il s'agenouille sur son prie-Dieu, place son chapeau devant lui, et s'adressant à une des vierges de plomb qui y sont attachées.)
Notre-Dame d'Embrun, tu sais, vierge adorable,
Qu'à bonne intention je reste inexorable.

    A Dieu fais comprendre aujourd'hui
    Que, pour son plus grand avantage,
    Je dois conserver sans partage
    Un pouvoir qui me vient de lui.
La justice des rois veut être satisfaite;
Ils ont, en punissant, droit à votre merci :
    Que votre volonté soit faite,
    Dieu clément, et la mienne aussi!

SCENE VIII.

LOUIS, NEMOURS.

NEMOURS, le poignard à la main, entr'ouvre les rideaux.

Mon père, il vous laissa finir votre prière!
(Ici le hautbois fait entendre une ronde champêtre.)
    LOUIS, se levant, après avoir fait le signe de la croix.

Qu'entends-je? Après la danse, au fond de sa chaumière
Le plus pauvre d'entre eux va rentrer en chantant;
Ah! l'heureux misérable! un doux sommeil l'attend ;

ACTE IV, SCÈNE VIII.

Il va dormir, et moi...

(Le roi se retourne, et se trouve vis-à-vis de Nemours, qui s'élance sur lui)

Que vois-je, ô ciel!

NEMOURS.

Silence!

LOUIS.

Je me tais.

NEMOURS.

Pas un cri!

LOUIS.

Non.

NEMOURS.

Par leur vigilance
Es-tu bien défendu?

LOUIS.

Nemours, je t'appartiens.

NEMOURS.

Qui veut risquer ses jours est donc maître des tiens?

LOUIS.

Que veux-tu?

NEMOURS.

Te punir.

LOUIS.

Juge-moi sans colère

NEMOURS.

Je ne suis pas ton juge.

LOUIS.

Eh! qui l'est donc?

NEMOURS.

Mon père.

LOUIS.

Toi.

NEMOURS.

Mon père.

LOUIS.

Toi seul.

NEMOURS.

Mon père.

LOUIS.

Il me tuerait.

NEMOURS.

Tu viens de te juger.

LOUIS.

N'accomplis pas l'arrêt ;

Sois clément.

NEMOURS.

Je suis juste.

LOUIS.

Écoute ma prière.

NEMOURS.

Rappelle-toi la sienne et sa lettre dernière.

LOUIS.

Je n'en ai pas reçu.

NEMOURS.

Cet écrit déchirant

Que tu lui renvoyas...

LOUIS.

Moi, Nemours!

NEMOURS.

Qu'en mourant

Il portait sur son cœur, c'est tout mon héritage ;
Le voilà : contre toi qu'il rende témoignage ;
Imposteur, le voilà : regarde, lis.

ACTE IV, SCÈNE VIII.

LOUIS.

Pitié!

NEMOURS.

Lis, lis sous ce poignard, si tu l'as oublié.

LOUIS.

Je ne puis.

NEMOURS.

Sous le glaive il pouvait bien écrire :
Lis comme il écrivait.

LOUIS.

Non : je ne puis, j'expire.
Ce poignard, que j'écarte et dont tu me poursuis,
Il m'éblouit, m'aveugle; oh! non, non, je ne puis.

NEMOURS.

Il faut l'entendre au moins.

LOUIS.

Miséricorde!

NEMOURS.

Écoute :
Tu répondras.
(Il lit.)
« * Mon très-redouté et souverain seigneur, tant et si
» humblement que faire je peux, me recommande à votre
» grâce et miséricorde. »

Eh bien?

LOUIS.

Je fus cruel sans doute;
Mais je veux, à ton père, à toi, à Nemours, aux tiens,
Faire amende honorable en te rendant tes biens.
Je veux tout expier; mets mon cœur à l'épreuve,

---

[1] Dernière lettre de Jacques d'Armagnac, duc de Nemours, à Louis XI.

LOUIS XI.

Et de mon repentir mes dons seront la preuve.

NEMOURS.

Écoute :

« Je vous servirai si bien et si loyalement que vous
» connaîtrez que je suis vrai repentant, et qu'à force de
» bien faire je veux amender mes défauts. »

Eh bien?

LOUIS.

Mon fils! il a besoin d'appui :
Ah! laisse-lui son père.

NEMOURS.

Écoute :

« Faites-moi grâce et à mes pauvres enfants! Ne souf-
» frez pas que pour mes péchés je meure à honte et à
» confusion, et qu'ils vivent en déshonneur et à quérir
» leur pain. Pour Dieu, sire, ayez pitié de moi et de mes
» enfants! »

Réponds-lui :
Qu'as-tu fait pour ses fils?

LOUIS.

Sur l'honneur je m'engage
A vous livrer Tristan, dont vos maux sont l'ouvrage.

NEMOURS, lisant.

« Écrit en la cage de la Bastille le dernier de janvier. »
Et lorsqu'il en sortit...

LOUIS.

Oh! ne t'en souviens pas!

NEMOURS.

Le puis-je? vois toi-même.

LOUIS, égaré.

Où donc, Nemours?

NEMOURS, lui montrant la lettre avec la pointe du poignard.
Plus bas;
Lis, cette fois.
LOUIS, lisant.
« Votre pauvre Jacques d'Armagnac. »
NEMOURS.
Le nom de ton ami d'enfance,
Et là... son sang!
LOUIS.
Nemours, tu pleures.
NEMOURS.
Ma vengeance
Te vendra cher ces pleurs.
LOUIS.
Grand Dieu! c'en est donc fait?
NEMOURS.
Pour que le châtiment soit égal au forfait,
Par quel supplice affreux peut-elle être assouvie?
LOUIS, se traînant à ses pieds.
Grâce!
NEMOURS.
Il n'en est qu'un seul.
LOUIS, qui se renverse frappé de terreur.
C'est ma mort!
NEMOURS, après avoir levé le poignard qu'il jette loin de lui.
C'est ta vie.
Qui? moi, t'en délivrer! je t'ai vu trop souffrir.
Achève donc de vivre, ou plutôt de mourir.
Meurs encor, meurs long-temps, pour que tes sacrifices,
Pour que tes cruautés t'amassent des supplices;
Pour qu'à tes tristes jours chaque jour ajouté

Soit un avant-coureur de ton éternité.
Attends-la : que, plus juste et plus impitoyable,
Elle vienne, à pas lents, te saisir plus coupable.
Dieu, je connais ses maux, j'ai reçu ses aveux ;
Pour me venger de lui, je m'unis à ses vœux :
Satisfaites, mon Dieu, son effroyable envie ;
Un miracle! la vie! ah! prolongez sa vie!

(Il s'élance par la porte de l'appartement de Coitier.)

SCENE IX.

LOUIS, puis TRISTAN, ÉCOSSAIS, CHEVALIERS, SUITE DU ROI.

LOUIS ; il pousse quelques sons articulés, et revenant à lui.

A l'aide! à moi, Tristan! au meurtre! du secours!
Des flambeaux! accourez... il en veut à mes jours ;
Il lève son poignard : de ses mains qu'on l'arrache!
Lui, qu'on le tue!... il fuit ; mais c'est là qu'il se cache.

(Montrant l'appartement de Coitier, où Tristan court avec ses gardes.)

Un assassin! là, là!... partout! j'en vois partout.

(Aux Écossais.)

Entourez-moi. Non, non : je vous crains, je crains tout.
Au pied de cette croix, quelle est l'ombre qui passe?
Cherchez sous ces rideaux : on s'y parle à voix basse.
Je vous dis qu'une voix a prononcé mon nom :
Un d'eux s'est sous mon lit glissé par trahison.
Quoi! pour les découvrir votre recherche est vaine!
Je les vois cependant; cette chambre en est pleine :
Je ne puis, si j'y reste, échapper au trépas...
Place! faites-moi place, et ne me quittez pas.

(Il s'élance hors de la chambre, et tout le monde se précipite en désordre après lui.)

FIN DU QUATRIÈME ACTE.

ACTE CINQUIÈME.

Une salle du château : trois portes au fond. Sur un des côtés, un lit de repos près duquel est une table.

Au lever du rideau, les courtisans causent à voix basse, comme dans l'attente d'un grand événement; quelques-uns marchent; d'autres, assis ou debout, forment des groupes; le plus grand nombre entoure le dauphin qui pleure.

SCENE I.

LE DAUPHIN, LE COMTE DE LUDE, TRISTAN, LE DUC DE CRAON, CRAWFORD, COURTISANS.

LE COMTE DE LUDE, au duc de Craon.

Complice, lui, Coitier?

LE DUC DE CRAON.

Lui-même.

LE COMTE DE LUDE.

Est-il possible?

LE DUC DE CRAON.

C'est vrai.

LE COMTE DE LUDE, à Tristan, qui se promène avec Crawford.

Seigneur Tristan!

TRISTAN, en s'approchant.

Comte!

LE COMTE DE LUDE.

Quel crime horrible!

Quoi, Nemours et Coitier?

TRISTAN.

Ils mourront aujourd'hui,
Si le maître l'ordonne en revenant à lui :
Tous deux sont dans les fers.

LE DUC DE CRAON.

Mais on dit qu'il expire,
Le roi?

TRISTAN, en se retournant pour rejoindre Crawford.

Je crois, monsieur, qu'on a tort de le dire.

LE DUC DE CRAON.

Il est bien insolent; le roi va mieux.

LE COMTE DE LUDE.

Ici
Les pairs sont convoqués, le parlement aussi;
Tout cela sent la mort, et je vois en présence
Le règne qui finit et celui qui commence.

UN OFFICIER DE LA CHAMBRE.

Sa Majesté reçoit les derniers sacrements :
Debout, messieurs!

LE DAUPHIN, s'agenouillant.

Mon père!... encor quelques moments,
Et je l'aurai perdu!

UN COURTISAN, de manière à être entendu du dauphin.

L'excellent fils!

(Tout le monde est levé; silence de quelques instants.)

SCENE II.

LES PRÉCÉDENTS, COMMINE.

COMMINE, deux lettres à la main.

Un page!

(A un de ceux qui se présentent.)

Pour le duc d'Orléans! partez.

ACTE V, SCÈNE II.

(A un autre.)
Que ce message
Soit rendu dans le jour au comte de Beaujeu :
Hâtez-vous !

LE COMTE DE LUDE, au duc de Craon.

Deux courriers qui vont tout mettre en feu !

LE DUC DE CRAON.

La comtesse, je crois, va faire diligence.

LE COMTE DE LUDE.

Pensez-vous que le duc lui cède la régence?

UN COURTISAN.

Pour qui vous rangez-vous, messieurs, dans ce débat?

LE COMTE DE LUDE.

Moi, pour lui.

LE DUC DE CRAON.

Moi, pour elle.

COMMINE, qui réfléchit en les écoutant.

Et qui donc pour l'État?

UN COURTISAN, se détachant du groupe où se trouve le dauphin.

Plus bas! de monseigneur respectez la tristesse.

CRAWFORD, qui se promène avec Tristan.

Comme autour du dauphin toute la cour s'empresse !
Le roi s'en va.

TRISTAN.

Que Dieu le tire de danger,
Et je lui dirai tout.

LE COMTE DE LUDE, qui s'est rapproché du dauphin.

C'est trop vous affliger,
Mon prince; un peuple entier vous parle par ma bouche.

COMMINE.

Du malheureux Nemours que le destin vous touche!

LE DAUPHIN.

Que puis-je?

COMMINE.

En votre nom laissez-moi dire un mot,
Vous serez entendu.

LE DAUPHIN.

J'y consens.

COMMINE, à Tristan.

Grand prévôt!
Au sort des deux captifs monseigneur s'intéresse;
Ne précipitez rien.

TRISTAN, vivement.

Les vœux de Son Altesse
Sont des ordres pour moi.

LE DUC DE CRAON.

Voici le cardinal.

SCENE III.

LES PRÉCÉDENTS, LE CARDINAL D'ALBY,
qui sort de la chambre du roi.

LE DAUPHIN, au cardinal.

Le roi, comment va-t-il? parlez.

LE CARDINAL.

Toujours bien mal,
Toujours inanimé, sans voix, sans connaissance;
Mais nos pieux pardons l'avaient absous d'avance.
Ce qui doit consoler, prince, dans ce revers,
C'est que, par ses bienfaits, les cieux lui sont ouverts;
Il a beaucoup donné : quelle âme que la sienne!
Souhaitons pour nous tous une fin si chrétienne.

ACTE V, SCÈNE III.

LE DAUPHIN.

C'en est fait! plus d'espoir!

LE COMTE DE LUDE.

Il faut vous résigner
Au chagrin de survivre.

LE CARDINAL.

Au malheur de régner.
Comptez sur notre appui.

LE DAUPHIN.

Dieu voudra-t-il qu'il meure
Sans m'avoir embrassé même à sa dernière heure?

COMMINE.

Prince, que je vous plains!

LE COMTE DE LUDE.

C'est de la cruauté :
Mais il vous a toujours si durement traité!

LE DAUPHIN.

Non, non, quoi qu'il ait fait, messieurs, je le révère.

LE CARDINAL.

C'est à nous qu'il convient de le trouver sévère;
Il l'était.

COMMINE.

Au hasard de perdre mon crédit,
Que de fois à lui-même en secret je l'ai dit!

LE DAUPHIN.

Commine, vos conseils me sont bien nécessaires.

LE CARDINAL, bas au duc de Craon.

Le seigneur d'Argenton veut rester aux affaires.

LE DUC DE CRAON.

Il sait changer de maître.

SCENE IV.

LES PRÉCÉDENTS, OLIVIER.

OLIVIER.

Enfin, il est sauvé!
Le roi respire.

LE DAUPHIN.

O Dieu!

OLIVIER.

Nos soins l'ont conservé.

LE DAUPHIN.

Se peut-il?

LE COMTE DE LUDE.

O bonheur!

LE CARDINAL.

Le ciel a vu nos larmes.

LE DUC DE CRAON.

Cher messire Olivier!

OLIVIER.

Oui, messieurs, plus d'alarmes :
Il a repris ses sens; appuyé sur mon bras,
Il vient de se lever, il a fait quelques pas :
On espère beaucoup; mais l'ennui le tourmente.
Il veut, pour essayer sa force qui s'augmente,
Changer de lieu lui-même, et passer sans appui
Sur ce lit que nos mains ont préparé pour lui.
Prince, qu'on se retire; il l'exige, il l'ordonne :
Hors Commine et Tristan, il ne verra personne.

LE DAUPHIN.

Quoi! pas même son fils?

ACTE V, SCÈNE V.

OLIVIER.

Par mes soins, monseigneur,
De l'embrasser bientôt vous aurez le bonheur.

LE DAUPHIN.

Quels droits n'avez-vous pas à ma reconnaissance!

COMMINE.

A la mienne!

PLUSIEURS COURTISANS.

A la nôtre!

LE CARDINAL.

A celle de la France!

UN OFFICIER DU CHATEAU.

Messieurs du parlement!

LE DAUPHIN.

Allons les recevoir.

LE CARDINAL, qui suit le dauphin.

Des sacrements, mon prince, admirons le pouvoir.

LE DAUPHIN.

Jamais je n'éprouvai d'ivresse plus profonde.

LE COMTE DE LUDE, qui sort avec le duc de Craon.

Un roi qui flotte ainsi compromet tout le monde.

SCÈNE V.

COMMINE, OLIVIER, TRISTAN.

OLIVIER.

Nous voilà seuls.

COMMINE.

Eh bien?

TRISTAN.

Il vivra?

OLIVIER.
                          Devant eux
J'ai cru devoir le dire.
                TRISTAN.
                   Est-ce faux?
                OLIVIER.
                              C'est douteux.
S'il retombe, il n'est plus : son existence éteinte
Ne pourra supporter une seconde atteinte.
Il demande Coitier.
                TRISTAN.
                     Lorsque je l'arrêtai,
L'ordre qu'il m'en donna fut trois fois répété.
                COMMINE.
Que dit-il de Nemours?
                OLIVIER.
                   Rien.
                COMMINE.
                            Ah! que la mort vienne
Lui ravir le pouvoir avant qu'il s'en souvienne!
                OLIVIER.
Mais il veut voir Coitier.
                TRISTAN.
                      Qu'avez-vous répondu?
                OLIVIER.
Pour sortir d'embarras je n'ai pas entendu.
Sa pensée est changeante et sa tête affaiblie;
Il parle et se dément, se souvient, puis oublie.
Pour se prouver qu'il règne il veut tenir conseil :
Il croit tromper la mort à force d'appareil :
La couronne du sacre et le manteau d'hermine

ACTE V, SCÈNE V.

Chargent son front qui tremble et son corps qui s'incline.
Pâle, l'œil sans regard, et, d'un pas inégal,
Se traînant sous les plis de son linceul royal,
Il prétend marcher seul; mais il l'essaie à peine,
Qu'épuisé par l'effort, sans chaleur, sans haleine,
Il succombe, et murmure en refermant les yeux :
Jamais, depuis vingt ans, je ne me portai mieux.

TRISTAN.

Il faut penser à nous.

OLIVIER.

Faisons cause commune.

COMMINE.

Faites, messieurs; pour moi, je plains votre infortune :
La cour va vous juger avec sévérité.

OLIVIER, à Tristan.

Le seigneur d'Argenton vous dit la vérité.

TRISTAN.

Mais comme à vous, je crois.

OLIVIER.

Votre main fut trop prompte;
De bien du sang versé vous allez rendre compte.

TRISTAN.

A cette œuvre de sang d'autres ont travaillé.

OLIVIER.

Je n'exécutais rien.

TRISTAN.

Je n'ai rien conseillé.

OLIVIER.

Tous mes actes, à moi, me semblent légitimes.

TRISTAN.

Mais le sont-ils?

OLIVIER.
Du moins ce ne sont pas des crimes.
TRISTAN.
Des crimes!
COMMINE.
Eh! messieurs!
TRISTAN.
Un complaisant!
COMMINE.
Plus bas!
OLIVIER.
Un bourreau!
COMMINE.
Par prudence, ajournez ces débats.
TRISTAN.
Au reste, c'est le roi qu'on doit charger du blâme.
Le roi seul a tout fait.
COMMINE.
Tristan!
OLIVIER.
Je le proclame.
COMMINE.
Olivier!
TRISTAN.
Je serais bien fou de le cacher.
COMMINE.
Attendez qu'il soit mort pour le lui reprocher.
Regardez, le voici.
TRISTAN.
Ce n'est plus qu'un fantôme.
OLIVIER.
Que le ciel nous le rende, et sauve le royaume!

SCÈNE VI.

LES PRÉCÉDENTS, LOUIS, appuyé sur plusieurs domestiques.

LOUIS. Il s'avance lentement et s'arrête tout à coup.
Ces hommes, qui sont-ils?

OLIVIER, au roi.
Votre Olivier.

LOUIS.
C'est toi,
Mon fidèle!

OLIVIER.
Commine et Tristan.

LOUIS.
Je les voi,
Je les reconnais bien; on dirait, à l'entendre,
Que mes yeux affaiblis auraient pu s'y méprendre.
Bonjour, messieurs.
(Il s'appuie sur le dos d'un fauteuil.)
(Aux serviteurs qui l'entourent.)
Laissez: ne me soutenez pas;
Laissez-moi donc: sans vous ne puis-je faire un pas?
(Il leur fait signe de sortir.)

OLIVIER.
Reposez-vous.

LOUIS, qui s'assied.
Pourquoi? suis-je faible?

OLIVIER.
Au contraire.

LOUIS.
Ce que j'ai déjà fait, je puis encor le faire.

OLIVIER.

Et plus si vous voulez.

LOUIS.

Je le crois.

COMMINE.

Cependant,
Abuser de sa force est toujours imprudent.

LOUIS.

Je n'en abuse pas.

(Jetant les yeux sur Tristan.)

Immobile à sa place,
D'où vient que d'un air sombre il me regarde en face?
Me trouve-t-il changé? vous l'a-t-il dit?

TRISTAN.

Qui? moi?
Je vous trouve à merveille.

LOUIS.

Autrement, sur ma foi,
Tu t'abuserais fort, mon vieux compère.

TRISTAN.

Oui, sire.

LOUIS, qui s'assoupit par degrés.

Je me sens bien ici; c'est plus vaste : on respire.

OLIVIER, à voix basse.

Il sommeille.

COMMINE, de même.

Tous trois nous avons fait serment
De l'avertir, messieurs, à son dernier moment.

TRISTAN.

L'avertir! à quoi bon?

ACTE V, SCÈNE VI.

COMMINE.

Sa volonté débile
Peut encore exercer une influence utile.

OLIVIER.

Laisser à quelque ami des gages de bonté.

TRISTAN.

Je veux bien : disons-lui la triste vérité.

LOUIS, toujours assoupi.

Tristan, veille sur moi.

TRISTAN.

Sire, soyez tranquille.

OLIVIER.

Qui la dira, messieurs?

TRISTAN.

Il faut un homme habile,
Un homme qui lui plaise, et qui sache amortir
Le coup que le malade en pourrait ressentir.
(A Olivier.)
Vous.

OLIVIER.

Mon Dieu!... je suis prêt.

COMMINE.

Parlez-lui.

OLIVIER.

Mais je l'aime,
Je l'aime tendrement; me trahissant moi-même,
A tant d'émotion je commanderais mal,
Et mon attachement lui deviendrait fatal.
Il faut un homme ferme : aussi, plus j'examine,
Plus je crois qu'un tel soin vous regarde, Commine.

COMMINE.

Volontiers... mais pourquoi prolonger son tourment?

Mieux vaut aller au fait, même par dévouement.
Tristan, brusquez la chose.

OLIVIER.

Et que Dieu vous inspire.

TRISTAN.

Tenez, convenons-en, c'est difficile à dire.

LOUIS.

Pourquoi parlez-vous bas?

OLIVIER.

Nous causions entre nous
De votre santé, sire.

LOUIS.

Oui, félicitez-vous.
Coitier devrait ici partager votre joie.
Que fait-il? je l'attends. Il faut que je le voie :
Allez le prévenir.

TRISTAN.

Mais vous savez...

LOUIS.

Je sais
Qu'il tarde trop long-temps.

TRISTAN.

Mais, sire...

LOUIS.

Obéissez.

(Tristan sort.)

SCENE VII.

LOUIS, COMMINE, OLIVIER.

LOUIS, qui marche appuyé sur Commine.

L'exercice aujourd'hui me sera salutaire ;

ACTE V, SCÈNE VIII.

L'alezan que Richard m'envoya d'Angleterre,
Je me sens ce matin de force à l'essayer.
Cours l'annoncer sur l'heure à mon grand écuyer.

OLIVIER.

Vous voulez...

LOUIS.

D'un chevreuil je veux suivre la trace.
Dis bien haut que le roi va partir pour la chasse.

OLIVIER.

Il faudrait...

LOUIS.

Sors.

OLIVIER.

Avant de prendre ce parti,
Demander à Coitier...

LOUIS.

Vous n'êtes pas sorti !

OLIVIER, à Commine.

Sa volonté revient.

SCENE VIII.

LOUIS, COMMINE.

LOUIS, après avoir fait quelques pas, s'assied sur le lit et prend un papier sur la table.

Ils paraîtront vulgaires,
Ces conseils que j'ajoute à mon *Rosier des Guerres;*
Ils sont sages pourtant.

COMMINE.

Vous les avez écrits.

LOUIS, lui passant le papier.

Lisez.

COMMINE.

« Quand les rois n'ont point égard à la loi ils ôtent au
» peuple ce qu'ils doivent lui laisser, et ne lui donnent
» pas ce qu'il doit avoir. Ce faisant, ils rendent leur peuple
» esclave, et perdent le nom de roi : car nul ne doit être
» appelé roi, hors celui qui règne sur des hommes li-
» bres [1]... »

LOUIS.

Force à la loi! Si j'en ai fait mépris,
C'est que pour renverser on ne peut rien par elle.
La royauté sans moi fût restée en tutelle.
La voilà grande dame, et la hache à la main ;
Bien osé qui voudra lui barrer le chemin !
Son écueil à venir, c'est son pouvoir suprême :
Tout pouvoir excessif meurt par son excès même.
La loi, monsieur, la loi !

COMMINE.

Ce précepte important,
Votre fils le suivra.

LOUIS.

Ne nous pressons pas tant :
Qu'il le lise, et qu'un jour il soit sa politique.
La mienne est de régner sans le mettre en pratique,
Et tout seul, et long-temps.

COMMINE.

Une haute raison
Peut remplacer la loi.

LOUIS, écartant le manteau dont il est couvert.

Cette pompe, à quoi bon?
D'où vient que pour me nuire on a pris tant de peine?

---

[1] Rosier des Guerres.

ACTE V, SCÈNE IX.

Qui les en a priés? Ma couronne me gêne :
Posez-la près de moi; plus près, plus près encor !
Sous mes yeux, sous ma main.

COMMINE.

Je crois qu'à ce trésor
Nul n'oserait toucher.

LOUIS, montrant la couronne.

Non : mort à qui la touche!
Ils le savent.

SCENE IX.

LOUIS, COMMINE, COITIER, TRISTAN.

COITIER, en entrant, à Tristan.

Le roi l'apprendra de ma bouche;
Je le lui dirai, moi.

LOUIS.

C'est Coitier; d'où viens-tu?

COITIER.

D'où je viens? Sur mon âme, il faut de la vertu
Pour répondre avec calme à cette raillerie.
D'où je viens!

LOUIS.

Parle donc.

COITIER.

Mais cette main meurtrie
Par les durs traitements qu'aujourd'hui j'ai soufferts,
Cette main porte encor l'empreinte de mes fers :
Elle parle pour moi.

LOUIS.

Je ne puis te comprendre.

COITIER.

D'où je viens? du cachot.

LOUIS.

Toi!

COITIER.

Faut-il vous l'apprendre?

LOUIS.

Qui donna l'ordre?

COITIER.

Vous.

LOUIS.

J'affirme...

COITIER.

Devant moi;
C'est vous, vrai Dieu! vous-même.

LOUIS.

En quel lieu? quand? pourquoi?

COITIER.

Me croire de moitié dans un projet semblable!
De cette trahison si j'eusse été capable,
Qui me gênait? quel bras se fût mis entre nous?
Qui m'aurait empêché d'en finir avec vous?
Je le pouvais sans arme et sans laisser d'indice.
Mais moi, sous vos rideaux introduire un complice!...

LOUIS, en se levant.

Attends...

COITIER.

Moi l'y cacher!

LOUIS.

Attends!... Quel rêve affreux!
La nuit, sous mes rideaux, un homme...

ACTE V, SCÈNE IX.

COITIER.

Un malheureux...

COMMINE, à voix basse.

Coitier !

COITIER.

Qui n'a commis que la moitié du crime ;
Qui, le poignard levé, fit grâce à la victime.

LOUIS.

Un poignard, un poignard ! Nemours, point de pitié !
Nemours !

COMMINE, à Coitier.

Qu'avez-vous fait ! Il l'avait oublié.

COITIER.

Qu'entends-je ?

LOUIS.

Ah ! c'est agir en ami véritable
Que de me rappeler le crime et le coupable.
(A Tristan.)
Est-il mort ?

TRISTAN.

J'attendais. .

LOUIS.

Quoi ! traître, il n'est pas mort !

TRISTAN.

Sire, c'est le dauphin qui, touché de son sort,
M'a prié de suspendre...

LOUIS.

Un ordre qui me venge !
Un ordre de son roi !... Votre excuse est étrange.
Que s'est-il donc passé ? L'ai-je bien entendu ?
Sous ma tombe à Cléry me croit-on descendu ?

Mon fils!... pour son malheur faut-il que je le craigne?
S'il a régné trop tôt, il est douteux qu'il règne.

COITIER.

Eh! sire, laissez là le soin de vous venger :
C'est à Dieu maintenant, à Dieu qu'il faut songer :
Car votre heure est venue.

LOUIS, retombant sur le lit.

     Hein! que dis-tu?

COITIER.

        J'atteste
Que ce jour où je parle est le seul qui vous reste :
C'est le dernier pour vous.

LOUIS.

    Et pour mon prisonnier,
Quoi qu'il m'arrive, à moi, c'est aussi le dernier.
Mais tu n'as pas dit vrai.

COITIER.

    Par le ciel qui m'éclaire!
J'ai dit vrai; pesez bien ce que vous devez faire :
Vous allez en répondre.

LOUIS.

(Au grand prévôt.)

   Il n'importe! Va-t'en : -
Qu'il meure, ou tu mourras. Me comprends-tu?

COMMINE, s'approchant de Tristan et à voix basse.

        Tristan!...

TRISTAN, à Commine.

S'il y va de la vie!...

(Il sort.)

SCENE X.

LOUIS, COMMINE, COITIER.

LOUIS, à Coitier.

Oh! non, c'est impossible :
Tu voulais m'effrayer; l'instant, l'instant terrible,
Il est loin, conviens-en.

COITIER.

J'ai dit la vérité

LOUIS.

Je ne suis pas encore à toute extrémité.
Dieu, quel mal tu m'as fait!... mon sang glacé s'arrête:
Il laisse un vide affreux dans mon cœur, dans ma tête..
Qu'on cherche le dauphin.

COMMINE.

J'y cours.

LOUIS.

Restez ici :
Il me croirait perdu s'il me voyait ainsi.
Je me sens défaillir sous un poids qui m'oppresse;
Il m'étouffe : ô douleur!... ce n'est qu'une faiblesse,
Mais ce n'est pas la mort. Sauve-moi, bon Coitier!...
De l'air! ah! pour de l'air mon trésor tout entier!
Prends, prends, mais sauve-moi. Le dauphin, qu'on l'appelle!
Non, ce n'est pas la mort... ô Dieu! mon Dieu!...

(Il se renverse sur le lit et tombe sans mouvement.)

COITIER.

C'est elle

COMMINE.

Essayez, s'il se peut, de retarder sa fin,
Je cours vers monseigneur.

SCENE XI.

LOUIS, COITIER.

COITIER, après l'avoir regardé un moment en silence.
                    Me voilà libre enfin !
(Il passe la main sur le visage du roi, et soulève les paupières.)
Ses lèvres, son œil terne où la vie est éteinte,
De la destruction portent déjà l'empreinte !
(Prenant le bras qui retombe.)
C'est du marbre ; il n'est plus, et Nemours... Le cœur bat.
Il peut sortir vivant de ce nouveau combat ;
Oui, si je le ranime... Et dans quelle espérance ?
En prolongeant ses jours d'une heure de souffrance,
J'ajoute un crime horrible à ses crimes passés,
Le meurtre de Nemours ! oh ! non, non ; c'est assez.
Nature, agis sans moi ; mon art te l'abandonne :
Ce roi, par mon secours, ne tuera plus personne.
Tu peux, pour ce forfait, disputer un instant,
Si tel est ton plaisir, sa dépouille au néant ;
Mais qu'à ta honte au moins ton œuvre s'accomplisse :
Je suis trop las de lui pour être ton complice.

SCENE XII.

LOUIS, LE DAUPHIN, COITIER, COMMINE, OLIVIER, PLUSIEURS COURTISANS.

LE DAUPHIN.
Lui, mon père ! il m'appelle, il veut m'ouvrir ses bras !..
(A Coitier.)
Dieu ! serait-il trop tard ?... Vous ne répondez pas :

ACTE V, SCÈNE XIII.

Ce silence m'éclaire; il a cessé de vivre.
Sortez, qu'à ma douleur sans témoins je me livre.
COMMINE.
Monseigneur...
LE DAUPHIN.
Laissez-moi, je vous l'ordonne à tous.

SCENE XIII.

LOUIS, LE DAUPHIN.

LE DAUPHIN, à genoux, auprès du lit.

O mon père, ô mon roi, me voici devant vous.
Recueillez dans les cieux, d'où vous pouvez m'entendre,
Les regrets de ce cœur qui pour vous fut si tendre.
Respectant vos rigueurs, votre fils méconnu
Jamais, pour les blâmer, ne s'en est souvenu;
Loin, bien loin d'accuser votre sagesse auguste,
Je me cherchais des torts pour vous trouver plus juste.
Je n'ai pu vous fléchir, et cette froide main,
Que je couvre de pleurs, que je réchauffe en vain,
Hélas! c'est donc la mort et non votre tendresse
Qui permet aujourd'hui que ma bouche la presse,
Et pour que votre fils ne fût pas repoussé,
Mon père, il a fallu que ce bras fût glacé!
(Se relevant.)
Moi! sur la royauté lever un œil avide!
Elle seule a flétri ce visage livide;
Comme un présent fatal de vous je la reçois.
(Il prend la couronne.)
Puissé-je la porter sans fléchir sous son poids.
Que j'en sois digne un jour!

SCENE XIV.

LOUIS, LE DAUPHIN, MARIE.

MARIE, se jetant aux pieds du dauphin, et lui présentant l'anneau qu'elle a reçu de lui.

Sire! pitié, clémence!
Tristan l'a condamné; révoquez sa sentence.
Sire, vous pouvez tout : reconnaissez ce don;
Ah! qu'il soit pour Nemours un gage de pardon!
Nemours! il va périr, et sa vie est la mienne;
Le dauphin a promis; que le roi s'en souvienne!

LE DAUPHIN.

Rassure-toi, Marie! il s'en souvient, va, cours;

(Plaçant la couronne sur sa tête.)

Le roi tient sa parole et pardonne à Nemours.

(A la fin de la scène précédente et pendant celle-ci, Louis, qui se ranime par degrés, fait quelques mouvements. Il allonge son bras pour chercher la couronne; puis il se soulève et promène ses regards autour de lui. Appuyé sur la table, il se traîne jusqu'au dauphin et lui pose la main sur l'épaule : celui-ci jette un cri et tombe à genoux à côté de Marie.)

LOUIS, au dauphin, qui veut lui rendre la couronne.

Gardez-la, gardez-la; mon heure est arrivée.
J'accepte la douleur qui m'était réservée;
Je l'offre à Dieu : mon père est vengé par mon fils!

SCENE XV.

LOUIS, LE DAUPHIN, MARIE, FRANÇOIS DE PAULE, COMMINE, OLIVIER, LE CARDINAL D'ALBY, LE DUC DE CRAON, LE COMTE DE LUDE, LE CLERGÉ, LA COUR, LE PARLEMENT.

LOUIS.

Approchez tous : à lui le royaume des lis!

ACTE V, SCÈNE XV.

A moi celui du ciel ; c'est le seul où j'aspire.
(Au dauphin.)
Vous, écoutez ma voix au moment qu'elle expire [1].
Faites ce que je dis, et non ce que j'ai fait :
J'ai voulu m'agrandir, je me suis satisfait.
La France a payé cher cette gloire onéreuse :
Vous la trouvez puissante, il faut la rendre heureuse.
Ne séparez jamais votre intérêt du sien ;
(Bas.)
Honorez beaucoup Rome, et ne lui cédez rien.
Si fort que vous soyez, si grand qu'on vous proclame,
Aimez qui vous résiste et croyez qui vous blâme.
Quand vous devez punir, laissez agir la loi ;
Quand on peut pardonner, faites parler le roi.

MARIE, avec désespoir.

Qu'il parle pour Nemours !

FRANÇOIS DE PAULE.

Sire, Dieu vous contemple :
Donnez donc une fois le précepte et l'exemple.

LE DAUPHIN.

Laissez-vous attendrir.

LOUIS, à François de Paule.

Et si je suis clément,
Ce Dieu m'en tiendra compte au jour du jugement ?

FRANÇOIS DE PAULE.

Mais vous lui répondrez de chaque instant qui passe.

LOUIS.

Je pardonne.

MARIE.

C'est moi qui lui porte sa grâce ;
Moi, moi, j'y cours... Tristan !

[1] Dernières instructions du roi Louis XI à son fils.

SCENE XVI.

Les précédents, TRISTAN.

TRISTAN.
L'ordre est exécuté.

MARIE, tombant sur un siége.

Il est mort!

LOUIS.
Ce bourreau s'est toujours trop hâté.
(Montrant Olivier.)
Qu'il en porte la peine, ainsi que cet infâme
Dont les mauvais conseils empoisonnaient mon âme.
A leur juge ici-bas je les livre tous deux,
(Joignant les mains.)
Pour que le mien s'apaise et soit moins rigoureux.
(A François de Paule en s'agenouillant.)
Hâtez-vous de m'absoudre; il m'attend... il m'appelle,
Priez pour le salut de mon âme immortelle :
Sauvez-la de l'enfer!... Je me repens de tout;
Humble de cœur, j'ai pris la puissance en dégoût;
Voyez... je n'en veux plus. Qu'est-ce que la couronne?
(En se levant.)
Fausse grandeur... néant!.. Priez... je veux, j'ordonne...
(Il chancelle et tombe mort au pied du lit.)

COITIER, qui met un genou en terre et lui pose la main sur le cœur.

Commine, c'en est fait.

COMMINE, quittant le fauteuil où il donnait des soins à sa fille, s'incline et dit au dauphin :

Sire, il n'est plus!

UN HÉRAUT, d'une voix solennelle.

« Le roi est mort, le roi est mort. »

ACTE V, SCÈNE XVI.

TOUTE LA COUR, en se précipitant vers le dauphin.

« Vive le roi! »

FRANÇOIS DE PAULE.

Mon fils,
Considérez sa fin, méditez ses avis;
Et n'oubliez jamais sous votre diadème
Qu'on est roi pour son peuple et non pas pour soi-même.

FIN DU CINQUIÈME ET DERNIER ACTE.

EXAMEN CRITIQUE
DE LOUIS XI,

PAR M. DUVIQUET.

Un défi a été porté à un grand talent par ce goût d'imitations étrangères qui a envahi, depuis quelques années, le domaine des beaux-arts, et plus spécialement celui de la littérature dramatique; M. Casimir Delavigne y a répondu par *Louis XI*. Ce système se combine, comme on sait, de hardiesses quelquefois heureuses et brillantes, souvent puériles jusqu'à la trivialité, presque toujours repoussantes, tantôt par l'exagération, tantôt par l'humilité rampante des formes. Ce genre admet le mélange ou la succession de tous les styles; il ne se reproche point de licences, par la raison qu'il ne reconnaît point de règles. Parlez-lui du principe des trois unités, ce principe étayé de l'autorité des législateurs, et, bien mieux, consacré par l'exemple des chefs-d'œuvre qui, depuis Sophocle jusqu'à Voltaire, lui sont redevables de leur désespérante perfection; vous serez accueilli par un sourire d'orgueil et de dédain, et ce sourire, dans la pensée des novateurs, signifie : Vous êtes des profanes, vous ne valez pas les honneurs de la réfutation. Passez à la réalité, il n'est autre chose que l'aveu explicite de leur impuissance et de leur confusion. Cependant ils avaient un moyen bien simple de nous réduire au silence : c'était de parler par leurs ouvrages; ils l'ont fait, et nous n'avons pas oublié ce qui en est advenu. Au bout de quelques mois d'un succès obtenu, moitié par la violence matérielle des souteneurs et des amis, moitié par la richesse des décorations et des costumes, ainsi que par l'attrait irrésistible de la nouveauté, leurs pièces, après avoir épuisé la patiente curiosité du public, ont cédé la place à d'autres ouvrages de même force, qui ont subi les mêmes chances d'un succès éphémère et d'une chute définitive, et, avec la meilleure volonté du monde, il a été impossible de les en relever. L'impression et la lecture ont achevé leur ruine. L'échafaudage de la cabale une fois écroulé n'a laissé voir derrière lui que des décombres. Ne nous plaignons pas d'un triomphe momentané qui a servi à rendre leurs revers plus éclatants et plus instructifs.

Observons bien que ce qui manque à la plupart des auteurs que nous avons en vue, c'est beaucoup moins le talent, dont plusieurs d'entre eux ont fait preuve en d'autres genres, que la raison, la mesure et le style. C'est calomnier la critique que de lui supposer la pensée de renfermer les compositions théâtrales dans le cercle des formes et des sujets anciens. Elle n'a, au contraire, cessé de crier aux poètes : Ouvrez de nouvelles voies ; élargissez à votre gré les routes que vos devanciers ont parcourues ; abandonnez, nous ne demandons pas mieux, les traces des Grecs et des Latins, et osez, suivant l'expression d'Horace, célébrer à votre tour les faits domestiques. Évoquez les événements, ou tristement fameux, ou noblement célèbres, de nos annales. Ressuscitez ces morts illustres, ou ces grands criminels, dont nous avons conservé des souvenirs si différents, et toutefois également utiles ; la carrière est belle, elle est immense ; mais, pour y marcher avec gloire, songez quels engagements vous contractez avec la masse éclairée de ce public qui vous observe et qui vous écoute. Vous êtes poètes et historiens tout ensemble. Soyez donc fidèles à l'histoire et à la poésie. Gardez-vous de dénaturer les caractères établis par des traditions constantes, et de leur substituer des fantômes créés dans l'intérêt d'une vaine et pernicieuse popularité. Vous cherchez des effets qui attachent, qui réveillent, qui étonnent le spectateur : rien de mieux ; Boileau vous en a donné le conseil ; mais faites en sorte que ces effets sortent du sujet, qu'ils soient amenés par des moyens naturels, qu'ils n'imposent aucun sacrifice ni à la vérité, ni à la vraisemblance historique, ni au respect dû aux convenances sociales, et aux habitudes morales de la nation à qui vous adressez la parole. Quand vous aurez satisfait à ces conditions, votre tâche ne sera encore qu'à moitié remplie. Vous n'avez élevé que la charpente de l'édifice; il vous reste à le décorer. Ici est la tâche exclusive du poëte. Tout ce que je pourrais dire à cet égard se trouve exprimé par ce vers d'un écrivain que l'on n'accusera pas d'avoir manqué d'activité ou de mouvement progressif dans ses productions littéraires; c'est l'auteur de *Charles IX*, de *Fénelon*, de *Philippe II*, qui a dit :

> Sur des sujets nouveaux faisons des vers antiques.

Ce qui signifie, je pense, faisons, ou du moins tâchons de faire des vers comme les faisaient Racine et Voltaire; des vers rhythmiques, élégants, harmonieux; des vers nobles dans leur simplicité; des vers également éloignés de l'emphase et de la bassesse; et l'on voit qu'autant par le choix des sujets qu'il a traités que par la forme de composition qu'il y a appliquée, si l'auteur du précepte est resté inférieur à ses modèles, par son exemple du moins il s'est rapproché d'eux, autant que ses forces le lui ont permis.

Il n'était point à craindre que M. Casimir Delavigne se brisât contre les écueils du genre auquel il a consenti à assouplir son génie. *Louis XI* est une tragédie moderne dans ce sens que le poëte y a introduit des personnages qu'eût repoussés la dignité du cothurne antique. Je n'entends pas parler du prévôt Tristan, puisqu'il a son pendant dans le Narcisse de *Britannicus;* mais je parle du médecin Coitier si utile cependant à l'action, et qui en est le principal et l'indispensable régulateur; je parle de ces danses où de malheureux paysans sont condamnés à des démonstrations joyeuses, sous peine de la hart; de cette entrée solennelle du pieux anachorète de la Calabre, au milieu des cantiques des jeunes villageoises, et de l'appareil pompeux des symboles les plus révérés de la religion; je parle du barbier-ministre, Olivier le Daim; de l'épisode un peu hasardé des amourettes du dauphin avec la jeune et innocente Marie. Tous ces détails sont nouveaux, il faut en convenir, et ils eussent paru, il y a quelques années, incompatibles avec les formes reçues et avec la sévérité de l'ancienne tragédie. Aujourd'hui ils sont applaudis, ils plaisent même aux esprits délicats, parce que les hommes de goût se rappellent qu'ayant voulu peindre les dernières angoisses d'un tyran, victime de ses remords et des inutiles précautions qu'il prend pour s'en affranchir, tout était en quelque sorte permis au poète pour faire ressortir les couleurs de cet effrayant tableau, de cette instructive agonie. Ces danses de campagne, ces chants de la piété, ces paroles d'amour, ne sont-ce point là d'admirables préparations aux mouvements tumultueux que va bientôt nous offrir l'intérieur des tours du Plessis, aux rugissements du monstre anéanti sous l'anathème de l'homme de Dieu, aux malédictions du mauvais père qui se venge sur lui-même et sur son fils des souvenirs de sa jeunesse parricide?

Mais voici ce qui frappera le lecteur attentif, c'est que ces détails mêmes si familiers, si peu concordants en apparence avec l'orgueil de la vieille Melpomène, sont constamment relevés ou par les grâces, ou par l'énergie du style; que jamais un mot bas n'ose s'y montrer; que le rhythme et la césure y sont constamment respectés; que le sens est toujours clair, et que si le langage est celui de la nature, c'est celui d'une nature choisie et appropriée aux exigences d'une société d'élite. Car, même au théâtre, on veut bien qu'un paysan soit un paysan; mais on ne lui demande pas, quand malheureusement pour lui il habite les environs du Plessis-lès-Tours, de charmer les oreilles de son patois tourangeau.

Coitier n'est qu'un médecin, mais c'est le médecin de Louis XI, et de Louis XI sur le seuil du tombeau. Il est donc le maître de la destinée d'un prince lâche et superstitieux qui le ménage par peur, et qui le sacrifierait sans scrupule si un miracle qu'il a l'audace d'espérer lui rendait la santé et la vie.

Ah! traître, si jamais tu deviens inutile!

Tout le caractère de Louis XI est dans ce vers, qui est presque sublime par le jour rapide qu'il jette sur l'âme du monstre couronné. Coitier connaît bien son malade; voyez avec quelle énergique vérité il trace l'image de sa situation auprès du roi (acte I, scène IV):

Il serait mon tyran, si je n'étais le sien.

Et toute la tirade, en complétant cette pensée, met à nu le mobile de sa conduite hardie et les motifs de sa sécurité. Ce n'est plus un médecin qui parle, c'est un philosophe éloquent, c'est un profond anatomiste du cœur humain; et là, point de mots sonores, point d'hyperboles, point d'amplification. Tout est serré, précis, nerveux : c'est Voltaire qui écrit sous la dictée de Montaigne.

Je ne veux pas dissimuler une objection que j'ai entendu faire contre l'invraisemblance de la mission de Nemours, envoyé par le duc de Bourgogne à Louis XI, et qui se présente à sa cour sous le nom du comte de Réthel. Comment, a-t-on dit, ce roi qui avait dans toute l'Europe des agents affidés auxquels il prodiguait ses trésors, qui devait surveiller avant tout les démarches de son redoutable vassal Charles le Téméraire; comment ce prince auquel ses juges les plus sévères n'ont jamais refusé la finesse, la ruse et la science de la politique la plus déliée ; comment Louis XI, en un mot, peut-il ignorer l'existence de Nemours ? Comment ce fils, couvert encore enfant du sang d'un père immolé sur un échafaud, et dont l'esprit de vengeance, grandi avec les années, doit être pour le meurtrier un sujet perpétuel d'une prévoyante inquiétude, peut-il se flatter de se dérober, sous un nom qui n'existe plus, aux regards d'un tyran soupçonneux? S'il est reconnu, comme il l'est effectivement dans la tragédie, il est perdu, et sa haine impuissante descend avec lui dans la tombe.

L'objection est spécieuse, et je ne prétends ni l'affaiblir, ni la réfuter complétement. Je me borne à faire observer que s'il y a invraisemblance, c'est du moins une de celles que l'on pardonne facilement à un poète dramatique, quand il a su en tirer d'admirables effets. J'ajouterai que ce qui est moralement improbable n'est pas pour cela strictement impossible ; que, quelque habile que fût la politique de Louis XI, elle a pu être déjouée dans cette circonstance par les instructions combinées de Commine et de Coitier, l'un et l'autre sauveurs du jeune héritier des d'Armagnac. Quant au danger personnel du prince, son courage, ou plutôt son fanatisme filial, suffit pour expliquer son audace; celui qui veut frapper le bourreau de son père doit suivre le seul chemin qui mène jusqu'à lui, et il est évident qu'au moment de son départ, à celui de son arrivée au terme de son voyage, le sacrifice de sa vie est consommé.

La plus grande, la plus terrible scène de l'ouvrage, et, j'ose ajouter, une des plus belles que l'on puisse admirer au Théâtre-Français, est sans contredit celle de *la confession* (act. IV, sc. VI). Quel spectacle que celui de ce roi si long-temps redouté, déjà serré par les étreintes glacées de la mort, forcé d'avouer ses crimes devant un pauvre ermite, dont il implore un pardon qui ne sera point accordé, parce que, partagé entre ses lâches terreurs et ses habitudes sanguinaires, il refuse celui des malheureux, des innocents qu'il tient enfermés dans les souterrains meurtriers de son château ! Il prie, le misérable ; et cependant, toujours roi, quoique pénitent, il se tient debout devant son juge. Mais, lorsque de ses lèvres déjà pâles et flétries tombe l'aveu qu'il a empoisonné son frère, une majesté royale, une majesté presque divine a passé sur le front et dans l'attitude du prêtre :

> Et contre tes remords ton cœur cherche un refuge !
> Tremble, j'étais ton frère, et je deviens ton juge.
> Écrasé sous ta faute au pied du tribunal,
> Baisse donc maintenant, courbe ton front royal,
> Rentre dans le néant, majesté périssable :
> Je ne vois plus le roi, j'écoute le coupable.
> Fratricide, à genoux !

Louis foudroyé, cédant à l'ascendant de la vertu et de la religion, obéit, et déroule la série de ses crimes. Sans oublier les innombrables victimes qu'il a fait périr dans l'air, dans les flots, dans les puits meurtriers (les oubliettes), il passe au récit du supplice de d'Armagnac, et au raffinement de barbarie qui força trois enfants innocents à assister au supplice de leur père, et à ne sortir de dessous l'échafaud qu'inondés de son sang. Cependant, malgré l'énormité de ses crimes, le ministre d'une religion de charité et de clémence est prêt à pardonner, si le grand coupable brise les fers des innocents qui gémissent dans les cachots de son donjon. Louis refuse, réclame un délai.

> Adieu donc, meurtrier ; je ne saurais t'absoudre.
> — Quoi ! me condamnez-vous ? — Dieu peut tout pardonner ;

Lorsqu'il hésite encor, dois-je te condamner?
Mais profite, ô mon fils, du répit qu'il t'accorde;
Pleure, conjure, obtiens de sa miséricorde
Qu'enfin ton cœur brisé s'ouvre à ces malheureux;
Pardonne, et que le jour recommence pour eux.
Quand tu voulais fléchir la céleste vengeance,
Du sein de leur cachot, du fond de leur souffrance,
A ta voix qu'ils couvraient leurs cris ont répondu;
Fais-les taire, et de Dieu tu seras entendu.

François de Paule s'éloigne; Louis s'agenouille et s'efforce de prier. Dans ce moment un fantôme effrayant s'élance; il était caché derrière les rideaux du lit : c'est Nemours; un poignard brille dans ses mains; la pointe touche la poitrine du roi, et lui commande le silence. Inutile de faire l'analyse d'une scène merveilleuse que le lecteur a sous les yeux; qu'il me soit seulement permis de lui faire remarquer par quelle ingénieuse gradation ce fils, si ardent dans ses justes ressentiments, si impétueux dans ses passions juvéniles, si opiniâtre, si dévoué dans ses projets de vengeance, maître de la vie du roi, qui la demande servilement à genoux, se traînant même aux pieds de Nemours, est amené cependant à ne pas trouver pour lui de supplice plus grand que de lui laisser la vie. Cela est beau; pourquoi? Nemours a entendu la confession de Louis, l'aveu de ses terreurs, de ses remords, de ses souffrances physiques et morales. En permettant de vivre à un être si malheureux, Nemours n'est que trop vengé. Il le laisse seul avec lui-même; il le laisse en tête à tête avec son plus implacable bourreau.

Une secousse aussi violente achève de briser les ressorts de la vie du roi; il touche au moment fatal; mais, avant d'expirer, il veut à son tour se venger de Nemours. Il charge de ce soin l'exécrable fidélité de Tristan; et il n'est que trop promptement obéi. Vaincu néanmoins par les sollicitations du dauphin et de François de Paule, le roi fait un effort sur lui-même, et accorde le pardon. Mais Tristan paraît et annonce que l'ordre est exécuté. « Ce bourreau s'est toujours trop hâté, » telle est la réponse de Louis; et, suivant la coutume des tyrans, les deux ministres, les deux conseillers, les deux exécuteurs de ses cruautés, sont renvoyés devant les juges d'ici-bas. Quelques minutes s'écoulent, et Louis a comparu au tribunal de Dieu.

Il faut voir dans la lettre d'Étienne Pasquier à M. de Tiard, imprimée en tête de cette édition, comment ce savant et judicieux historien a jugé Louis XI. M. Casimir Delavigne ne pouvait se prévaloir d'une autorité plus grave, ni prendre un guide plus sûr pour montrer sur la scène un roi très-diversement jugé par des biographes dupes volontaires de leurs intérêts ou de leurs passions. « C'était un esprit prompt, remuant et versatile. » Voyez-le dans la tragédie. Il apprend la mort de Charles-le-Téméraire; à l'instant même les ordres sont donnés à tous ses généraux pour qu'ils aient à surprendre les places du duc de Bourgogne, et à rendre à la couronne les riches provinces qu'une haute imprévoyance lui avait accordées en apanage. « Fin et feint en ses entreprises, » Louis dissimule avec l'ambassadeur de Charles, le comte de Réthel se remettra en route avec ses dépêches. Tristan est appelé; Louis ne s'explique point avec son confident; mais Tristan l'a deviné, *l'a compris*. Un incident élevé sur la route préviendra à jamais le retour de l'envoyé auprès de son maître. Machiavel, qui n'a écrit son *Prince* que quelques années après la mort de Louis XI, a beaucoup d'obligations à ce roi. L'auteur a dû s'inspirer souvent de ses souvenirs. Veut-on encore un petit acte de feintise? C'est le Tartufe du quinzième siècle préludant délicieusement au Tartufe du dix-septième. Il vient de confisquer en toute humilité tous les fiefs de Charles; mais voici le correctif :

> En brave qu'il était, le noble duc est mort;
> Messieurs, ce fut hasard quand on nous vit d'accord.
> Il m'a voulu du mal, et m'a fait à Péronne
> Passer trois de ces nuits qu'avec peine on pardonne ;
> Mais tout ressentiment s'éteint sur un cercueil;
> Il était mon cousin, la cour prendra le deuil.

J'ai à peine prononcé le nom de Commine. Cet historien, néanmoins, joue dans *Louis XI* un rôle assez important. C'est lui qui fait l'exposition de la pièce, d'abord en relisant à haute voix la partie de ses Mémoires où sont consignées les époques les plus marquantes et les traits les plus caractéristiques du règne de

Louis XI; ensuite, dans une conversation familière avec Coitier, où ces deux hommes, courtisans chacun à leur manière, mais également cupides, également ambitieux, se font de ces demi-confidences qui éclairent l'avenir du drame, et qui, dans le développement des deux caractères, annoncent ou font pressentir l'avenir de l'action à laquelle ils vont prendre part.

Intérêt, poésie, fidélité de mœurs, tableaux pathétiques ou terribles, grandes leçons morales pour les peuples et pour les rois : tels sont, en résumé, les titres de la tragédie de *Louis XI* à l'estime et à l'admiration des connaisseurs; c'est une tragédie qui, tenant une des premières places dans la collection des œuvres de M. Casimir Delavigne, ne peut manquer d'en conserver une également distinguée dans le répertoire du Théâtre-Français.

www.ingramcontent.com/pod-product-compliance
Lightning Source LLC
Chambersburg PA
CBHW072112220426
43664CB00013B/2097